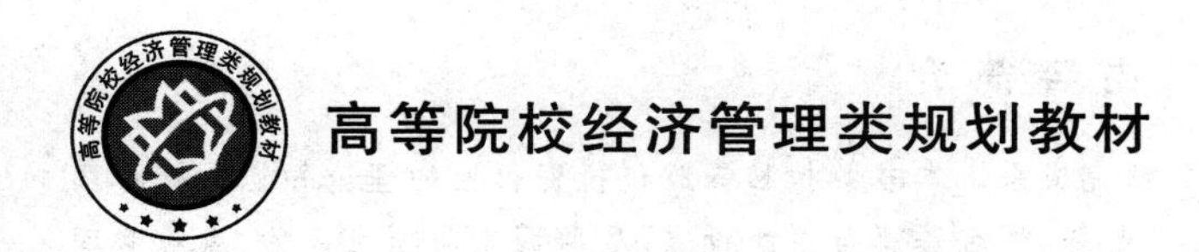

私募股权投资与管理

主　编　房　燕
副主编　邢秀芹　张　峰

北京邮电大学出版社
www.buptpress.com

内容简介

本书是北京联合大学规划教材立项支持的研究成果。本书紧扣私募股权投资行业的理论知识和核心环节，全面介绍了私募股权基金的基础知识与发展趋势、资金募集与组织设立、尽职调查与项目评估、风险管理与投资运作、估值、投后管理与退出方式等内容。本书结构安排合理，由浅入深地介绍了私募股权基金的整个运作机制，并辅以文献阅读和案例分析，对于私募股权投资实业界人士具有重要的参考价值。本书可作为高等院校金融学、金融工程、投资学等专业的本科生教材，也可作为金融专业硕士和MBA(工商管理硕士)的参考书。

图书在版编目(CIP)数据

私募股权投资与管理 / 房燕主编. -- 北京 : 北京邮电大学出版社，2020.9

ISBN 978-7-5635-6207-7

Ⅰ. ①私… Ⅱ. ①房… Ⅲ. ①股权—投资基金—基金管理 Ⅳ. ①F830.59

中国版本图书馆 CIP 数据核字(2020)第 177952 号

策划编辑：马晓仟　**责任编辑**：马晓仟　**封面设计**：七星博纳

出版发行：北京邮电大学出版社
社　　址：北京市海淀区西土城路 10 号
邮政编码：100876
发 行 部：电话：010-62282185　传真：010-62283578
E-mail：publish@bupt.edu.cn
经　　销：各地新华书店
印　　刷：北京玺诚印务有限公司
开　　本：787 mm×1 092 mm　1/16
印　　张：12.75
字　　数：327 千字
版　　次：2020 年 9 月第 1 版
印　　次：2020 年 9 月第 1 次印刷

ISBN 978-7-5635-6207-7　定价：35.00 元

前　言

“私募股权”一词的英文缩写为PE(private equity)，指非上市公司的股权，也被用来指投资非上市公司的股权，并以策略投资者的角色积极参与投资标的的经营与改造。现在人们在使用“私募股权”一词时，已经扩大了其原来的含义，该词多用来指私募股权基金或者私募股权投资。在国外，私募股权投资自第二次世界大战后开始基金化运作。

私募股权投资起源于20世纪40年代的美国。20世纪70年代，以KKR集团为代表的并购基金诞生。在经历了从繁荣到萧条的周期后，20世纪末期，股市的回暖以及创业热潮的兴起使私募股权基金行业再次蓬勃发展。私募股权基金作为典型的直接投融资工具，具有投资期限长、投后管理投入资源多、专业要求高、收益波动性高等特点。其中，并购基金更侧重于通过投资价值被低估的企业股权，获取被投资企业的控制权，进而对被投资企业进行重整，以此提升被投资企业的价值而实现投资收益。我国私募股权基金行业的历史最早可追溯至1986年中国高新技术创业投资公司的成立，随后我国私募股权基金行业的发展经历了探索与起步阶段(1986—2004年)、快速发展阶段(2005—2012年)和统一监管下的规范化发展阶段(2013年至今)，并购基金的发展基本与此同步。经过30多年的探索与发展，我国私募股权投资呈现规模不断壮大、质量不断提升、监管与自律不断规范的发展态势。私募股权基金的运作模式和发展方向与创新驱动的内在要求高度一致，在当前我国新旧动能转换、迈向高质量发展的历史进程中，私募股权基金发挥着支持企业重组、促进科技创新和新兴产业发展、推动经济转型升级等重要作用。私募股权基金堪称20世纪经济领域的一项伟大发明，它有力地推动了科技企业乃至世界经济的发展。

近几年来，随着国内企业融资需求和投资者投资需求的快速增长，私募股权基金的规模也得到快速扩张。中国私募股权经历了史无前例的爆发式增长，私募股权行业的急剧扩大带来了很多新问题，而这些问题我们往往很难在国际同行那里找到答案。清科研究中心的数据显示，2019年前三季度中国股权投资市场新募基金总规模约为8 310亿元人民币，共发生5 461起投资案例，投资金额为4 314.10亿元人民币，退出案例数为1 532笔。仅2019年第三季度中国PE投资机构新募集541只基金，共募得2 119.36亿元；投资方面，共发生810起PE投资案例，披露金额约为1 373.54亿元；退出方面，共发生426笔退出案例；从基金类型分布来看，成长型基金在新募集基金只数上占比67.7%，金额上占比63.6%，领先各类基金。科创板目前已经落地，作为资本市场改革“试验田”，科创板对促进中小科创企业发展、推进高新技术产业发展具有重大作用。科创板正式开市后，首批25家科创板上市公司中有23家获得过私募基金的投资，PE/VC高渗透率标志着科创板将会改变一级市场的退出路径选择和市场定价逻辑，并将长期对PE/VC行业机构产生一定影响。总之，近年来，中国私募股权市场整体监管趋严，基金成立难度也随之加大，募资整体呈下行趋势；从地域分布来看，广东和浙江优势突出，新成立基金数占全国总数的36.4%。投资市场仍处“低温期”，机构出手日渐谨慎，较为活跃的机构为腾讯投资、金石投资等，整个私募股权市场投资金额同比下降超40%；投资热点集中在互联网、生物医疗等领域，案例数占行业总量的1/2。另外，科创板为退出市场注入新活力，退出案例数同比、环比均有上升，其中被投企业IPO(首次公开募股)退出占比77.7%，依旧是主流的退出方式。

纵观国内外私募股权发展的历史，我们会问，为什么私募股权投资会如此繁荣？私募股权基金是如何通过运作获得几十倍到上百倍的收益的？私募股权基金在运作过程中如何规避风险？基于私募股权交易固有的复杂性及其内在的成功机制，有必要让更多的人了解PE的运行机制。针对这些问题，本书向读者介绍了私募股权基金的组织形式、私募股权基金的优势、私募股权投资风险防范优势与价值创造优势、私募股权基金的募集渠道、私募股权投资估值方法、私募股权投资的风险管理以及私募股权基金的退出方式等内容。这些内容能够帮助读者更好地从理论和实践两个方面进行探讨和研究，帮助读者掌握行业的基础知识和从业者应当具备的职业素养，了解私募股权投资的变化和私募股权基金的行业发展趋势。

本书以严谨的逻辑和结构，全面系统地阐述了私募股权投资的理论基础，内容紧密结合行业最新发展趋势。编写团队精选了一批有代表性的应用案例，案例深入浅出、鲜活生动，引领读者从理论表面深入PE基金的投资实践中，使读者以第一当事人的视角感受和理解核心PE概念及其在现实中的应用。所选案例突出强调了PE投资在执行中的诸多因素，并在此基础上解释了如何将完善的理论模型转化为成功的投资。本书的内容要点、特色及创新点如下。

1. 内容要点

在“大资管”环境下，按照《中华人民共和国证券投资基金法》(2015年修订)和《私募投资基金监督管理暂行办法》的要求，编者对本书的内容进行了优化。例如，与其他同类教材相比，本书增加了私募股权投资风险管理、交易风险管理的案例讨论等。本书的主要内容包括私募股权投资概述、私募股权基金的组织形式、私募股权投资运作流程、私募股权投资风险管理、私募股权投资估值、私募股权投资退出、私募股权投资委托-代理关系和私募股权投资案例分析。在结构体例上，本书共分8章，第1～7章中的每一章均有“案例阅读与分析”；第8章为专门的案例分析。本书力图使读者既能掌握私募股权投资的理论知识，又能对私募股权投资领域的经典案例加深了解，提升理论和操作的双重能力。本书具有科学性、前沿性和实用性。本书在结构上设计独特，不但保持完整的PE知识体系，而且具有较强的理论深度，案例丰富，读者阅读本书不会觉得枯燥。

2. 特色及创新点

① 本书根据市场和行业的最新发展情况组织相关内容，主要体现在增加了行业的新

业务、新的行业规则、新的相关统计数据等方面。在介绍私募股权投资基本原理、基本知识和基本方法的基础上,力求反映当前私募股权投资市场的理论信息和实际变化,紧跟时代步伐,增强教学内容的时效性。

② 本书在介绍理论知识的基础上注重材料阅读和案例分析。阅读材料可以满足相关职业领域对学生知识、能力与素质的培养要求;案例分析可以教会学生如何将知识应用到实际工作中去。在案例的选择上,本书做到经典性、时效性和实用性相结合,与私募股权投资实践相结合,以便让学生掌握和接触更多真实的案例,强化培养其应用意识和实践能力。

③ 本书融合了课程思政建设内容,作者以立德树人和提高教育质量为核心,以大学内涵建设为主线优化教材内容,将私募股权投资行业的发展特色与我国经济建设紧密结合。

目　录

第1章 私募股权投资概述

1.1 私募股权投资的概念与特征

1. 私募股权投资的概念

私募股权投资是指私募股权投资机构对非上市企业的一种权益性投资。在初始投资阶段,私募股权投资就会考虑将来的退出策略,即选择不同的退出方式,获利退出,主要的退出方式包括首次公开募股(IPO)、兼并与收购(M&A)或管理层收购(MBO)等。通俗来说,私募股权投资,即私募股权投资者发现目标企业的潜在价值,投入私募资本,以此获得被投企业部分比例的股份,然后通过提高被投企业价值,通过企业价值增值的转让来获取收益。私募股权投资通常采用非公开募集的形式筹集资金,不能在公开市场上进行交易,流动性较差。尽管人们使用私募"股权"一词,但此类投资既包含股权,也包含债权。相较于股权投资,私募债权投资在市场上较少见。

国内外对私募股权投资的含义界定不一,概括而言,主要有广义和狭义之分,广义的私募股权投资泛指通过非公开募集资金,并对非公开市场交易的资产进行的投资。这种股权投资涵盖企业首次公开发行股票前各个阶段的权益投资,以及上市后的私募股权投资等,包含种子期、初创期、发展期、扩展期、成熟期和 Pre-IPO 期等。投资者一般将资金投向私募股权基金,也就是以基金方式作为资金募集的载体,该基金由专门的基金管理公司负责投向目标企业,私募股权投资主要包括风险投资、成长投资、杠杆收购、夹层投资及其他,私募股权基金一般会对投资公司进行控制和管理,同时也会为所投资的公司带去先进的管理理念以帮助其提升竞争力。狭义的私募股权投资主要指对已经形成一定规模的,并产生现金流的成熟企业的私募股权投资部分,主要指创业投资后期的私募股权投资部分,在这个阶段成长资本、并购资本、夹层资本占据着很大比例。本书将围绕广义的私募股权投资理论及案例进行分析与阐述。

2. 私募股权投资的特征

(1) 投资期限长、流动性差

由于私募股权基金主要在未上市企业股权或上市企业的非公开交易股权进行投资,通常需要 3~7 年才能完成投资的全部流程实现退出,股权投资因此被称为"耐心的资本",私募股权基金因而也具有较长封闭期。私募股权基金的基金份额流动性差,在基金清算前,基金份额转让或投资者退出均有难度。

(2) 投资后管理人资源较多

股权投资是"价值增值型"投资。基金管理人在投资后的管理阶段投入大量资源,一方面是为被投资企业提供各种商业资源和管理支持,帮助被投资企业更好发展;另一方面也通过参加被投资企业股东会、董事会等形式,对被投资企业进行监管,以应对被投资企业的信息不对称和企业管理层的道德风险。

(3) 专业性较强

私募股权投资涉及投资决策与管理设计多个方面(如企业管理、资本市场、财务、行业、法律等),其高收益与高期望风险的特征也要求基金管理人必须具备很高的专业水准(尤其是要有善于发现具有潜在投资价值的独到眼光,具备帮助被投资企业创立、发展、壮大的经验和能力)。私募股权投资专业性强,需要更多的投资经验积累、团队培育和建设,体现出较明显的智力密集型特征,人力资本对于私募股权基金的成功运作发挥决定作用。

由于私募股权基金管理对于专业性的高要求,因此市场上的私募股权基金委托基金管理机构进行管理,并在利益分配环节对基金管理人的价值给予更多的认可;还有就是在基金管理机构内部,也需要建立有效和充分地针对投资管理团队成员的激励约束机制。

(4) 投资收益波动性较大

私募股权基金在整个金融资产类别中,属于高风险、高期望收益的资产类别。高风险主要在不同投资项目的收益呈现较大的差异性方面体现。创业投资基金投资于处于早中期的成长性企业,投资项目有较大的收益波动性(有的投资项目会发生本金亏损,有的投资项目则可能带来巨大收益),并购基金投资于价值被低估但相对成熟的企业,投资项目的收益波动性相对要小一些。高期望收益主要体现在在正常的市场环境中,私募股权基金作为一个整体,其能为投资者总体上实现较高水平的投资回报率。从不同国家的平均和长期水平看,私募股权基金的期望回报率高于股东收益证券和证券投资基金等资产类别。

1.2 私募股权投资的基本运作模式

私募股权基金的运作流程是其实现资本增值的全过程。在资本流动方面,资本首先从投资者流向私募股权基金,经过基金管理人投资决策之后,流入被投资企业。在投资之后的阶段,基金管理人以各种方式参与被投资企业的管理,待企业经过一定时期的发展后,选择合适时机再从被投资企业退出,进行下一轮资本流动循环。与资本流动相对应的私募股权基金运作的4个阶段是募资、投资、管理和退出。按照上述流程和阶段,私募股权投资模式主要有以下几种。

(1) 增资扩股

一般而言,对于股份有限公司来说,增资扩股指企业向社会募集股份、发行股票、新股东投资入股或原股东增加投资扩大股权,从而增加企业的资本金。对于有限责任公司来说,增资扩股一般指企业增加注册资本,增加的部分由新股东认购或新股东与老股东共同认购。私募股权投资的增资扩股指对拟投资企业进行资产评估,利用企业现有的资产和私募股权基金的出资资本成立一个新的公司,私募股权基金在新公司依照出资额占有一定的股权。企业原来的注册资金和增资扩股没有关系。

增资扩股的程序和内容主要有:达成初步合作意向、取得企业同意增资扩股的决议、开展清产核资、审计和资产评估、合作各方签订增资扩股协议、缴纳资本并验资、变更公司章程以及履行相应的变更登记手续等。

(2) 股权转让

股权转让是指公司股东将自己的股份让渡给他人,使他人成为公司股东的民事法律行为。

《中华人民共和国公司法》已明确私募股权基金可以参与股权转让活动，以达到投资的目的。

股权转让的程序和内容主要有：通过召开股东大会研究，双方协商和谈判；出让方若为国有企业或集体企业，应请示上级批准；评估与验资；出让方召开职工或股东大会；国有股权转让的公示；签署转让合同；变更登记等。

在股权转让中易发生的法律风险有：转让方授权瑕疵的法律风险，如法律限制中的法律风险、公司章程限制中的法律风险；受让方授权瑕疵的法律风险，如法律限制中的法律风险、公司章程限制中的法律风险等。

股权转让应注意的问题包括主体身份问题，转让价款及付费方式，股权转让的生效条件，股东会决议，公司原有债权债务的问题，纠纷的解决问题，主管机关的审批和备案等。

(3) 增资扩股和股权转让结合

增资扩股和股权转让结合即购买企业原有股东的股份，形成新的股东构成，再按照新的股东构成进行增资扩股，增加企业的股本，改变企业股东持股比例，形成新的股权结构。通俗说，就是企业原有股东让渡一些股权，然后再由新老股东追加投资，改变并形成新的股东结构和股权结构。这种模式操作复杂，案例较少。

1.3 私募基金和私募股权基金概念、相关概念辨析

1. 私募基金

基金根据募集方式的不同，分为公募基金和私募基金两种。公募基金是指向不特定的社会公众投资者公开募集的基金；私募基金则是指以非公开方式发行的，面向少数特定的投资者募集资金而设立的基金。私募基金只能向少数特定的合格投资人以非公开宣传的方式进行募集。它不能像公募基金那样通过媒体宣传、研讨会等方式向社会公众募集资金。

按投资方向的不同，私募基金大致可分为私募股权基金，私募证券基金和其他类型的私募基金，如图 1-1 所示。私募股权基金是本书的研究对象，有关分析详见后面内容。

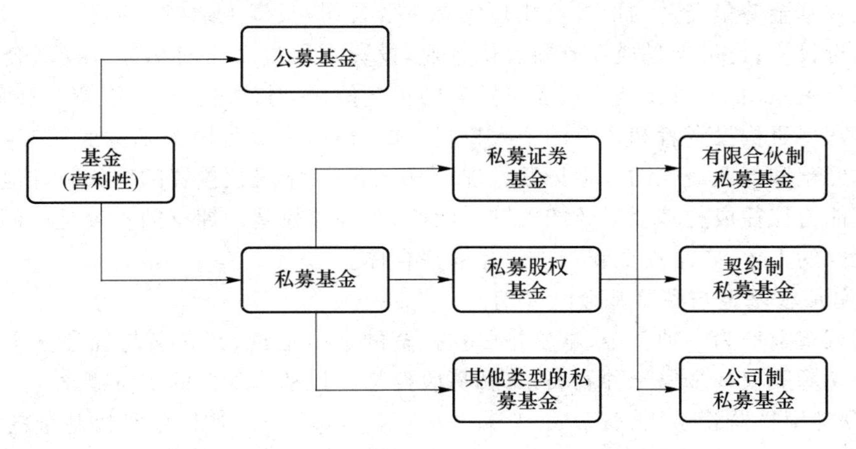

图 1-1　基金分类

私募证券基金，是指由投资者非公开募集资金，投资于证券市场，利用证券市场获取收益的基金，其投资对象主要是公开的二级市场的证券和其他金融衍生产品，有较强的投机色彩，流动性较强，通常为短期投资。其他类型的私募基金的投资方向主要是房地产、收藏市场、大

宗商品等领域,这一类型投资基金的投资种类非常广泛,外延很不确定。因其投资方向与权益类投资差异较大,不在本书研究范围之内。

2. 私募股权基金

(1) 私募股权基金的含义

根据投资对象的不同,私募可以分为两种类型。一种私募是指私募证券投资,即向特定的投资者私下筹集资金,然后通过认购证券进行私募投资;另一种私募是指私募股权投资,即向特定的投资者私下筹集资金,然后通过认购公司股份(尤其是未上市公司股权)进行私募投资。私募证券投资主要获取证券的市场收益,私募股权投资重在获取企业经营和股权溢价的收益。

私募股权基金主要通过私募而不是向公众公开募集的形式来获得资金,对非上市企业进行权益性投资,即将每一单位的投资额最终兑换为被投资企业的股权,然后通过各类方法使被投资企业快速发展,以实现股权的快速成倍增值;并在交易实施过程中要考虑将来的退出机制,即通过上市、并购或管理层回购等方式,最终出售所持股份获利。私募股权基金也称私募股权资本、私人股权基金、私募股权投资基金等。

值得一提的是也有少部分私募股权基金投资已上市公司的股权,比如在一些已上市公司的定向增发中,也经常活跃着私募股权基金的身影。在本书中,如果不是特意指出投资于上市公司,私募股权基金和投资一般指针对非上市公司的私募股权基金和投资。

因此,私募股权基金的"私募"包含两层含义:一是指基金的募集是私下募集或私人配售的,面向特定人群而非大众的;二是指基金用于投资非公开发行的企业股权,股权的交易是非公开的。

(2) 私募股权基金的形式

"私募股权基金"这一名称通常被理解为从事私募股权投资的主体。一方面私募股权基金从不特定的机构投资者和富有的个人投资者手中筹集资金;另一方面私募股权基金用筹得的资金为未上市公司提供股权融资。前提是私募股权基金必须以法律所认可的某种法律主体的形式从事活动、筹集资金和进行股权融资。

私募股权基金筹集资金的形式可能是成立一个公司,投资人通过认购公司的股份对私募股权基金进行投资;也可能是成立有限合伙企业,投资人通过入伙向私募股权基金投资;还可能是一种信托关系,私募股权基金接受投资者的资金信托,对外进行股权投资。私募股权基金之所以能够获得机构投资者和富有的个人投资者的投资,主要是因为私募股权基金有一批具有丰富管理经验和行业经验的基金投资管理人,由他们决定股权投资的对象和其他相关事宜,他们的个人能力往往成为基金成败的关键。因此,私募股权基金拥有的不仅是巨额的资金,也必须拥有优秀的人才,它是资金和管理人才的集合体。

(3) 私募股权基金与私募基金的区别

私募股权基金作为一种基金,本质是股权投资的资金汇集,其含义与证券基金相去甚远。私募基金与私募股权基金属于种属关系,私募股权基金是私募基金的下位概念。

美国《联邦银行监管条例》(*Federal Banking Regulations*)对私募股权基金的定义为:私募股权基金投资于金融或非金融公司的股权、资产或者其他所有者权益,并且在未来将之出售或以其他方式处置;其不直接经营任何商业或工业业务。

欧洲私募股权与风险投资协会(EVCA,European Private Equity&Venture Capital Association)的定义是:投资者投资于未上市公司股权或与股权相关证券的集合投资工具。

中国证券投资基金业协会编写的教材《证券投资基金》给出的定义为:私募股权基金指通

过私募形式对非上市企业进行的权益性投资,在交易实施过程中附带考虑了将来的退出机制,即通过上市、并购或管理层回购等方式,出售持股获利。

根据上述对私募股权基金的定义可以看出,目前对私募股权基金的认识并不统一,不同国家(地区)的私募股权投资行业协会和相关机构对"私募股权基金"的定义都有差异。但一般而言,私募股权基金通常至少具备以下几个特点:一是以非公开方式募集资金;二是采用权益类方式投资;三是基金在投资后要考虑适当的退出机制,即通过上市、股权转让等方式出售股权,获利退出并开始下一轮投资活动。

就私募股权基金的法律性质而言,学术界有委托代理说和信托关系说两种观点。目前我国学术界一般倾向于认为私募股权基金是信托在商事领域予以运用并得以发展的一种财产管理制度,因此,本质上私募股权基金体现的是一种特殊形式的信托法律关系。从《中华人民共和国证券投资基金法》第五条规定的"基金财产独立于基金管理人、基金托管人的固有财产。基金管理人、基金托管人不得将基金财产归入其固有财产",第二条规定的"本法未规定的,适用《中华人民共和国信托法》"等条文,可以看出,立法者也认为基金属于信托法律关系。

3. 私募股权基金相关概念辨析

(1) 私募股权基金(PE)与创业投资基金(VC)

英美国家并未对创业投资基金和私募股权基金做出严格区分。一般认为,创业投资基金投资于处在种子期、初创期、成长早期等时期的中小型未上市企业,投资风险相对较大,故也称"风险投资基金";私募股权基金则主要投资于发展稳定、较成熟的未上市企业。但事实上,从英美国家的私募基金实务看,两者并非泾渭分明,概念的混用非常普遍,基本上可以将创业投资基金归为私募股权基金的子类。

我国的创业投资基金不仅在投资方向上与私募股权基金存在差异,更主要的是在监管层面、政策扶植层面上也存在诸多不同(见本书第 4 章)。基金业协会的备案系统要求私募基金必须就该基金属于"股权投资基金"还是"创业投资基金"做出选择,有关税收、发债及国有股转持等政策均存在向创业投资基金倾斜的特点。

需要注意的是,我国的创业投资基金并非必然会获得有关优惠政策,按照相关规定,创业投资基金若要获得税收优惠政策扶持,一般要满足三方面要求:一是该创业投资基金必须按规定办理了登记备案手续;二是被投资企业必须满足"522"要求,即被投资企业必须是注册在中国境内实行查账征收的、经认定取得高新技术企业资格,且年销售额和资产总额均不超过 2 亿元,从业人数不超过 500 人的企业;三是投资时间必须要满 2 年以上。只有这些条件均获满足的创业投资基金才有资格申请有关税收抵扣的优惠政策。

(2) 私募股权基金与证券投资基金

按照中国证券投资基金业协会编写的教材《证券投资基金》的定义,证券投资基金是依照利益共享,风险共担的原则,将分散在投资者手中的资金集中起来委托专业投资机构进行证券投资管理的投资工具,其所投资的有价证券主要是在证券交易所或银行间市场上公开交易的证券,包括股票、债券、货币、金融衍生工具等。

《中华人民共和国证券投资基金法》对证券投资基金的设立、运行及监督做出了规定。证券投资基金按募集方式分为私募和公募。私募证券投资基会的法律渊源主要是《中华人民共和国证券投资基金法》第十章"非公开募集基金"以及证监会于 2014 年 8 月发布的《私募投资基金监督管理暂行办法》。不论是公募的证券投资基金还是私募的证券投资基金,其投向都是资本市场上公开交易的证券,以二级证券市场为主;而私募股权基金则主要投向非上市企业的股权，这是两者的根本区别。

另外，业界在谈论证券投资基金业务时，经常提到共同基金(Mutual Fund)和对冲基金(Hedge Fund)等名词。事实上，共同基金和对冲基金并非《中国证券法》和《中国证券投资基金法》上的概念，中国基金实务中不存在此种基金(如果硬要对应《中国证券法》和《中国证券投资基金法》上的基金概念，共同基金接近公募证券投资基金，对冲基金接近私募证券投资基金，但仅在部分特征上存在相似之处，其内涵与外延并不相同)，具体内涵只能依据国外相关证券法律来确定。因此，对于共同基金、对冲基金，如果仅从学理上对比分析研究则并无不可，但直接以此类概念指称我国现实中的基金业务则属张冠李戴，容易造成思想认识上的混乱。

(3) 私募股权基金与产业投资基金

国外并没有所谓的"产业投资基金"概念。目前可查到的我国最早使用产业投资基金一词的规定是在 1995 年中国人民银行发布的《设立境外中国产业投资基金管理办法》(此办法已失效)中，该办法指出：所称境外中国产业投资基金，是指中国境内非银行金融机构、非金融机构以及中资控股的境外机构作为发起人，单独或者与境外机构共同发起设立，在中国境外注册、募集资金，主要投资于中国境内产业项目的投资基金。这种产业投资基金除了创业投资以外，还包括企业的并购重组、基础设施投资以及房地产投资等各种直接股权投资。此后产业投资基金一直作为我国特有的投资基金概念出现在政府文件中，原国家计划委员会曾牵头起草《产业投资基金管理暂行办法》，并于 1999 年提交国务院；国家发展改革委也牵头起草了《产业投资基金试点管理办法》(征求意见稿，2005 年 10 月 31 日)。2008 年 7 月 28 日，产业投资基金试点工作指导小组召开第五次工作会议，研究起草《产业投资基金管理办法》。但迄今为止，专门针对产业投资基金的管理规定并未出台。

由于产业投资基金缺乏明确的法律渊源，因此其概念始终模糊不清。有人认为产业投资基金就是私募股权基金，也有人认为中国的产业投资基金与投资对象是否为上市公司无关，甚至不限于权益类投资，"产业投资基金是主要投资于产业发展的基金，其中既包括投资于传统产业、新兴产业及基础产业的基金，也包括投资于成长型中小企业的风险基金"。还有人认为，产业投资基金是指由中国政府主导设立的私募股权基金，有限合伙人主要是政府机构，其又可细分为几个小类：第一类是国家主权财富基金，由中央政府设立，如中投公司等；第二类是准主权产业投资基金，如中比基金、中瑞基金等，这需要以两国政府的合作为基础；第三类是中央各政府部门设立的产业投资基金，如国家发展改革委成立的抗震救灾产业投资基金，科技部的产业投资基金"火炬计划"等；第四类是地方政府的引导基金，现在各地方政府为了大力发展本地区的产业或者为加强基础设施建设都分别设立了这种基金。

从投资实践看，我国的产业投资基金的资金部分或全部来源于政府，其投资行为基本体现的是政府的政策意图。这一点是其区别于普通私募股权基金的根本所在。有学者认为，产业投资基金始终直接或间接地具有政府烙印，若以产业投资基金代替私募股权基金，将不仅仅是称谓变更的问题，而是私募基金的发展思路和发展模式的问题，是私募基金行业按市场导向发展还是按政府主导发展的问题。

值得注意的是，国家发展改革委于 2016 年 12 月发布了《政府出资产业投资基金管理暂行办法》，该办法仍然坚持了"产业投资基金"的称谓，并指出"本办法所称政府出资产业投资基金，是指由政府出资，主要投资于非公开交易企业股权的股权投资基金和创业投资基金"。可见，国家发展改革委倾向于将有政府出资背景的私募股权基金称为产业投资基金，并据此确立其管辖范围。而证监会有关私募基金的规定中并无产业投资基金的概念。由此可知，产业投资基金应当包含在私募股权基金中，是政府部门为便于管理私募基金而使用的一个概念，其特征是基金所募集的资金中具有政府出资背景，而政府出资的资金来源包括财政预算内投资、中央和地方各类专项建设基金及其他财政性资金。

（4）私募股权基金与政府引导基金

政府引导基金是由政府设立并按市场化方式运作的政策性基金，主要通过扶持创业投资基金发展，引导社会资金进入创业投资领域。引导基金的宗旨是发挥财政资金的杠杆放大效应，增加创业投资资本的供给，克服单纯通过市场配置创业投资资本的市场失灵问题。特别是通过鼓励创业投资基金投资处于种子期、起步期等创业早期的企业，弥补一般创业投资基金主要投资于成长期、成熟期和重建企业的不足。政府引导基金的本质是私募股权基金，是指通过非公开形式对私有企业，即非上市企业进行的权益性投资。政府引导基金不以控制企业为目的，参与企业管理的程度有限，在交易实施过程中考虑了将来的退出机制。

2008年由国家发展改革委，财政部和商务部联合发布的《关于创业投资引导基金规范设立与运作的指导意见》指出："创业投资引导基金是指由政府设立并按市场化方式运作的政策性基金，主要通过扶持创业投资企业发展，引导社会资金进入创业投资领域。引导基金本身不直接从事创业投资业务"。2017年国家发展改革委发布了《关于发挥政府出资产业投资基金引导作用推进市场化银行债权转股权相关工作的通知（发改办财金〔2017〕1238号），其目的是加快推进供给侧结构性改革，切实贯彻中央经济工作会议精神和政府工作报告部署，积极推动《关于积极稳妥降低企业杠杆率的意见》（国发〔2016〕54号）及附件《关于市场化银行债权转股权的指导意见》、《政府出资产业投资基金管理暂行办法》（发改财金规〔2016〕2800号）的落实，充分发挥政府出资产业投资基金在市场化银行债权转股权中的积极作用，加大对市场化债转股工作的支持力度。通过政府出资产业投资基金支持符合区域规划、区域政策、产业政策、投资政策及其他国家宏观管理政策的有发展前景的高负债企业实施市场化债转股，有助于发挥政府资金的引导作用和放大效应，吸引社会资金参与市场化债转股，有效降低相关领域内企业杠杆率，防范企业债务风险，帮助企业降本增效，实现优胜劣汰，是发挥市场配置资源决定性作用和更好发挥政府作用的重要结合点。

政府引导基金的运作方式有3种。一是参股。引导基金主要通过参股方式，吸引社会资本共同发起设立创业投资基金。二是融资担保。根据信贷征信机构提供的信用报告，对历史信用记录良好的创业投资基金，采取提供融资担保方式，支持其通过债权融资增强投资能力。三是跟进投资或其他方式。产业导向或区域导向较强的引导基金，可通过跟进投资或其他方式，支持创业投资基金发展并引导其投资方向。另外，引导基金不担任所扶持公司型创业投资基金的受托管理机构或有限合伙型创业投资基金的普通合伙人，不参与投资设立创业投资管理企业。因此，政府引导基金是创业投资基金的资金来源之一，可将其归为基金中的基金（也称"母基金"或FOFs基金）。

1.4　私募股权投资的类型

广义的私募股权投资是指以取得被投资企业的股权，然后通过新的股权交易来获取盈利的投资。用私募的方式取得基金本金，并投资于非公开发行的股权，都可以称为私募股权投资。狭义的私募股权投资主要指对已经形成一定规模并产生稳定现金流的较成熟企业的投资，即将私募股权投资的投资阶段限定在公司首次公开发行股票之前发展较成熟这个阶段。

本书将按照投资阶段,从广义的私募股权投资来介绍各种投资类型。

1. 创业风险投资

创业风险投资主要投资于技术创新项目和科技型初创企业,从最初的一个想法到形成概念体系,再到产品的成型,最后将产品推向市场。提供通过初创的资金支持和咨询服务,使企业从研发阶段充分发展并得以壮大。由于创业企业的发展存在着财务、市场、营运以及技术等诸多方面的不确定性,因而具有很大的风险,这种投资能够持续的理由是投资利润丰厚,能够弥补其他项目的损失。

创业风险投资有以下特点:一是投资对象是处于创业期的中小型企业,多为高新技术企业;二是投资期限至少 3～5 年,投资方式一般为股权投资,通常占被投资企业的 30%左右股权,不需要任何担保或抵押;三是投资决策建立在高度专业化和程序化的基础之上;四是风险投资人一般积极参与被投资企业的经营管理,提供增值服务;五是由于投资项目是为了追求超额回报,所以当被投资企业增值后,风险投资人会通过上市、收购并购或其他股权转让方式撤出资本,实现增值。

2. 成长资本

成长资本也称增长基金,投资于产业化成功后的扩张阶段,也就是处于成长期的企业,其经营项目已从研发阶段过渡到市场推广阶段并产生一定的收益,企业会面临多元化、规模化、产品升级、技术更新换代、扩大市场占有率等问题,解决这些问题需要大量的资金。成长期企业的商业模式已经得到证实而且仍然具有良好的成长潜力,通常是用 2～3 年的投资期寻求 4～6 倍的回报,一般投资已经具有一定规模的营收和正现金流,通常投资规模为 500 万～2 000 万美元,具有可控的风险和可观的回报。成长资本也是中国私募股权投资中比例最大的部分,占到了 60%以上。

3. 并购资本

并购资本通过收购控股成熟且稳定增长的目标企业的股权,获得对目标企业的控制权,然后对其进行一定的重组改造提升企业价值,待增值后出售获利。并购资本有相当大的比例投资于相对成熟的企业,这类投资包括帮助新股东融资以收购某企业、帮助企业融资以扩大规模或者帮助企业进行资本重组以改善其营运的灵活性。

这类投资相对复杂,且并购资本涉及的资金规模较庞大,常达 10 亿美元左右,甚至更多。我国本土的私募股权基金虽然也致力于此,但目前大手笔的成功作品比较少。

4. 夹层投资或过桥融资

夹层投资的目标主要是已经完成初步股权融资的企业。它是一种兼有债权投资和股权投资双重性质的投资方式,其实质是一种附有权益认购权的无担保长期债权。这种债权总是伴随相应的认股权证,投资人可依据事先约定的期限或触发条件,以事先约定的价格购买被投资公司的股权,或者将债权转换成股权。

夹层投资的风险和收益低于股权投资,高于优先债权。在公司的财务报表上,夹层投资也处于底层的股权资本和上层的优先债(高级债)之间,因而称为“夹层”。与风险投资不同的是,夹层投资很少寻求控股,一般也不愿长期持有股权,更倾向于迅速地退出。当企业在两轮融资之间,或者在希望上市之前的最后冲刺阶段,资金处于青黄不接的时刻,夹层投资往往就会从天而降,以可转换债的形式投资于稳定增长期上市之前的企业,然后在企业进入新的发展期后全身而退,在实践中也被称作过桥融资,这也是它被称作“夹层”投资的另一个原因。而企业需要资金的主要目的是降低负债比例,改善股东结构,获取有助于上市和发展的战略资源。

夹层投资的操作模式风险相对较小,因此寻求的回报率也低一些,一般在18%~28%。通常Pre-IPO PE(准上市前私募,即上市前最后一次私募)多属于此种类型。

5. Pre-IPO投资

Pre-IPO投资主要投资于处于上市前阶段的企业,或者将在近期上市的规模与盈利已经达到可上市水平的企业,其退出方式一般为上市后从公开资本市场上出售股票。一般而言,Pre-IPO投资者主要有投行型投资基金和战略型投资基金两类。投行型投资基金具有双重身份,既是私募股权投资者,又是投资银行家;战略型投资基金,致力于为企业提供管理、客户、技术等资源,协助企业在上市之前建立起规范的法人治理结构,或者为企业提供专业的财务咨询。

Pre-IPO投资具有风险小、回收快的优点,并且在企业股票受到投资者追崇的情况下,可以获得较高的投资回报。

6. PIPE投资

PIPE(Private Investment in Public Equity)投资是指以市场价格的一定折价率购买上市公司股份以扩大公司资本的一种投资方式。PIPE投资分为传统型和结构型两种,传统型PIPE由发行人以设定价格向PIPE投资人发行优先股或普通股,结构型PIPE则是发行可转换为普通股或者优先股的可转换债。相对于二次发行等传统的融资手段,这种融资方式使得获得资本的成本和时间都大大降低。PIPE投资比较适合一些不希望应付传统股权融资复杂程序且正在快速成长为中型企业的上市公司。

7. 其他类型的投资

还有一些具有专业阶段、专门用途的私募股权基金,如专注于解决企业财务危机的基金,重振资本。根据各私募股权基金设立时的市场定位又可划分为综合性投资基金和行业基金等不同类型,如房地产基金、能源基金等。

1.5 国内外私募股权投资的发展历程

1.5.1 国际私募的发展历史

私募股权投资与绝大多数的金融产品一样,最早在美国出现,20世纪七八十年代在美国有比较大的增长,20世纪90年代末以来,私募股权投资越来越被大家熟知,成功的案例也越来越多。国际私募是指私募股权基金在全球范围内寻找有潜力的投资目标,以及需要融资的未上市企业在全球范围内寻求私募股权基金的投资。简而言之,国际私募是指私募股权基金在全球范围内进行运作。在国外,私募股权投资经过30年的发展,已经成为仅次于银行贷款和IPO的重要融资手段。国外私募股权基金规模庞大,投资领域广泛,资金来源广泛,参与机构多样化。目前,西方国家的私募股权投资占其国内生产总值(GDP)的份额已达到4%~5%。迄今为止,全球已有数千家私募股权投资公司,如百仕通(又译作"黑石")、KKR集团、凯雷、贝恩、阿波罗、得州太平洋、高盛、美林等机构,它们均处于私募股权投资的领先地位。

2006年全球私募股权基金的总投资额达到7 380亿美元,全球私募股权基金从资本市场上募集到的资金为2 150亿美元。我国的国家外汇投资公司在成立之初做了三笔投资,除了投资一个香港企业1亿美元外,两个比较大的投资都投在国际私募股权基金上,一个是百仕通,一个是因为次贷危机需要补充资金的摩根士丹利。

2019年3月贝恩公司发布的《2019全球私募股权市场报告》显示,2018年全球私募股权基金市场投资额再度攀升。同时,过去五年内已披露的收购交易额达2.5万亿美元,创下历史新高。贝恩公司全球合伙人、亚太地区私募股权基金业务主席杨奕琦说:2014年至2018年,可以说是全球私募股权行业最好的时期之一。无论从募集的资金额还是投资金额来看,都达到历史高位,退出交易数量创下新高,回报率十分可观。私募股权公司仍在不断推进这股上升势头,但也伴随着风险。长期激烈的竞争正在推动交易倍数突破历史最高水平,决策受到对经济下行的担忧的影响。这些风险对买方的尽职调查提出了更高的要求,买方需要兼顾目标公司的商业和运营情况,并慎重考虑交易结构。

归纳总结2018年全球私募股权市场状况以及应对策略,编者得出以下几方面的结论。①激烈的竞争和不断攀升的资产价格持续压低交易数量。2018年全球收购交易数量为2 936笔,同比减少13%。但收购交易总额上升10%,达到5 820亿美元(包括后续交易),5年收购交易总额更是创下历史新高。这主要归功于私有化交易的增长——2006—2007年全球私有化热潮以来,交易总额再次达到历史高点。②在竞争愈发激烈和交易市盈率走高的市场背景下,2018年找到合适交易的难度加大,但同时也为退出交易创造了良好条件。据统计,2018年退出交易数量共计1 146笔,退出交易规模达到3 780亿美元,与2017年持平。私募市场过去5年的强劲表现在一定程度上也归功于退出交易,为投资者创造了前所未有的高回报。2018年私募市场退出交易表现稳健,2014—2018年已披露的退出交易总额达2万亿美元,创下了5年退出交易总额的历史最高纪录。③虽然私募公司的投资步伐稳健,但他们手握的"干火药"(即待投资金)自2012年以来呈现持续上升趋势。截至2018年年底,所有私募基金类型的待投资金总额达2万亿美元,突破历史高位,仅并购基金就达到6 950亿美元。过剩资本的累积对私募股权公司造成压力,迫使他们寻找交易。但好消息是,并购基金公司的待投资金有67%是在过去两年中募集的,这意味着在最近的交易周期中,旧资本正在被清理,并被新资本取代。④按历史标准衡量,私募股权基金在2018年吸引了大量资金,尽管资金增长速度相比2017年破纪录的增速略有放缓。普通合伙人(GP)在2018年从投资者处募集到7 140亿美元(历史第三高募资总额),2014—2018年募资总额高达3.7万亿美元。并购基金继续占据最大的资本份额,但投资者开始对更多资产类别产生兴趣,令各类基金受益。有限合伙人(LP)依然青睐表现最佳的资产类别,90%的受访者表示他们有计划维持或增加私募配置。

如何在未来私募股权市场中制胜?尽管2018年私募基金表现强劲,但基金管理人仍然面临同样的挑战:在资产竞争激烈、收购价格倍数居高不下的情况下,如何让手上的资金有效运作?领先的私募公司意识到,他们需要找到更好、更聪明的方法。对此,贝恩公司总结了领先企业的3种做法。①平台型收购:强有力的战略,但不易成功。过去20年,贝恩对上百个平台型收购交易进行了跟投或为其提供咨询服务,他们发现,许多投资机构低估了获得成功所需要的条件。虽然每个交易都是不同的,但是最有效的平台型收购战略通常具备4个共同特征:一是行业的颠覆性风险较低,公司的自由现金流稳定,足以支撑稳定的收购节奏;二是行业中有足够多具有吸引力的目标公司可被收购;三是公司有完善的基础设施,如稳健的IT系统、强大的资产负债表、可复制的财务和运营模式等;四是收购对象接近核心业务,通过汇聚一系列高度相关的公司,实现规模效应。②收购整合:迎接挑战。私募基金逐渐转向大型收购交易,以解决僧多粥少的问题,即待投资金多,目标公司少。与此同时,这个方法也带来了重大的挑战,即如何将两个或更多的复杂组织合并起来,整合成一个规模更大、具有战略和运营意义的组织,并从中实现价值。贝恩调查显示,虽然具备实质影响力的大型收购交易的价值显而易见,但成功率不一,且与买方的经验密切相关。成功者经常进行大型收购交易,并把这些交易变成可复制模式;而落后者较少进行大型收购交易,通常是在战略上孤注一掷。③邻近战略:多样化尝试。经验表明,选择性地扩张到合适的邻近领域,能够令企业受益。相反,将时间、资本和人才投到过于偏离核心的战略上,可能会迅速影响业绩。领先企业会考虑距离核心业务一步之遥的邻近业务,而不是距离两步甚至更远的业务。这些业务与私募收购公司的专业领域更接近,且有望为 GP 创造更高的利润,为 LP 带来更高的净回报率。贝恩发现,收购投资者越来越多地为成长型股权、长期持有战略和行业基金募集资金。

1.5.2 美国私募股权基金的发展

美国私募股权基金从萌芽到发展,再到兴盛的历史长达百年,根据其不同时期的发展状况,可将美国私募股权基金的发展大致分为 3 个阶段:萌芽期,初步发展期和快速发展期。

1. 萌芽期(19 世纪至 20 世纪 40 年代)

美国的风险投资可以追溯至 19 世纪的铁路和纺织厂的私人融资,富裕的个人投资者开始为很多的产业提供融资以确保其资产增值。著名的交易如皮埃尔·杜邦于 1919 年对通用汽车公司的投资;劳伦斯·洛克菲勒对麦道公司的投资等。

第一次世界大战促使美国政府对中小企业提供资金支持,为后来制定扶持中小企业的法律积累了经验。美国国会创建的战时金融公司(WFC,War Finance Corporation)主要通过贷款的方式为重要军工企业提供信贷资金,为政府投资私人企业奠定了基础。随后政府成立的重建金融公司(RFC,Reconstruction Finance Corporation)及小型兵工公司(SWPC,Smaller War Plants Corporation)通过向小企业提供信贷,有力地支持了大量在萧条期和战时濒临倒闭的企业。美国政府于 1953 年根据《1953 年小企业法》正式创建了小企业管理局(SBA,Small Business Administration),其目的是“尽可能地援助、咨询、协助和保护小企业利益”。次年小企业管理局开始运行,为企业家提供教育方案和财政援助,支持小企业获得政府合同。

2. 初步发展期(20 世纪 40 年代至 20 世纪 70 年代末)

现代意义上的私募股权基金起源于 20 世纪 40 年代的美国,当时美国出现大量中小企业,但这些企业项目难以得到资金支持。在这种情况下,被称为“风险投资之父”的乔治·多里特(George Doriot)创办了“美国研究与发展公司”(ARD,American Research and Development Corporation),ARD 设定了 3 项任务:①通过组建创业投资公司,广泛吸收个人和各类机构投资者的资金来对新兴中小企业融资;②培养出一批专门从事新企业投资的管理人才,即创业投资家;③创造一种为企业提供管理技术和经验的制度。

由于私人产权投资市场存在严重的信息不对称和道德风险问题,投资主体缺乏对投资对象的全面了解,同时很难找到合适的激励机制来促使投资对象改善经营,因此 ARD 在资金募集和运作上并不顺利。但 ARD 作为美国创业投资基金的开创者,被认为是美国创业投资基金发展的第一个里程碑,为后继者提供了宝贵的经验。

1958 年,美国政府通过了《小企业投资法案》(*Small Business Investment Act*),该法案旨在规范和鼓励建立小企业投资公司(SBIC, Small Business Investment Company)来为小型企业提供资金支持,主要是 SBIC 能够享受低息贷款和税收优惠。SBIC 是现代风险投资行业诞生的一个重要力量,有力地推动了美国私募股权资本市场的发展。20 世纪 60 年代美国股市的景气行情为风险投资企业通过 IPO 退出从而获得高额回报提供了绝佳路径,大量私募股权基金在此期间成立,资金也开始涌入私募股权基金市场,仅1969年一年基金筹资就达2亿美元。

随后的近十年间,股市日趋低迷,私募基金行业遭受了重大打击,投资者原本期望通过IPO方式退出的想法几乎无法实现,加之1974年美国国会通过的旨在收紧养老金供给的《雇员退休收入保障法案》(ERISA,The Employee Retirement Income Security Act),导致养老金管理人停止投资"高风险"项目,致使私募股权基金行业雪上加霜,这一时期,私募基金行业经营惨淡,效益不佳。

3. 快速发展期(20世纪70年代末至今)

1973年美国风险投资协会(NVCA,National Venture Capital Association)正式成立,标志着美国私募风险投资在其国民经济中正式成为一个新兴的行业。在随后发生的四件事的共同作用下,美国风险投资行业驶入发展快车道。一是国会对ERISA谨慎人规则(Prudent Man Rule)进行了澄清,明确允许养老金管理人投资风险投资基金行业,基金管理人筹措资金的渠道逐步打开。二是此后不久,国会通过《格拉斯-斯蒂格尔法案修正案》(*Glass-Steagall Act*),将最高资本利得税率从49.5%削减至28%,《1981年税收法》(*The Tax Act of 1981*)进一步下调最高资本利得税率至20%。此举很大程度上使得投资人能够获得更大的净收益。三是1976年美国统一州法委员会对《统一有限合伙法》做出修订,设计了"安全港"规则,使合伙组织在法律设计上更为周密、精细、协调,有利于平衡合伙各方当事人的责任与权利、风险与收益间的关系,使有限合伙制更能适应创业投资发展的特点与内在规律。四是自1981年起,美国IPO市场也经历了复兴的过程,苹果计算机、联邦快递等一批明星公司都在20世纪80年代早期上市了。

20世纪80年代起,越来越多的机构投资者和高净值人士开始将其部分投资组合配置到风险投资领域。统计数据表明,总体上,在过去的30年中,美国私募股权基金行业发展呈现周期性特点,与经济周期明显正相关,经济繁荣,资金涌向风投行业,经济衰退,资金停止投入甚至加速退出风投行业。20世纪90年代初期的经济衰退,1997年东南亚金融危机爆发,2000年美国网络科技股泡沫破裂、2008年金融危机爆发,都对部分私募基金的营运造成致命伤害,如美国长期资本管理公司(LTCM)、老虎基金等先后宣布破产,私募基金随着经济衰退陷入低谷。在随后的经济复苏及繁荣期,私募基金行业的资金筹措水平则普遍较高。图1-2所示为美国1995年至2010年间并购基金与风投基金的年募资水平。

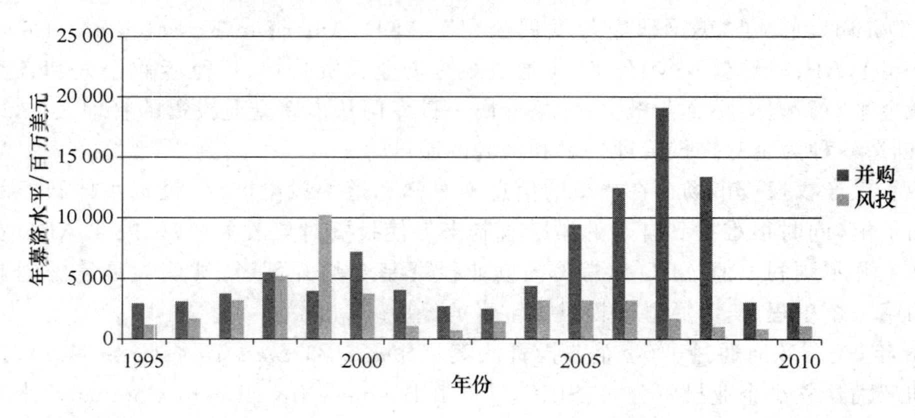

图1-2 美国1995年至2010年间并购基金和风投基金的年募资水平

美国没有专门针对私募基金的规范。私募基金的立法主要散见于与投资基金相关的法律法规中,主要有《1933年证券法》《1934年证券交易法》《1940年投资公司法》,1982年的《D条例》,1990年的《144A规则》等。美国政府对私募基金的监管职能由证券交易委员会(SEC,Securities and Exchange Commission)承担。对私募基金的监管主要体现在基金的募集,投资者资格及人数,注册登记豁免及反欺诈和内部交易等方面,总体上,在2008年金融危机爆发前,美国政府对私募股权基金的监管比较宽松。

美国私募基金行业的自律监管相对发达。1973年成立的美国风险投资协会向其会员提供资本市场有关数据并为优化投资者的投资环境争取政策支持。在长期实践中,美国的私募基金自律机构在以下4个方面发挥了积极作用:①建立了基金行业所需的职业标准和道德准则;②代表行业参与者与监管部门沟通;③给行业参与者提供内部交流平台;④维护私募基金行业的合法权益。

2008年金融危机以来,美国等西方发达国家相继提出了金融监管改革方案,表现出加强监管的趋势。2010年通过的《多德-弗兰克法案》(*Dodd-Frank Act*)显著加强了对私募股权投资公司的监管,尤其是加强了对那些管理一个或多个资产超过1.5亿美元私募基金的私募股权投资公司的监管。该法案主要删除了部分豁免注册规则,从而使大多数投资顾问及基金管理人必须进行注册,并要遵循信息保存和披露的要求。

总之,美国私募股权基金业在起伏不定的周期性发展过程中,逐步形成了一套相对规范、科学的运作和监管机制,为美国成为全球私募投资业最为发达的国家奠定了制度基础。

1.5.3 中国私募股权投资的发展历程与趋势

从1984年中国引进风险投资概念至今,我国私募股权投资已经历了36个春秋的潮起潮涌。在国际私募股权基金蜂拥而至的同时,本土私募股权基金也在快速发展壮大,随着中国经济在过去近30年经历了GDP以年均10%的大幅度增长,中国A股市值占GDP比重也经历了一轮飙升,流通市值从1999年的9.2%跃升至一度超过120%。宏观经济形势的利好极大地推动了中国创业投资行业的爆发性发展,政策环境也得到进一步完善。在经济、政策双重向好的形势下,中国私募股权投资表现异常活跃,募资和投资活动频繁,私募股权投资也从概念型的投资方式逐渐被大众所熟知、所接受。中国私募股权资本规模与投资总量呈跳跃式快速增长,屡次刷新历史纪录。毫无疑问,私募股权投资已经成为中国企业融资的一个重要渠道。

1. 中国私募股权投资的发展历程

与美国私募股权投资的发展类似,我国对私募股权投资的探索和发展也是从风险投资开始的,风险投资在我国的尝试可以追溯到20世纪80年代。1985年中共中央发布《关于科学技术体制改革的决定》,其中提到了支持创业风险投资的问题,随后由原国家科学技术委员会和财政部等部门筹建了我国第一个风险投资机构——中国新技术创业投资公司(中创公司)。20世纪90年代后,大量的海外私募股权基金开始进入我国,从此在中国这个新兴经济体中掀起了私募股权投资的热浪。

第一次投资浪潮出现在1992年后。这一阶段的投资对象主要以国有企业为主,海外投资基金大多与中国各部委合作。但由于行政干预较为严重,投资机构很难找到好项目,而且当时很少有企业选择在海外上市,投资机构又不能在国内全流通,也就不能全部退出,私募股权投资后找不到出路,这导致投资基金第一次进入中国以失败告终,这些基金大多在1997年之前撤出或解散。1999年《中共中央关于加强技术创新、发展高科技、实现产业化的决定》的出台,为我国私募股权投资的发展做出了制度上的安排，极大地鼓舞了发展私募股权投资的热情，掀起了第二次短暂的投资风潮。国内相继成立了一大批由政府主导的风险投资机构，其中具有代表性的是(深圳市政府设立的)深圳创新投资集团公司和中科院牵头成立的上海联创、中科招商。2000年年初出台的《关于建立我国风险投资机制的若干意见》，是我国第一个有关风险投资发展的战略性、纲领性文件，为风险投资机制建立了相关的原则。同时，我国政府也积极筹备在深圳开设创业板，一系列政策措施极大地推动了我国私募股权投资的发展。但当时由于还没有建立中小企业板，基金退出渠道仍不够畅通，导致一大批投资企业无法收回投资而倒闭。

前两次的私募股权投资热潮由于退出渠道的不顺畅而失败，但这种情况在2004年出现了转机。2004年，我国资本市场出现了有利于私募股权投资发展的制度创新，即深圳中小企业板正式启动，这为私募股权投资在国内资本市场提供了IPO的退出方式。所以2004年以后出现了第三次投资浪潮，私募股权投资成功的案例开始出现。2004年6月，美国著名的新桥资本以12.53亿元人民币从深圳市政府手中收购深圳发展银行17.89%的控股股权，这也是国际并购基金在中国的第一起重大案例，同时也诞生了第一家有国际资本控股的中国商业银行。由此开始，很多相似的私募股权投资案例接踵而来，私募股权投资市场日趋活跃，从发展规模和数量来看，本轮超过了以往任何时期。

随着宏观经济形势的利好和政策环境的不断完善，中国私募股权投资行业取得了爆发性发展，投资活跃度逐年上升。从投资机构募资情况看，新募集基金数从2002年的34个增长至2008年的116个，而募集金额在2003年和2004年进入一个低谷后重新开始反弹，一举从2003年的6.39亿美元上涨至2008年的73.1亿美元。从投资规模来看，案例数量从2002年的178起增长至2008年的535起；期间，投资金额也增长了近9倍，达50亿美元。但随着金融危机的进一步深化，2009年第一季度投资机构倾向选择更为保守的投资策略，投资总额为4.70亿美元，投资案例数比2008年同期下降了53.7%，比2008年第四季度减少了50.0%；投资金额比2008年同期大幅下跌了82.5%，比2008年第四季度下降了67.7%。不过，随着经济的好转，私募股权基金恢复了对中国市场的信心，同时，创业板的推出和二级市场信心的恢复为IPO重启提供了良好的外部环境，2009年第二季度募集完成基金规模大幅上升，募集完成、首轮募集完成和开始募集基金数量环比分别上升86.7%、40.0%和30.0%，募集规模除开始募集规模略有下降外均实现大幅上升。管理资本、募集规模以及投资金额的增长率甚至可达110%左右。总体来看，私募股权投资在中国发展迅速，新募集基金数、募集资金额和投资案例与金额等代表着投资发展的基本数据将会长时间保持增长状态，这是新兴市场的发展和中国企业数量多、发展快所带来的投资机遇。

从大的经济环境来说，自2012年以来中国经济增速逐渐放缓。同时中国的股票市场自2008年四万亿刺激后的那次反弹一路下跌至1 900多点，导致2013年中国IPO的暂停。而2014年后IPO重新启动，2012年到2014年这个阶段整个股权投资行业发展稳中有升，募集完成的基金有500～700只，而开始募集的基金有300只左右，这说明整个VC/PE市场在2012—2014年这个区间逐渐回暖。这主要归功于国家这几年对高新技术产业和中小型创业公司上市的扶持政策。2013年的创业板牛市、各省市高新技术产业园的成立以及上市公司的产业投资基金的成立，也从二级市场和一级市场投资者的角度表达了对国家政策的拥护以及对新兴产业发展未来的看好。在整个一级市场“万众创业”以及移动互联网风潮的带领下，在VC/PE等机构对优质公司的精心培育和支持下，2014年二级市场开始了继2007年后的一轮大牛市，这次牛市的特点是以创业板为主的，以新兴产业带动的，以“互联网＋”为主题要求推动中国经济转型的一次“改革牛市”。本轮牛市中最抢眼的牛股如东方财富、乐视网、全通教育、朗玛信息、银之杰等，都充分说明了资本对于在互联网和大数据方面布局的企业的追逐，而同样的，二级市场新兴产业的高估值也进一步吸引了一级市场股权投资的热潮，近年来最热门的仍然是对以移动互联网为核心的 IT 产业的投资。从另一方面来说，从 2014 年年中开始的全面多头行情是股市对国家要求全面推动政治经济改革的响应。2013 年年底召开的中共十八届三中全会的核心内容就是探讨我国政治经济全面改革的实施方案。该会议确立了《中共中央关于全面深化改革若干重大问题的决定》。该项决议表明要把“国家治理体系和治理能力现代化”作为总体的目标，并且详细解释了未来改革的方向，对国家未来改革的措施和方案做出了清晰明了的规划，给出了具体步骤。目前该会议中讨论的 190 多项改革方案正在逐渐推进中。反腐倡廉，深化国有企业改革以及提高大型中央企业的运作效率，对新兴产业的中小企业的扶持，鼓励互联网金融有序发展以保障金融市场融资的公平性，激励大众创业、万众创新，规划实施一带一路战略、加速中国产能向海外市场输送，并且要全力改善人民生活水平，提高人民的生活质量，推进改善民生的制度，这些都充分说明本次改革所具有的全面性、主动性、高难度等基本特征，可以说是中国 21 世纪最大的挑战和未来持续发展的保障。中国 PE 市场活跃度自 2011 年后开始呈现下滑态势，2013—2014 年 PE 市场投资规模一直保持较低水平，2015 年度 PE 市场的投资案例数目和投资规模均为近几年的高点，2016 年 PE 市场的投资案例数目和投资金额规模略低于 2015 年。这两年投资案例数目的突增主要得益于活跃的新三板市场的交易状况。总体来看，PE 市场的活跃度保持平稳。

2016 年中国 VC/PE 市场基金募资渐入佳境，整体募资氛围表现良好，无论是开始募集还是募集完成的基金。开始募集基金的数量和目标规模更是创下了历史最高值。根据 CVSource 投中数据终端统计，2016 年全年共披露 1 065 只基金开始募集和成立，总目标规模为 3 307.41亿美元，相较于 2015 年(披露 974 只基金开始募集和成立，总目标规模为 2 711.55 亿美元)新募集的基金，无论在数量上还是规模上均有很大幅度的提升。2016 年共披露 1 351 只基金募集完成，披露的募集完成规模为 1 746.95 亿美元。

2016 年虽然经历了“熔断”，但中国 VC/PE 投资市场基金募资环境有渐暖的态势，纵观 2016 年度的开始募集和募集完成的基金，无论从募资的基金数目来看还是从募资的规模来看，募资氛围都有向好的趋势，从另一方面看市场也是相对比较活跃的，也表现出 LP 的出资意愿是比较强烈的(图 1-3)。根据 CVSource 的数据，2016 年全年国内私募股权市场共披露的投资案例数为 1 491 起，披露的投资金额为 540.48 亿美元。对比 2015 年度(披露的投资案例数为 1 719 起，投资金额为 623.98 亿美元)，投资案例的数目有所回落，投资规模也略有回落。从行业分布来看，制造业和 IT 业最为活跃。从投资地域分布来看，北京地区发生的案例数量和规模均属首位。从融资类型来看，PE-Growth(成长型)投资成为主流。PE 市场人民币投资依旧占主流，但美元投资也受到投资者的大力追捧。从各方面来看 2016 年是一级市场股权投资成绩斐然的一年，以下详细介绍 2016 年私募股权投资的成绩。

(1) 较大金额规模的案例

2016 年 12 月 20 日，博纳影业集团有限公司(BONA. NASDAQ)获得 25 亿元融资，由阿里巴巴影业集团有限公司(01060. HK)、腾讯领投，金石投资、国开金融、中植企业集团有限公司、招银国际(深圳)、中国工商银行股份有限公司(601398. SH,01398. HK)、新华联等国内外知名机构参投。融资完成后,博纳影业估值达到150亿元人民币。2016年12月29日,易生金服控股集团有限公司获得19亿元融资,投资方包括H Capital、嘉德资产管理、鼎兴量子投资、中国太平洋保险(集团)股份有限公司(601601. SH,02601. HK)等。中国邮储股份有限公司引进战略投资者工作正式获得银监会批准。此次战略引资,全部采取发行新股方式,融资规模达451亿元,发行比例为16.92%。10家战略投资者包括瑞银集团、摩根大通、星展银行(中国)有限公司、加拿大养老基金投资公司、淡马锡、国际金融公司6家国际知名金融机构;中国人寿保险股份有限公司(601628. SH),中国电信股份有限公司(00728. HK)两家大型国有企业;浙江蚂蚁小微金融服务集团有限公司、腾讯科技(深圳)有限公司两家互联网企业。其中,中国人寿斥资约130亿元获得不超过5%的中国邮政储蓄银行股权。

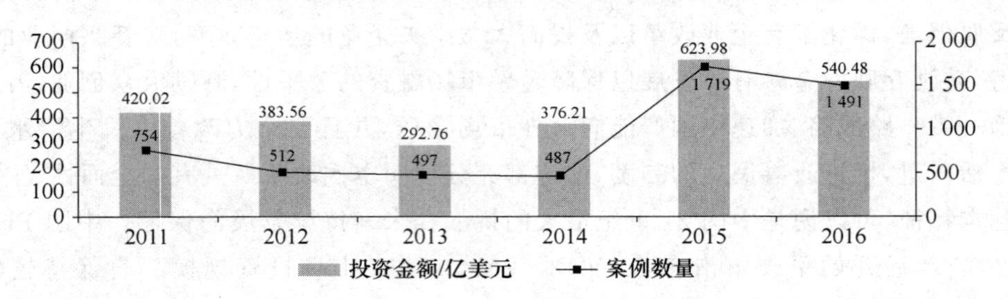

图1-3　2011—2016年中国私募股权投资市场规模

(资料来源:CVSource、德邦研究)

(2) PE投资行业分布和投资案例数量

从2016年全年来看,PE投资涉及22个行业,其中制造业和IT行业最为活跃。从投资数目来看,制造业位居榜首,占全行业的22%,紧随其后的是IT和医疗健康,分别占比18%和8%。从投资规模来看,位居榜首的是IT行业,紧随其后的是制造业,两者分别占全行业投资金额的19%和13%。

(3) PE行业投资规模

IT行业公布投资总额为118.76亿美元,居各行业之首。其中主要的案例有:2016年11月21日,炫一下(北京)科技有限公司(秒拍视频)获得5亿美元融资,投资方包括微梦创科旗下新浪微博基金、上海广播电视台、SMG文化创新创业基金、新产业投资基金、北京微影时代科技有限公司、凤凰投资、新天域资本旗下尚城资本、创梦天地科技有限公司(乐逗游戏)、启元投资等。2016年8月9日,扬州扬杰电子科技股份有限公司(300373. SZ)获得安徽高新毅达皖江产业发展创业投资基金(有限合伙)20 000万美元融资。

(4) PE市场投资地区与类型

从投资地区分布来看,2016年全年投资案例分布最多的3个地区分别为北京、广东和上海,案例数分别为275起、257起和159起,北上广地区历年来VC/PE投资均保持活跃,紧随其后的江苏和浙江也表现不俗,投资案例数目分别为152起和127起,如表1-1所示。其中发生在北京地区较大金额规模的PE案例有:2016年5月10日,万达影视传媒有限公司进行增资,20名股东共增资48 334.70万元,占增资后万达影业总股权的20.79%;2016年9月1日,磐信股权投资旗下上海商言投资中心(有限合伙)受让世纪金源投资集团有限公司持有的中信建投股份有限公司2.47%的股权,转让价款7亿元人民币。

表 1-1　2016 年中国私募股权投资不同地区情况

地区	案例数量	融资金融/百万美元	平均单笔融资金额/百万美元
北京	275	15 848.84	73.01
广东	257	8 626.13	32.22
上海	159	6 720.34	55.41
江苏	152	2 501.16	22.16
浙江	127	4 396.94	29.9
山东	86	1 750.83	12.81
湖北	52	1 084.58	22.09
安徽	50	1 243.16	8.91
福建	47	1 281.00	64.69
河南	32	785.22	11.47

（资源来源：CVSource、德邦研究）

（5）投资类型

成长型(PE-Growth)投资依然是 PE 投资的主流类型。2016 年全年，成长型基金投资公布的投资案例数目为 1 224 起，投资规模为 257.93 亿美元，分别占总数的 82.09%和 47.72%。PIPE(Private Investment in Public Equity)投资也有不俗的表现，投资案例数虽只有 250 起，投资规模却达到了 257.99 亿美元。扩张期阶段融资案例数目的激增，主要是由于新三板挂牌企业数量的增加，继而带来创投和私募股权机构认购股份的追捧。

（6）细分领域

2016 年互联网其他(如财政票据电子化)、电子商务、行业网站依旧为投资者热衷的三大细分行业，无论从交易数量还是融资规模来看，始终占据互联网全行业的主导地位。其中，不少“互联网＋”房地产、“互联网＋”金融等融合性企业在 2016 年的融资活动中屡屡取得优秀的成绩；电子商务行业慢慢步入成熟阶段，其中规模最大的事件为美团和大众点评联姻成立的新公司，获 33 亿美元融资。位居第 3 位的细分领域为行业网站，融资规模总额为 43.32 亿美元，融资案例数量为 377 起。其中，医疗平台平安好医生、云教学平台等都获得了上亿美元的融资(表 1-2)。

表 1-2　2016 年中国互联网行业重点投资案例

企业	CV 行业分类	投资机构	金额/百万美元
China Internet Plus	电子商务	腾讯/数字天空技术/挚信资本/国开金融/今日资本/淡马锡/红杉中国/高瓴资本/中金公司	3 300
乐视体育	网络视频	海航资本投资/国开金融/建银国际/华人文化投资	1 064.06
链家	互联网其他	百度/腾讯/H Capital/执一资本/海峡基金/源码资本/经纬中国/喜神资产管理	972.85
平安好医生	行业网站	N/A	500
趣分期	互联网其他	凤凰资本	456.02
宝宝树	网络社区	复星集团/经纬中国/滨创投资	456.02
人人行	行业网站	N/A	380.02

续 表

企业	CV行业分类	投资机构	金额/百万美元
银联商务	电子支付	光控浦益	304.02
易果	电子商务	KKR集团/阿里巴巴	260
瓜子二手车直卖网	行业网站	诺伟其创投/红杉中国/光信资本/山行资本	250

（资料来源：CVSource、德邦研究）

2016年度医疗健康行业并购宣布交易案例达647起，披露金额交易规模223.99亿美元。最引人注目的莫过于交易金额达12.72亿美元、位居第一的嘉林药业。2015年12月12日，北京嘉林药业股份有限公司拟与新疆天山毛纺织股份有限公司进行资产置换。2016年8月18日，嘉林药业资产全部注入天山纺织，借壳上市交易完成。本次变更后，啤酒花持有同济堂医药100%股权。并购市场上的借壳上市与传统意义上的收购平分秋色，也显示了医疗健康行业发展前景广阔，潜力无限。2016年医疗健康行业IPO融资规模达1亿美元以上的共有7家企业。2016年政府继续鼓励医疗设施领域的私人投资，以减轻公立医院的负担，并放宽投资限制。同时，为了满足日益增长的国内需求，政府鼓励中资企业在以色列、美国和澳大利亚等国的医疗健康领域加强海外投资，以获取海外企业的高新技术、专业知识和高端品牌价值，从而迎合国内市场的需求。

2016年消费及服务行业并购宣布交易案例达494起，公布交易规模331.92亿美元，完成并购交易案例数量266起，完成交易规模达219.38亿美元，并购市场活跃度下降，完成并购交易规模大幅提升并创5年内新高。启德教育于2016年5月获得纳兰德投资、嘉禾资产等多家机构高达32.29亿元的增资，与之相对应的是2016年四通股份(603838.SH)出资45亿元对启德教育的全资收购事件，四通股份希望从单一的以陶瓷业务为主的制造业向生产制造与教育服务并行的双主业转变，然而出国留学行业巨头启德教育集团借壳上市的意图，也十分明显。魔方公寓在2016年再次获得中航信托领投的3亿美元融资，成为长租公寓行业第一只“独角兽”。魔方公寓将全方面开拓租赁领域的细分市场，通过新推出的“轻奢”和“企业公寓”新品牌，试图成为能够覆盖全人群的、提供租住解决方案的公寓运营商。

2. 中国PE基金募资渠道分析

(1) 募集历史途径

中国的PE投资模式和欧美国家的风格有很大不同，除了要考量公司自身的价值因素，及时抓住中国资本市场制度变革带来的机会和领悟中国市场未来发展方向其实对于各种各样的投资机构选择真正能够带来丰厚收益的实体经济项目也是至关重要的。同时，在中国股权投资行业有一个非常重要的问题，那就是能否有稳定持续充足的资金量源源不断地投资这些未来制度改革或市场发展方向的新兴公司，只有充足可靠的资金能够实现管理层宏远的战略目标。根据专家们的长期观察与研究，中国股权投资市场募资情况在不同的阶段有非常显著的发展特征。20世纪90年代初中国的资本市场刚开放，所有做股权投资的个人或机构都处于初始阶段，由于没有历史成功案例可供参考，出资方以及LP们决定是否出资主要取决于他们对管理层的信任度。资金量不大的A轮融资往往靠一个电话、一次面谈就能够成功募集到，只要管理层在出资方那里信誉良好。对于很多机构而言，核心团队的一通电话之后大多可完成初次募资的计划；后续的融资更可能是一种“拼关系”的模式。随着项目的持续发展和中国股权融资市场的兴起，早期依靠个人关系和信誉的融资方式已经无法满足日益增长的募资需求，借助机构投资人、第三方服务机构来扩充资本金是机构发展的必经之路，而且很多投资人的出资条件也以此作为标准，在此过程中能够在合适的时点安排好不同渠道的协同募资尤为重要。后续募资"看业绩"，对于投资者而言，收益回报比率是表征其前期投资决策的绝对标准之一，首批投资基金的清算成绩可为前几年的工作做一份概要总结，虽然无法预测该团队未来潜在投资业绩，但至少可以作为对其既往能力的有效判断。伴随着大部分投资机构经历第一轮基金清算期，用量化指标考核投资团队实力已经有规可循，这便是中国私募股权投资市场募资的真实写照。经历一轮波浪起伏之后，中国市场的募资环境依然总体趋紧，造成LP投资热情低迷。曾经机构眼红于数倍乃至数十倍的短期超高投资收益，大量非理性资金涌入市场，"期限错配"+"风险错配"构建一个注定破灭的全民PE神话。在无限风光背后，万余投资项目滞留机构手中，大量为赶潮流而成立的投资基金站在股权投资舞台的边缘摇摇欲坠，许多私募股权基金生存状况堪忧。而退出业绩的尴尬进一步加剧了募资市场的无奈，进而驱使投资机构以更清晰的目光把握投资潮流趋向，探索更加合适的募资渠道。

(2) 中国私募股权市场发展特色

中国私募股权投资行业起步于20世纪90年代，于21世纪初期步入快速成长状态，伴随着主板、中小板、创业板的开放，国企改制、Pre-IPO、大并购等投资模式相继涌现，私募股权投资市场逐步进化成型，成为资本市场扶持中国中小企业发展的重要力量之一。创新专题作为金融服务市场的一分子，庞大资金池储备是保障后续工作顺利开展的刚性诉求。资料表明，在欧美成熟的VC/PE市场中，养老基金、FOFs、大型企业财团等机构投资者是最核心的资金来源。而国内市场由于发展历史较短，在弯道超车阶段其LP组成的架构与国外市场相比有着明显差异：早年间机构投资者稀少，在国内最为活跃的LP是江、浙、沪、晋、粤、京等地区较为富裕的高净值个人。换言之，在此阶段具有一定风险承受能力的市场化资金在LP市场中话语权较弱，更多资金源于政府行政调配意志或者短期内以套取制度红利为目的的快钱，这与股权投资市场的中长期风险投资特征相悖，此"资金错配"模式在IPO发行体制频现波折的环境下遭遇严峻考验，老基金GP-LP关系纠纷与新基金募集难的话题屡见不鲜。近四五年来，社保基金、保险资金陆续放开对参与PE投资的限制，从资金体量上看，它们为中国PE市场注入数千亿的资金规模，但实际上由于传统体制束缚、保险机构特殊考核规则以及国内PE市场不成熟等原因，如此大体量的资金池开放仍属于雷声大雨点小的状态，股权投资机构全面推进机构化募资的目标并未实现，只是在局部市场中得以展现。在这种情况下，保障募资是国内众多VC/PE机构的核心重任，除了依靠核心团队的人脉资源外，对高薪聘用募资团队的探索不断提速，无论是内部渠道募资还是借助外部第三方资源，面对水涨船高的代销费用、LP关系维护费用等募资成本，不少机构望洋兴叹，很多大型基金的募资计划一再延缓，"生不逢时"的感慨时常在市场内飘过。

(3) 第三方理财机构成为重要资金渠道

面对僧多粥少的募资市场困境，协作式募资颇受投资机构青睐，在自身直接募资渠道之外，借助第三方渠道已是绝大多数投资机构募资的必经之路。目前国内主要渠道为银行、证券、第三方理财机构、信托、FOFs，九鼎，赛富、德同等诸多机构都与银行渠道有深度合作。虽然受监管政策影响，商行柜台代销业务已被勒令叫停，但私人银行部门仍在运作。资料表明，当前多家银行与国内领先投资机构洽谈募资合作事宜，这些现象传递出银行业在这一领域继续分一杯羹的意愿。除此之外，以诺亚财富为代表的市场化第三方理财机构在其中起到极其重要的作用。毋庸置疑,在目前市场状况下,第三方募资渠道的支持是近几年中国 VC/PE 募资市场快速膨胀的核心支柱。然而随着市场的发展和进化,第三方合作机构向上游渗透的意愿越来越强烈,为了加强风险控制和提高收益,第三方机构在严密保护 LP 资源的同时逐步向产品设计领域渗透,其与 PE 机构的合作变得越发微妙,部分过度依赖银行渠道和理财机构渠道的 VC/PE 逐步感受到越来越强烈的压力。

伴随着国内股权投资市场的变化,传统募资渠道也正逐步摆脱单一化。与欧美成熟市场相比,在国内现今融资环境下,获得中长期资金来源支持的难度依然很大,总体来看在募资对象和募资方式上的探索逐步加快,用各种办法探索建立中长期资金池储备,其中不乏建立机构投资者战略合作联盟、组建综合性财富管理中心乃至步入资本市场募集永续资金等创新举措。下面将从多个维度查看探索近况。

如前所述,在强化募资实力的过程中,VC/PE 投资机构都尝试过加大内部募资团队实力,经历一段时间的磨炼后,很多机构的募资团队陷入进退两难的尴尬局面,虽然像鼎晖等少数机构已建立较为完善的机制,但多数机构的财富管理中心色彩逐步淡化。一方面,整体募资市场处于近十年来的低谷期,中小机构很难获得大量"金主"的支持;另一方面,新业务开展亟须大量资金支持,虽然机构出资人日趋活跃,但受募资体制约束,大量个人投资者的支持不可或缺。

诚然,前两年自建财富管理中心类的业务部门对投资机构而言是在募资压力下不得已而为之的举措。由于监管的政策和目前各种募资渠道的不可控性,机构自建财富管理部门的核心目的是增强募资渠道控制力并降低募资成本。投中研究院 GP 专项调研结果表明,对于人民币基金的募集,自行募集依然是 GP 首选,94%的受访者将其作为可选募资渠道,这一比例相比 2013 年有所增长,表明 GP 对自有渠道的依赖有所加强。从外部渠道来看,第三方理财机构和私人银行依旧是重要的募资渠道。与此同时,伴随着募资思路的转换,越来越多的投资机构将更多的精力和资源分配在投资者关系维护和拓展方面,自建财富管理中心是其中的重要环节。

投中研究院的统计表明,当前 PE 系财富管理中心已朝两个方向发展:其一,以辅助部门的身份出现,围绕机构自身越来越庞大的募资需求,内部财富管理中心与外部第三方合作机构合力保障募资工作顺利实施;其二,以新业务的身份出现,在大资管理念下,由股权投资业务向财富管理业务延展,构建多元化业务体系。无论选取哪种渠道,都对 PE 机构的品牌影响力和团队专业运作实力提出了更高的要求,就目前而言,只有少数机构能够闯出一条新路,当然也不排除 PE 机构以参与投资或控股收购的方式将第三方理财机构纳入麾下。

此前,证监会向各家证券公司发布《关于落实〈证券公司代销金融产品管理规定〉有关事项的通知》。通知表示,考虑到合伙企业有限合伙份额形式的私募股权基金的监管机关和监管规则尚不确定,此类金融产品暂不纳入证券公司代销范围。银监会也向银行发出了售卖 PE 产品的禁令。两大监管部门的禁令掐断了 PE 两大募资渠道,让不少 VC/PE 机构募资一度陷入停滞状况。第三方理财机构如基金子公司,为不少券商系直投提供了新的募资方案。专户计划在基金领域属于较为常见的产品,产品本身并无太多创新之处,但通过基金专户产品募集 PE 资金在行内很少见。以上合作对基金公司的确意义重大。在大资管的背景下,各个平台业务的竞争异常激烈,大家都在寻找自己的独特发展道路和产品模式。如果可以广泛使用基金专户协助 PE 基金募集,无疑是为基金子公司的业务增加了新的思路。使用专户为一只基金募集更像是通道合作,但是如果可以通过专户募集资金投资多个基金,则成了天然的母基金业务。虽然基金子公司做母基金仍须在专业能力上补足,但是其优质的客户资源为打开 PE

股权融资渠道做了非常好的新市场开发。

(4) 债券发行成为新的募资工具

另外,发行中小企业债券也是新的募资来源。2013 年国务院及国家发展改革委曾发文,提出加大国家新兴产业创投计划实施力度、支持符合条件的创业投资企业发行企业债券,国家发展改革委要求加快审核专用于投资小微企业的创业投资企业发债申请、支持符合条件的创业投资企业的股东或有限合伙人发行企业债券,用于投资创业投资企业。迄今为止,只有湖南高新投、广东粤科金融等少数机构发行此类债券。从资金成本、募集方式来看,此类中期资金池(7~10 年期)对于改善创投机构资金流有很大作用。但此类债券发行门槛较高。一方面,这属于政府引导性质,除政府背景的创投机构参与外,市场化机构普遍反馈无意参加此类探索;另一方面,需要发行主体有 AA 级以上信用,此标准进一步将有效范围缩小,故此类债券未来发行的数量不会太多。我们认为,这是政府支持创业投资的一种有意义的探索,其模式有明显创新之处,但从市场应用角度看,短期内此模式很难大范围复制推广。期待未来能在审批环节进一步放开,让更多市场化的债券产品进入市场,以鼓励 VC/PE 机构通过此模式获取资金。

2014 年由湖南高新创业投资集团有限公司(湖南高新投)发行的债券的总发行额为人民币 4.1 亿元。该债券为 7 年期固定利率债券,发行人具有上调票面利率选择权及投资者回售选择权。在存续期内前 5 年,该债券票面年利率为 Shibor 基准利率加上基本利差,基本利差区间不超过 3.76%,即簿记建档利率区间不超过 8.76%。在债券存续期的第 5 年年末,发行人可选择上调本期债券票面利率 0~100 个基点(含本数),债券票面年利率为本期债券存续期前 5 年票面年利率加上上调基点,在债券存续期后两年固定不变。该债券采用单利按年计息,不计复利。

(5) 海外机构、知名企业家和上市公司布局长期股权投资基金

目前中国 VC/PE 基金最大的问题是资金不稳定,没有长期盈利的规划。而海外机构看准这个机会向中国输出"长青基金"(Evergreen Fund)的模式。2005 年成立的高瓴资本(Hillhouse Capital)正试图将长青基金模式引入中国。凭借耶鲁大学投资基金办公室(Yale Endowment)提供的 3 000 万美元起家的高瓴资本,到目前已有 140 亿美元资产管理规模,内部收益率(IRR)接近 40%,其 LP 为包括大学捐赠基金、家族基金、养老金、主权基金在内的众多优秀机构投资人,在其超长期投资策略下,对优秀项目长期持有,将已退出资金补充到基金池中继续投资,最大限度地挖掘资本市场价值洼地的投资红利。长青基金模式在海外较为常见,但在国内并不常见,这与国内资本供给环境有关。在当前大环境下,保险机构等中国机构投资者远不成熟,无论是市场化参与度还是内部考核体制都不足以支持其在股权投资领域实施大比例资产配置。所以此模式只适用于个别可获得海外大型 LP 青睐的机构,而国内机构还需因地制宜地选择长青基金之路。

海外知名企业家和科技公司高管往往是 VC/PE 公司资金的来源。前几年"Founder's Fund"的概念或许还很难被市场认同,但眼下这种模式已经在股权投资领域受到越来越多的关注,以高榕资本为代表的新投资机构或新基金陆续在股权投资舞台上闪亮登场。以高榕资本为例,其资金主要来源于在互联网领域成长起来的第一批中国企业家,借助一代互联网企业家的经验和资源,挖掘移动互联网时代下的投资机遇。作为一代成功企业家,无论出身互联网领域,还是医疗健康、节能环保等领域,都有类似的资产增值诉求,而股权投资恰恰是满足其诉求的重要方式之一。相对于其他 LP,这些企业家拥有丰富的创业经验、人脉圈、企业经营资

源，会推荐优秀创业者给 GP 团队，创新专题同时在投资过程中被给予最接地气的创业经验支持。据投中研究院了解，目前多个投资机构尝试构建类似专注于某产业领域的投资基金，在纯资本运作之外，尝试更深入的资本与实体经济融合的模式。

上市公司也是 VC/PE 的资金来源。截至 2020 年 9 月初，"新证券法"施行半年，注册制 IPO 占全部规模的七成。注册制改革平稳快速，从科创板的"增量"推广到创业板的"存量＋增量"市场。与此同时，伴随着对 A 股上市公司并购审批解禁，围绕上市公司展开的国内并购大浪潮势头快速膨胀。在此背景下，市场各方对于当下 A 股市场的高估值现象的担忧逐步加重。无论后续以何种方式推进，在放松入口和打开出口的双重作用下，因传统体制壁垒造成的二级市场高估值（创业板尤为突出）必将在一两年内陆续滑落。鉴于当前特殊环境，围绕上市公司以并购整合为中心的"上市公司＋PE"式合作基金迅速涌入市场。对 PE 机构而言，此模式可产生多重利好效应，其一，扩充融资渠道，据投中研究院统计，上市公司在多数此类合作基金中出资 10%～30%，部分基金出资比例高达五成以上；其二，调控项目退出风险，该基金拟投资标的多数围绕上市公司拟并购方向展开，以上市公司收购＋项目独立 IPO 等方式作为组合退出方式，在目前监管体制下，正常情况下其项目退出风险较之前 Pre-IPO 模式更低一些。除了获得上市公司自有资金外，部分 PE 机构为了新增募资渠道，将目光瞄向上市公司高管团队，围绕高管个人理财诉求，通过股票质押等方式获取资金，使高管们以 LP 身份投入 PE 机构新设立的基金中，进一步加强 PE 机构与实业优秀人才的合作关系，提高基金实力，进而强化基金募集能力。

（6）新三板上市成为 PE 机构新的融资渠道

如前所述，通过各种办法加强与 LP 群体对接面是缓解募资压力的有效手段，但随着国内市场环境的变化，相关模式也随之变化转型，后续基金在经济环境面临巨大挑战时仍或多或少会遭遇募资困难的窘境。如果能获取长期资金支持，则将在根本上解决此类问题。按照国外 PE 运作方式，让 PE 机构主体或基金主体公开上市募集资金是一个不错的选择。

2014 年，九鼎投资在新三板挂牌上市，通过定增方式募集资金补充资本实力。与此同时，中科招商也传出欲在新三板挂牌及主板上市。投中研究院分析认为，未来一段时间将出现一波取道资本市场募资的 PE 机构，但考虑到 A 股 IPO 市场千余家准排队企业的压力，PE 机构登录主板或创业板还需经过漫长等待，但这种模式确实可以开辟一条新型通道。

在准上市过渡过程中，登陆新三板有多方面的收益：其一，实现募资的真实愿望，其中部分得益于对 PE 机构投资能力的肯定，部分得益于对 PE 机构以企业身份登陆资本市场的高回报预期；其二，客观上改善既有 LP 份额的流动性，在梳理 LP 关系的同时改善 GP-LP 关系；其三，实现管理层激励，强化团队稳定性。

九鼎投资公司的主要投资方向是劣后投资。借助新三板平台，九鼎投资正式涉入劣后投资领域，为其所管理的基金做结构化设计。目前在私募股权基金市场上，不同的产品有不同的风险控制措施。对于优先/劣后的机构化设计，市场早已出现，但关注焦点多集中于优先领域。据投中研究院了解，银行理财资金池对优秀投资机构旗下基金的优先部分非常感兴趣，通过香港子公司或者其他内地通道的方式进入私募股权投资基金队伍中，目前多家银行正积极与 PE 机构沟通，寻找合适的合作机会。与之相对，劣后投资部分多数处于被动处置的状态，一般由 GP 团队托底处理。投中研究院认为，九鼎投资介入劣后投资市场之举为国内私募股权投资市场产品架构设计引入一股新风，未来有望刺激国内产品架构设计更加优化完善。不仅在常规股权投资领域广泛涌现类似创新，而且在险资运用领域也出现了类似的创新举措。险资产品创新的一个案例是京沪高铁股权投资计划。京沪高铁股权投资计划于 2007 年形成，由平安资产作为牵头发起人和受托管理人，7 家保险机构募集资金 160 亿元，以股权计划方式投资京沪高速铁路股份有限公司（以下简称“京沪公司”），持有京沪公司 13.91％的股权。京沪高铁股权计划是保险机构以股权方式投资国家重大基础设施的第一单，对保险资金投资相关行业和类似项目具有重要的示范作用和指导意义。一是股权投资计划符合保险资产管理产品创新的方向；二是保险机构在京沪公司遇到创新专题的一些问题，是垄断行业改革中的必然现象；三是保险机构参与垄断行业投资，必须要建立商业化、市场化的运作模式，要重点参与市场化运作程度相对较高的行业或企业，切实保护投资权益不受损失。

3. 中国 PE 退出情况

PE 机构退出情况略有好转，海外 IPO 退出持续升温。退出方面，由于二级市场降温明显，各类形式退出均有所下降，2018 第三季度共实现 260 笔退出，同比下降 44.1％，环比上升 5.3％。IPO 退出依旧占主导地位，共 149 笔，占总退出数量的 57.3％，环比上升 36.7％，同比下降 10.8％。由于 2018 年小米、美团点评、蔚来汽车等多家独角兽企业赴海外上市，海外 IPO 退出升温明显，2018 年共退出 112 笔，是 2017 年同期的 6.6 倍。此外，2018 年并购退出共 61 笔，占总退出数量的 23.5％，为 PE 机构第二大退出方式。并购重组的深化改革为 PE 行业的并购退出提供了便利，股权投资基金退出阻力的减小，更有利于 VC/PE 市场资金的再循环。图 1-4 所示为 2016—2018 年中国私募股权投资市场退出分布。

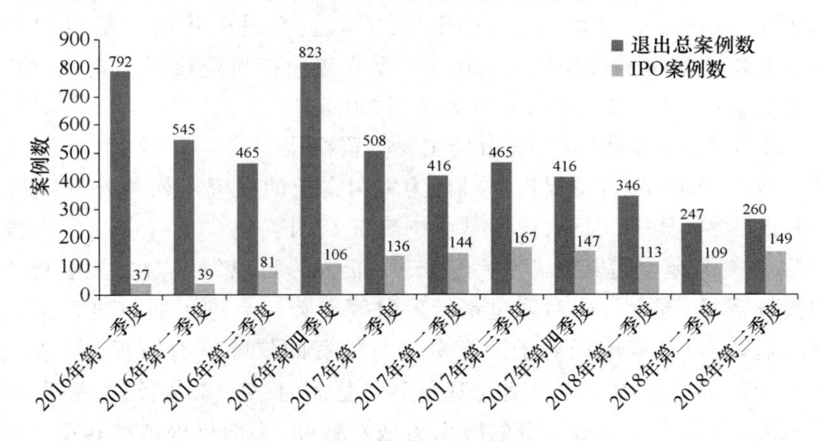

图 1-4　2016—2018 年中国私募股权投资市场退出分布

（资料来源：私募通，2018.10）

4. 中国股权投资市场的特点与未来发展策略

伴随着 2019 年国内外经济形势转变与相关政策的出台落地，我国股权投资市场募、投、管、退均呈现出新的变化，具有以下特点。

（1）全国经济运行平稳，但外部不确定因素增多

2019 年国民经济运行保持在合理区间，延续了总体平稳、稳中有进的发展态势，供给侧结构性改革持续推进，改革开放继续深化，就业比较充分，精准脱贫有序推进，人民生活水平和生活质量继续提高，推动高质量发展的积极因素增多。但也要看到，当前国内外经济形势依然复杂严峻，全球经济增长有所放缓，外部不确定因素增多，国内发展不平衡、不充分问题仍较突出，经济面临新的下行压力。7 月 30 日召开的中央政治局会议对 2019 年下半年经济工作进行了部署。具体措施包括：①减税降费方面继续落实落细政策；②产业方面提升产业基础能力

和产业链水平；③消费促进方面拓展扩大最终需求，有效启动农村市场，多用改革办法扩大消费；④稳投资方面要稳定制造业投资，实施城镇老旧小区改造、城市停车场、城乡冷链物流设施建设等补短板工程，加快推进信息网络等新型基础设施建设；⑤民营经济方面建立长效机制解决拖欠账款问题；⑥科创板坚守定位，提高上市公司质量；⑦重申“房住不炒”，不将房地产作为短期刺激经济的手段。

（2）贸易摩擦前景不明，中国制造当自强

在美国奉行单边主义和保护主义、世界贸易紧张局势加剧、全球经济下行风险增加的背景下，中国各行业不同程度地承受压力。其中与中国经济转型、产业升级最为相关的行业承压最重，部分高技术行业发展受到美国的“精准打击”。在此背景下，我国更应重视基础研究、科研成果转化以及高新技术创业，打造中国制造的不可替代性。

（3）募资低位运行，头部集中效应愈发明显

受宏观经济环境以及监管政策的影响，我国股权投资市场募资难问题依然未见好转，2019年上半年新募基金数、总金额均呈下降趋势。上半年共有1 190只基金完成募集，同比下降47.2%，新募金额为5 729.56亿元人民币，同比下降19.4%。其中，第二季度早期市场新募金额为32.63亿元，同比下降68.7%；VC市场新募金额为893.27亿元，同比下降49.6%；PE市场新募金额为4 803.66亿元，主要是由于近700亿元基建及地产类基金完成募资，新募金额同比下降8.2%。从平均募资金额看，在募资难的背景下，2019年第二季度我国股权投资市场平均募资金额为4.96亿元人民币，同比上升33.8%，资金进一步向头部机构和国有机构集中。根据清科研究旗下私募通数据统计，2019年上半年股权投资市场募资完成规模前十位的基金共计募资1 365.78亿元，较2018年同期上升10.8%。

（4）国资与外资成为目前股权投资市场主要投资机构

股权投资市场大额募资中，主要投资机构为中国本土的投资机构与外资。2019年以募集金额前十位的基金为例，其中7只人民币基金中有5只明确包含具有中国本土投资机构背景的LP大额出资，该5只基金募集总额达到716.73亿元。可以发现，在《关于规范金融机构资产管理业务的指导意见》等文件中对通过银行理财等资管产品进入股权投资市场的民营资本渠道进行限制之后，股权投资市场对于国有资本与外资的依赖度有所提升。另外，2019年上半年募资金额前十位的基金中的3只美元基金募资总额为498.55亿元人民币，尽管中美之间贸易摩擦悬而未决，但中国市场对外资的吸引力依然强劲，头部机构持续获得外资LP认可。

（5）投资金额下降，轮次阶段后移

在募资端收紧、二级市场表现疲软以及多个独角兽项目上市破发的大环境下，中国股权投资机构投资愈发谨慎，投资活跃度和投资金额均大幅下降。据私募通数据统计，2019年上半年，中国股权投资市场投资案例数为3 592起，投资金额为2 610.91亿元，分别同比下降39.1%和58.5%。同时，平均投资额下降至0.94亿元，同比下降25.4%，主要原因是超大额投资事件明显减少，项目估值略有回调。在2019年上半年早期、VC、PE 3个市场中，早期投资机构由于募资压力最大，项目平均持有期较长，出手更加谨慎，投资案例数下降最多；PE市场则由于缺少大额投资事件，投资金额降幅最大。早期、VC和PE市场上半年的平均投资金额分别为1 047.70万元、5 106.05万元和1.82亿元。上半年值得关注的大额投资案例主要有车好多、京东健康、地平线机器人、理想汽车、蛋壳公寓等。

（6）除投资数量下降之外，机构避险情绪明显，投资轮次偏好有所后移

2019年我国股权投资市场A轮及之前的投资案例数与投资金额分别占总量的60.9%和

25.4%，占比相比 2018 年同期分别下降 3.9 个百分点和 10.2 个百分点。经济下行压力带来的不确定性导致投资机构避险情绪明显，倾向于布局盈利模式清晰的中后期成熟企业。

(7) 科创领域投资活跃，生物医药受关注

目前，我国经济正在由高速增长转为高质量发展阶段，供给侧结构性改革是该阶段的重要举措，全国范围内的产业升级成为政策导向，而科技创新则是成功关键。2019 年我国股权投资市场科创领域布局持续加深。受人工智能概念的推动，IT 行业继续保持第一，共发生 888 起投资事件；受港股上市政策利好、行业逆周期特性以及 AI 概念加持影响，生物科技/医疗健康行业获得了较多关注，投资案倒数位居第三；随着贸易摩擦暴露出的国产芯片行业短板，电子及光电行业受到重视，上半年投资案例数跃居第四；与产业转型升级相关的机械制造、半导体等行业的活跃度也有上升。此外，娱乐传媒行业受政策影响，投资活跃度大幅下降，排名下降至第八位。

(8) 北、上、深、江、浙领衔，城市群带动区域发展

2019 年北、上、深投资案例数和投资金额仍名列前三位。江浙地区因产业和地域优势，投资占比逐年提升。江浙地区总投资案例数占全国的比例为 19.3%，相对 2018 年上半年的 16.9%继续上升。京津冀、粤港澳、长三角城市群的建设，将持续给北、上、深、江、浙的经济注入活力。此外，中西部地区的投资案例数和投资金额仍然处于较低水平。清科研究中心认为，因地制宜，发展地域性优势产业占据比较优势，同时以中西部城市群为依托，建立以中心城市引领城市群发展、城市群带动区域发展的新模式，或将提高中西部地区股权投资活跃度，推进当地经济增长与产业转型升级。

(9) 总退出案例数大幅下降，VC 市场降幅明显

2019 年中国股权投资市场退出案例数为 831 笔，同比下降 39.6%。其中，早期市场退出案例数下降 41.0%，VC 下降 44.0%，PE 下降 36.8%，VC 市场退出案例数降幅最大。从退出结构来看，早期机构主要退出方式为股权转让，VC 和 PE 则以被投企业 IPO 为主要方式。中国企业境内外 IPO 数量达到 125 家，同比上升 16.8%；募资总规模 1 297.98 亿元，同比下降 14.0%。境内外上市企业分别为 60 家和 65 家，募资金额分别为 622.92 亿元和 675.06 亿元，呈现旗鼓相当的局面。其中，VC/PE 支持的 IPO 上市数量 70 家，共计融资 704.91 亿元。上半年 VC/PE 的 IPO 渗透率为 56.0%，基本与历史水平持平。

(10) 港股新政利好生物医药类 IPO，但市场整体 IPO 回报水平走低

被投企业 IPO 案例数达到 471 笔，同比上升 35.0%，共涉及 70 家上市企业，同比上升 9.4%。在退出市场整体降温背景下，被投企业 IPO 数量逆势上升的主要原因是 2018 年港交所新政(接受同股不同权企业和允许尚未盈利的生物科技公司来港上市)红利释放，赴港上市企业数量由 2018 年同期的 6 家上升至 2019 年的 16 家，且这些明星企业背后均存在多个外部机构投资者，VC/PE 基金退出案例数从 25 笔上升至 106 笔。得益于该政策，生物技术/医疗健康行业也成为 2019 年第二季度被投企业 IPO 数量最多的行业，共计 78 笔。值得注意的是，按照上市企业 20 日股价计算，2019 年上半年被投企业 IPO 的上市账面回报倍数持续走低，国内经济转型攻坚以及中美贸易摩擦或将影响企业二级市场估值，进而影响股权投资机构的投资回报。

(11) 科创板首批企业开始交易，注册制长期利好股权投资

2019 年 6 月科创板正式开板。截至 2019 年 7 月 31 日，已有 25 家企业在科创板挂牌交易，另外尚有 3 家企业处于申购阶段、7 家企业已提交注册、17 家企业已答复问询、8 家企业已

受理待问询。首批25家企业上市当日，其收盘价相对发行价涨幅均超过60%，总市值超过5 000亿元人民币。科创板与注册制的落地，或将缓解VC/PE退出压力，利好股权投资市场。上市首周，各企业的走势良好，其背后的股权投资机构也将优先享受科创板上市红利。

（12）私募基金管理人规模与数量持续增加

截至2019年12月底，存续登记私募基金管理人管理基金规模在100亿元及以上的有262家，管理基金规模在50亿～100亿元的有290家，管理基金规模在20亿～50亿元的有726家，管理基金规模在10亿～20亿元的有871家，管理基金规模在5亿～10亿元的有1 236家，管理基金规模在1亿～5亿元的有4 517家，管理基金规模在0.5亿～1亿元的有2 361家。截至2019年12月底，已登记的私募基金管理人有管理规模的共21 306家，平均管理基金规模6.45亿元。这些公司的价值通常在20亿～100亿美元，收购价格相当于倍数加上私有化溢价，而总价还是低于一级市场平均倍数。值得注意的是，如果一级市场倍数长期保持在高位，私募公司及其投资者可能面临着新的考虑。在经济衰退、公开市场倍数逐渐下滑，而一级市场倍数不断攀升的背景下，中国私募股权投资未来的发展策略是什么？

首先，IPO退出不再受欢迎。如果一级市场倍数相对于公开市场估值仍然处于高位，那么通过IPO退出的吸引力就会降低。其次，上市公司成为私募基金投资的目标。公开市场显然是搜寻大公司的好去处。对于许多大公司而言，公开市场可能成为愈发重要的目标环境，必须及时调整交易搜寻、筛选和尽职调查方法。第三，基金规模更大。基金规模不断增长以及公开市场的私有化机会，促使基金为了开展更大型的私有化交易而扩大规模。最后，私募基金大众化。鉴于一级市场的增长以及相对于公开市场更高的回报潜力，如何使散户投资者更容易地投资私募基金变得更加重要。散户投资者已经开始争取扩大对中小企业的投资，而这些企业一直是私募基金的主要目标。如今这些企业越来越多地转向私募融资，以减少上市的成本和麻烦。

总之，为了应对包括大型私有化交易在内的交易规模扩大的趋势，大多数私募企业必须对运营模式做出重大改变。私募企业必须根据手中的交易调整他们的投资和能力。在投资规模扩大的情况下，私募企业需要通过升级尽职调查方法和收购后资源来实现成功的大型交易。

【阅读资料】

粤港澳打造科技创新走廊，全球第四大湾区蓄势待发！

“粤港澳大湾区”是指包括香港特别行政区、澳门特别行政区和广东省广州市、深圳市、珠海市、佛山市、惠州市、东莞市、中山市、江门市、肇庆市在内的城市群概念。粤港澳大湾区城市群具有交通便利、经济实力雄厚、科创要素集聚、国际化水平领先、合作基础良好等优势，在国家发展大局中具有重要战略地位。当前全球经济合作日益深化，但部分国家保护主义倾向抬头；中国国内存在产能过剩、创新不足和供需失衡等发展障碍，粤港澳相互间交流水平同样有待增强。针对当前的变局与挑战，中共中央、国务院于2019年2月印发《粤港澳大湾区发展规划纲要》（以下简称《规划纲要》），从科技创新、互联互通、产业培育与开放合作等方面支持推动粤港澳大湾区建设，提升粤港澳大湾区在国家经济发展和对外开放中的支撑引领作用，打造世界级城市群，剑指仅次于东京湾区、旧金山湾区和纽约湾区外的全球第四大湾区。表1-3所示为粤港澳大湾区中心城市定位。

表1-3　粤港澳大湾区中心城市定位

城市	定位
香港	国际金融、航运、贸易中心和国际航空枢纽
澳门	世界旅游休闲中心、中国与葡语国家商贸合作服务平台
广州	国际商贸中心、综合交通枢纽、科技教育文化中心
深圳	经济特区、国家创新型城市、创新创意之都

（资料来源：清科研究中心）

《规划纲要》中最受股权投资市场关注的领域当属与资本、金融相关的条目。据私募通统计显示，本次规划中涉及股权投资的募资、投资和退出方面的条目共5条，集中在香港资本市场对大湾区整体创业股权投资的参与领域，提出了“大力发展特色金融产业，有序推进金融市场互联互通”的建设思路和方案。其中包括以下方面内容。

在募资方面，《规划纲要》支持香港机构投资者按规定在大湾区募集人民币资金投资香港资本市场、参与投资境内私募股权投资基金和创业投资基金，这将有助于股权投资市场开拓新的LP资金来源，缓解自2018年以来的“募资困局”。2018年年底，驻港大型中资企业、香港企业、内地大型企业及新经济企业，联合发起成立“大湾区共同家园发展基金”，支持香港发展成国际科创中心，促进“再工业化”，协助香港优势产业在大湾区发展，该基金牵头人之一是建银国际前董事长和行政总裁胡章宏，基金目标规模为1 000亿元。此外，在珠海市政府支持下，珠海基金、鲲鹏资本、鑫根资本等金融投资机构拟共同发起设立“粤港澳国家战略新兴产业驰援母基金”，该基金首期规模将达100亿元，旨在共同培育扶持更多有潜力的优秀项目，重点发展新材料、新能源、金融科技、高端制造、生命科学等战略性新兴产业。

在投资和退出方面，支持香港私募基金参与大湾区创新型科技企业融资，允许符合条件的创新型科技企业进入香港上市集资平台，为大湾区创业公司提供了新的融资选项。另外《规划纲要》还提及在广州建设区域性私募股权交易市场，建设科技创新金融支持平台，这些都将进一步丰富股权投资基金的退出路径，加速创投资金的循环。除去股权投资类条文，本次《规划纲要》还涉及商业银行、企业债券、企业风控工具、居民理财等数个金融服务方向，这些措施与产业规划、产业投资计划相辅相成，共同服务于大湾区内各类商业活动，将成为产业升级中的“金融基础设施”。

表1-4所示为《规划纲要》中关于资本与金融服务的政策。

表1-4　《规划纲要》中关于资本与金融服务的政策

金融相关方向	规划内容
银行业务	大湾区内的银行机构可按照相关规定开展跨境人民币拆借、人民币即远期外汇交易业务以及人民币相关衍生品业务、理财产品交叉代理销售业务
企业债权融资	大湾区内的企业可按照规定跨境发行人民币债券
企业风险管理	支持香港开展更多风险管理工具；支持内地与香港、澳门保险机构开展跨境人民币再保险业务
居民理财投资	扩大香港与内地居民和机构进行跨境投资的空间，稳步扩大两地居民投资对方金融产品的渠道； 依法合规前提下，有序推动大湾区内基金、保险等金融产品跨境交易，不断丰富投资产品类别和投资渠道，建立资金和产品互通机制
一带一路投融资服务	在香港打造服务“一带一路”建设的投融资平台； 让澳门发挥与葡语国家的联系优势，发挥中葡合作发展基金作用，提供金融、法律、信息等专业服务，联手开拓葡语国家和其他地区市场

（资料来源：作者根据清科研究中心资料整理）

案例阅读与分析

[案例 1]

小米集团上市之路

引言

小米集团成立于2010年，由中国互联网领军人物雷军等人倾力打造，小米集团的股东包括新加坡主权财富基金、俄罗斯DST投资集团、国外顶级投行IDG，启明创投，云峰基金等重要战略合作投资机构，短短5年间，小米手机以火箭般的速度取得了骄人成绩，2014年小米公司营业收入高达743亿元，被誉为继百度公司、阿里巴巴集团、腾讯公司后的中国第四大互联网巨头。2018年4月30日，同股不同权制度在香港正式生效，港交所即刻接受上市申请。这是继1989年后，港交所重新启动"同股不同权"机制。2018年5月3日，小米提交招股书，正式申请在香港上市，中信里昂证券、高盛、摩根士丹利担任联席保荐人，小米也成为这一制度重启后的首批获益企业。一时间，针对小米赴港IPO事件，不少行业分析人士和市场专家各抒己见，整个互联网圈也都在关注。小米的估值也立即成为市场人士探讨的焦点，据2018年5月8日《华尔街日报》的报道，此次小米股份有限公司的IPO估值目标在700亿～800亿美元，该公司计划至少筹集100亿美元的交易。此前，外界对其最高估值是接近千亿美元，这一切都和雷军系创业团队和小米的商业模式及其股权设计有很大关系。

1. 创立及融资历程

(1) 超级豪华的创业团队

小米科技成立之初，联合创始人包括雷军、谷歌中国工程研究院原副院长林斌、摩托罗拉北京研发中心原总工程师周光平、北京科技大学工业设计系原主任刘德、金山公司原设计总监兼金山词霸总经理黎万强、微软中国工程院原开发总监黄江吉和谷歌中国原高级产品经理洪峰。后来，负责小米电视和小米盒子业务的王川加入，成为第8位联合创始人。在位于中关村银谷大厦的办公室里，小米正式起步。早已亿万身家的"连环创业者"王川后来在接受《中国经济周刊》采访时回忆加入小米的心情时说："如果有机会做一家像苹果那样的公司，我们这辈子就值了。"这个超级豪华的"创业团队"中的每个人的履历都金光闪闪，平均年龄超过了40岁。

(2) 融资过程

自2010年9月28日至2017年8月24日，小米先后进行了六轮次融资(其中B、C、E、F包含若干小轮次)，总共募集15.8亿美元(其间进行过一次"一拆四")。每轮融资以首份购股协议签字为开始，以最后一笔投资款到账为结束。表1-5所示为小米六个轮次的融资情况。

表1-5　小米六个轮次的融资情况

融资轮次	时间	融资金额	投资者
A轮	2010年9月28日—2011年5月17日，持续8个月	募集金额定格在1 025万美元，其中雷军投入约300万美元，到上市前雷军持有1.25亿A系列优先股	晨兴资本、雷军、林斌、周光平
B、B+、B++轮	2010年12月21日—2011年9月16日，持续9个月	募集金额达3 085万美元，雷军跟投近300万美元，到上市前持有2 450万B系列优先股	B轮融资额最高的仍为晨兴资本，其次是启明创投，个人投资者雷军
C轮、C+轮	B轮刚刚结束两周，历时2个月	募集金额达9 010万美元(估值达到10亿美元)	最引人注目的投资机构是IDG；启明创投、晨兴资本进行了跟投

续表

融资轮次	时间	融资金额	投资者
D轮	2012年下半年	募集金额达2.16亿美元(估值提高到40亿美元)	DST入局
E轮	2013年8月,闪电融资,历时仅1天	融资1亿美元(估值达100亿美元)	DST
F轮	2014年12月23日	本轮融资总额11.34亿美元,公司估值450亿美元	All-stars、DST、GIC、厚朴基金和云峰基金等机构

按照申请版本招股书披露,小米的前五大股东分别是小米创始人雷军,晨兴资本,小米联合创始人、总裁林斌,DST和启明创投。

表1-6中,A～F系列优先股全部转为普通股后,占总股本的50.1%。由于A系列、B系列有雷军、顺为资本及其他“元老”参与,小米创始团队控制的股比超过50%。但经过IPO及后续增发融资,创始团队的控制权将会受到威胁。

表1-6　小米A～F系列优先股股数变动情况

轮次	首份协议日期	最后支付日期	募集金额/百万美元	获得成本/美元每股	股票数/百万股	股比
A系列优先股	2010.09.28	2011.05.17	10.25	0.03	393	18.7%
B系列优先股	2010.12.21	2012.09.16	30.85	0.12	255	12.2%
C系列优先股	2011.09.30	2011.11.29	90.10	0.52	172	8.2%
D系列优先股	2012.06.22	2012.12.21	216	2.12	102	4.9%
E系列优先股	2013.08.05	2013.08.06	100	1.38	72	3.4%
F系列优先股	2014.12.23	2017.08.24	1 134	19.84	57	2.7%
A类普通股					670	32.0%
B类普通股					374	17.9%
总股本					2 095	100.0%

在这样的背景下,联交所接受同股不同权是小米选择香港上市的必要条件。雷军、林斌持股比例分别为31.1%、13.3%,合计为44.4%。由于A类股票的投票权十倍于B类股票,两位创始人的投票权分别为55.64%和30.04%,合计达85.68%。

2. 小米8年创业史

(1) 历经兴衰,2017年重新启航

小米集团在2011—2014年这3年时间内,依靠精准对焦一、二线城市年轻一代互联网用户消费诉求,以及高性价比的低价竞争策略,使小米手机销量迅速增长,2014年小米成为中国大陆市场出货量排名第一的智能手机品牌,2015—2016年手机市场发生变化,公司高速增长过程中种种弊端开始显现,手机销量一度陷入低谷。经历转型调整与沉淀后,小米手机扭转衰退势头,2017年重回高增长。根据调研机构IDC(互联网数据中心)统计,小米手机出货量在2017年第二季度同比暴增58.9%,市场份额重新回到世界前五、中国第四,第三、四季度单季出货量分别同比增长103%、97%,为前五大品牌单季度出货量同比增速最快的公司,市场份额达到全球第四、中国第四。2018年第一季度小米手机在印度销售量增长依旧强劲,市场占有率跃居第一,达到31%。

(2) 小米模式遭遇困境

外部市场环境发生变化,线上渠道销售放缓。随着互联网渠道销售手机的出现与小米模式的崛起,传统手机品牌纷纷尝试手机销售渠道的转型,其中不乏独自成立自有的手机互联网子品牌,如华为荣耀、中兴nubia、金立IUNI等,小米的线上渠道所带来的性价比优势不再显著,加之2015—2016年智能手机市场增速放缓,国内一、二线城市手机市场容量逐渐饱和,消费能力及换机需求向三线以下城市下沉,线下渠道升温,手机线上渠道的出货量经历了两年高增长后开始放缓。

轻资产模式意味着企业没有自己的代工厂,缺乏对供应链的掌控。随着小米产品款数和类型的不断增加、销量的增长以及向海外市场的拓展,小米的供应商体系愈发庞大,由于对供应链的掌控乏力,初期没有备选供应商,小米产品出现拖延上市、断货、跳票等问题。

在内外部原因综合影响下,小米在2015—2016年经历了低谷,2015年小米手机销量未能达到预期的8 000万部,2016年出货量同比下滑17%,全球市场份额跌出前五。

(3) 改善供应链、扩张线下渠道,重回高地

小米模式遭遇困境的阵痛期,发展策略随之改变,从轻资产到重视供应链管理,供应链负责人换帅,通过不断引入人才和改善供应商关系来提高供应链管理水平;从不做广告到聘请代言人触及三、四线城市,不再单独依赖新媒体营销,2016年开始做楼宇广告、聘请代言人、投放电视广告和网络广告;从依赖互联网销售到重视线下、扩张小米之家等。2017年开始小米线下渠道的布局开始进入扩张期,截至2017年11月底,小米之家已经在全国开设了228家门店,累计客流量超过1 570万人次,并计划未来两年内将小米之家门店的数量增加到1 000家。策略的转变及印度市场的扩张使小米手机扭转衰退局面,2017年出货量重回高增长。

3. 小米股权结构设计

小米科技创立初期的团队,是包含7位合伙人的14人团队。7个联合创始人都有股权,核心人物雷军持股居多。雷军创立小米对合伙人的一个承诺是:小米将是他最后一次创业。联合创始人林斌问:你是认真的吗?你在小米的股份还没有在欢聚时代(YY)多呢。林斌的意思是说,YY当时还没有上市(2012年11月在纳斯达克上市,上市市值6亿美元),雷军有YY的28%~30%的股权。创建小米的时候,雷军自己的股份连30%都不到,说明雷军在分配股权的时候很大度。但是,怎么让大家相信雷军把小米作为最后一次创业呢?

(1) 以退为进,先少后多,自我增资,一举两得

雷军的办法是——自我增资,花了3 900万美元,占了50%以上的股权。这样,不仅在股权比例上超过其他联合创始人,而且公司刚一创立,就自己当了一把“天使投资人”,为小米高起点的估值加了分。当时雷军花了3 900万美元,按照1亿美元估值增资进来,占了39%,他的股份由原来30%不到,一下子涨到了65%~70%。2010年年底,小米完成了A轮融资,金额1 025万美元,A轮估值就达到2.5亿美元。

(2) 员工大面积持股,早期给股权,A轮之后开始实行期权

雷军的理念是“小米公司要和员工一起分享利益,尽可能多地分享利益”。小米公司刚成立的时候,就推行了全员持股、全员投资的计划。小米最初的56个员工,自掏腰包总共投资了1 100万美元。这次员工投资1 100万美元,指的是在A轮前的员工股权激励。可见,雷军在股权层面没有玩花招,尤其是初创阶段,都是实打实地给股权购买机会。

(3) 激励分为短中长,自由选择有空间,公司回购有保底

小米公司设计的股权激励中，提供了可选择的报酬模式，邀请任何人加入时会给3个选择条件。你可以选择和跨国公司一样的报酬，可以选择2/3的报酬＋股权，也可以选择1/3的报酬＋股权。最终，10%的人选择了不要工资或者1/3的工资，80%选择了2/3的工资，剩下10%的人选择了跟跨国公司一样的报酬。

小米一开始就奉行全员持股理念。按雷军的说法："我们给了足够的回报，一是工资上我们是主流；二是在期权上真的是有很大的上升空间，而且每年我们公司还有一些内部回购。"

股权稀释有节奏，一等的踩点融资之路，公司估值一路飙升，每一轮的融资，都是上一轮估值的4～5倍，都是踩在了"移动互联网"繁荣的"云彩"上。融资的节奏和市场情绪把握之精准的背后，是极其缓慢而有效的股权稀释。

4. 未来发展趋势

作为全球商业模式最独特的公司之一，效率是小米公司的生命，无论是小米硬件产品的打造，还是小米全渠道触达消费者的新零售战略，所有环节的高效率让小米的产品一直保持高性价比，也让小米从诞生以来聚集了无数粉丝。

物联网在移动互联网之后进入高速发展阶段，小米依靠"高颜值、高品质、高性价比"的理念围绕米粉的高品质生活打造了从手机周边、智能硬件到生活耗材的生态链产品，并且依靠手机、智能电视、智能音箱等入口级产品做到智能家居真正的互联互通，目前小米已经是全球最大的消费级IoT平台。可以预计下一步小米的发展重点是利用人工智能技术实现家庭生活全面智能化。小米已经形成了物联网时代高黏性的用户群—全面的智能家居终端布局—消费者数据—云平台和人工智能的物联网闭环布局，小米物联网平台价值将随着小米手机、生态链产品不断积累的大数据而不断放大，把握物联网入口级产品将使小米具备越来越多样化的变现手段和方式。

2018年第一季度国内市场小米手机线下销量同比增长77%，且线下销量超过线上，小米新零售战略初见成效。2018年小米加速在印度、东南亚、欧洲线上线下渠道扩张，利用资本、开放合作，全球化布局加速。预计未来小米手机在全球市场占有率和销量将稳步提升。面对2018—2019年国内智能手机存量博弈市场竞争加剧，海外新兴市场拓展等不确定因素，对于小米集团来讲，首先因预期风险而造成公司手机销量增长不达目标，手机销量直接影响MIUI新增用户数量从而影响互联网服务收入增长。其次，公司国内外线下渠道布局加速，线下自营门店迅速增加，可能导致成本升高致使毛利率降低的风险。最后，目前小米投资的生态链公司有一半尚未正式发布产品，存在产品拓展不达预期因而造成投资损失的风险。

[案例2]

首次将私募基金纳入法律调整范围

我国于2009年开始起草证券投资基金法修订草案，2012年6月26日在第十一届全国人大常委会第二十七次会议上修订草案第一次被提请审议。经过三次审议，包含15章155条新的证券投资基金法终于亮相。

《中华人民共和国证券投资基金法》自2004年实施以来，对规范证券投资基金运作，保护基金投资者合法权益，促进基金业和证券市场的健康发展，发挥了重要作用。但随着经济和金融体制改革的不断深化与资本市场的快速发展，我国基金业发生了很大变化，现行基金法的部分规定已不能完全适应市场发展新形势和基金监管的需要。为规范基金业，特别是非公开募集基金的设立与投资运作，遏制各种名目的非法集资，加强基金业监管，加大对投资者权益的保护力度，促进基金业的健康发展，迫切需要对现行基金法进行修改。修订《证券投资基金法》的目的主要有以下几点。

1. 严防借私募基金"乱集资"

近年来，包括私募证券投资基金、私募股权投资基金在内的非公开募集基金快速发展，在推动经济结构调整、提高企业自主创新能力、缓解中小企业融资难等方面作用日益显著，也成为居民财富管理的重要工具。但是原来的基金法对非公开募集基金未做规定，使这类基金的设立与运作缺乏明确的法律依据，基金募集和投资行为不规范，容易损害投资者权益，更有少数违法犯罪分子借私募基金之名行"乱集资"之实，蕴含较大的金融风险和社会风险。

新法借鉴现行非公开募集基金实践和国外立法情况，将非公开募集基金纳入调整范围，规定"公开或者非公开募集资金设立证券投资基金，由基金管理人管理，基金托管人托管，为基金份额持有人的利益，进行证券投资活动，适用本法"。并设立专章对非公开募集基金做了原则规定。

新法规定了基金管理人的注册和登记制度。要求基金管理人按照规定向基金行业协会履行登记手续，报送基本情况。未经登记，任何单位或者个人不得使用"基金"或者"基金管理"字样或者近似名称进行证券投资活动。

新法确立了合格投资者制度。规定非公开募集基金只能向合格投资者募集，合格投资者应达到规定的收入水平或者资产规模，具备相关的风险识别能力和承担能力，合格投资者累计不得超过二百人。

新法还规范了非公开募集基金的托管和基金合同必备条款。同时要求非公开募集基金不得向合格投资者之外的单位和个人募集资金，不得通过报刊、电台、电视台、互联网等公众传播媒体或者讲座、报告会、分析会等方式向不特定对象宣传推介。

2. 禁止基金管理人内幕交易

原来的证券投资基金法缺乏对基金管理公司股东及其实际控制人的规定，对基金管理人及其从业人员的监管措施也不够严密，难以有效保护基金投资者权益，一些基金的"老鼠仓"、内幕交易等问题屡禁不止。新法根据目前公开募集基金运行情况和存在问题，对有关规定也做了相应调整。

新法参照《中华人民共和国证券法》的规定，加强了基金监管，完善了基金治理结构，将基金管理人的股东及其实际控制人纳入监管范围。明确基金管理人及其从业人员禁止从事内幕交易、利益输送，禁止虚假出资或者为他人代持股权、抽逃出资等规定。

新法严格规定了对公开募集基金管理人的监管措施。法律规定，公开募集基金的基金管理人违法违规，或者其内部治理结构、稽核监控和风险控制管理不符合规定的，国务院证券监督管理机构应当责令其限期改正，并可视情节责令有关股东转让所持有或者限制有关股东行使股东权利。基金管理公司违法经营或者出现重大风险，严重危害证券市场秩序、损害基金份额持有人利益的，国务院证券监督管理机构可以对该基金管理人采取责令停业整顿，指定其他机构托管、接管，取消基金管理资格或者撤销等监管措施。

另外，新法还适当放宽了公开募集基金投资、运作的管制，包括将基金募集申请由"核准制"改为"注册制"。同时还修改了基金投资范围的规定，为基金投资于货币市场、股指期货等提供了依据。

3. 设专章规定基金服务机构

新法首次设立专章规定基金服务机构的相关内容。随着基金行业的迅速发展，其专业程度不断提高，相关服务业务也得到快速发展。时任全国人大财经委副主任委员的吴晓灵说，由于原来法律对基金销售机构、基金份额登记机构、基金估值服务机构等服务机构缺乏详细规定，难以适应基金业快速发展的需要，因此，新法设立专章规定基金服务机构很有必要。

该章着重对基金销售、基金销售支付、基金份额登记、基金估值服务、基金投资顾问、基金评价、信息技术系统服务等相关服务业务做了明确规定。要求这些服务业务应当经国务院证券监督管理机构注册或者备案。并要求基金销售机构应当向投资人充分揭示投资风险，根据基金投资人的风险承受能力销售不同风险等级的基金产品。法律还规定了基金销售机构、基金销售支付机构、基金份额登记机构应当确保基金销售结算资金、资金份额的安全、独立，禁止任何单位或者个人以任何形式挪用基金销售结算资金和基金份额。

4. 保护基金份额持有人权益

为了更好地保护基金份额持有人的利益，防范金融风险，新法对基金管理人运作基金财产所遵循的规则及风险防范做出规定。

新法规定，基金管理人、基金托管人管理、运用基金财产，基金服务机构从事基金服务活动，应当恪尽职守，履行诚实信用、谨慎勤勉的义务。基金管理人运用基金财产进行证券投资，应当遵守审慎经营规则，制定科学合理的投资策略和风险管理制度，有效防范和控制风险。基金从业人员应当具备基金从业资格，遵守法律、行政法规，恪守职业道德和行为规范。

5. 发挥基金行业协会的作用

新法设立专章规定了基金行业协会的相关内容，对行业协会的性质和职责进行了详细的规定。新法明确基金行业协会是证券投资基金行业的自律性组织，是社会团体法人。要求基金行业协会的权力机构为全体会员组成的会员大会，协会章程由大会制定，并报国务院证券监督管理机构备案。

新法规定了基金行业协会的八项职责。包括依法维护会员的合法权益，反映会员的建议和要求；制定和实施行业自律规则，监督、检查会员及其从业人员的执业行为，对违反自律规则和协会章程的，按照规定给予纪律处分；对会员之间、会员与客户之间发生的基金业务纠纷进行调解等。

资料来源：席锋宇．新证券投资基金法：首次将私募基金纳入法律调整范围[EB/OL]．(2012-12-29)[2020.02.10]．http://www.148com.com/html/4450/505263.html.

【课后思考题】

1. 请简述国内外私募股权基金发展的现状。
2. 私募股权基金的基本运作模式和特点是什么？
3. 请简述私募股权基金运作的 4 个阶段及流程。
4. 请阐述私募股权基金在经济发展中的作用。

私募股权基金的组织形式

私募股权基金目前已是金融投资领域的一个热点问题，它的组织形式涉及基金投资人和基金管理人切身利益的一系列法律关系。一般来说确定私募股权投资基金的组织形式主要考虑如下因素：相关法律制度、基金管理成本、税负状况、激励与约束机制、基金的稳定性等。目前，我国私募股权基金的组织形式主要采取有限合伙制、公司制和信托制 3 种。但无论是哪种组织形式，私募股权投资的参与主体都是至关重要的。

2.1　私募股权投资的主要参与主体

私募股权投资的主体主要包括投资者、私募股权基金、私募股权基金管理人、接受投资的企业以及在私募股权投资中提供专业服务的中介机构。国际上著名的四大核心主体是指投资者、私募股权基金、私募股权基金管理人和接受投资的企业。

投资者是指资金提供者，包括个人和机构投资者。其中个人是指富有的家庭和个人；机构投资者是指保险公司、大型企业、投行、公共退休基金等。

私募股权基金，是指从事私人股权（非上市公司股权）投资的基金。主要包括投资非上市公司股权或上市公司非公开交易股权两种。私募股权基金并不追求股权收益，而是通过上市、管理层收购和并购等股权转让路径出售股权而获利。

基金原始提供者，即有限合伙人（LP）；基金的具体运作和经营管理者，即普通合伙人（GP），其参与方式主要包括两种，一是直接投资于企业，二是成为私募基金的合伙人或者股东。私募股权基金是投资人与被投企业之间的纽带，它是一个资产池，具有蓄水和排水功能。通过公司制、合伙制、信托制，最终实现资本增值。

私募股权基金管理人是由基金投资者中有管理经验的、对资本市场和产业发展有深入研究和操作经验的人担当，或者聘请职业经理人担任，其职责主要是负责科学管理和运作基金、筛选和评估项目、风险控制、参与企业决策管理、为投资的股权寻求退出通道等。基金管理人就是要发挥纽带和桥梁的作用，对资源进行纵向整合。基金管理人的主要职责如表 2-1 所示。

表 2-1　基金管理人的主要职责

阶段	主要职责
融资	准备、销售、谈判、售后管理
筛选和投资	获得备选项目、初步评估、尽职调查、设计方案、谈判、完成交易
投资后管理	决策层：管理层聘用、发展战略等；管理层：公司日常运作相关事项
退出	退出方式、退出时机、退出程度、金融服务机构的加入

基金管理机构不是一般的金融中介，它既是投融资中介，又是积极的投资者。由于基金管理人的财务资产（流动性最强的资产，如现金）的投入为被投资企业提供了一系列的增值服务，使被投资企业价值得到了提高。同时，基金管理人运用契约机制有效约束了投资人和被投资企业的行为，通过资源的横向整合，又为双方创造了良好的运作环境。因此，基金管理人也是价值的创造者。目前，基金管理人主要包括本土的基金管理人、“海归”的基金管理人和从成功企业家转型的基金管理人三大类。

接受投资的企业是指发展成熟的未上市公司，它们具有良好的市场前景和很大的增长潜力，但在技术、管理、市场等多方面具有不确定性，存在失败风险，一般情况下，这样的公司之所以能够吸引私募股权投资，主要是因为它们具有无形资产良好、管理团队优秀、产品在市场上没有替代品、行业门槛高等特征。

私募股权投资活动中的中介机构，是指专门负责帮助为缺乏投资经验的投资者提出投资建议，构建商业模型和财务模型，帮助投资者获得更好的投资条件，负责帮助需要融资的企业获得更好的投资的机构，主要包括财务公司、律师事务所、资产评估机构以及财税机构等。

除了上述主体外，我国私募股权投资的主体还包括监管机构、行业自律组织等。

监管机构是指证监会及其派出机构，它们依法对私募股权基金业务活动实施监督管理；行业自律组织是指中国证券投资基金业协会，该机构依法对私募股权基金业开展行业自律，协调行业关系，提供行业服务，促进行业发展。

私募股权投资的各个主体彼此之间的关系是投资者把钱交给私募股权基金，私募股权基金管理人对项目筛选后把钱投给接受投资的企业，并和企业管理者一起经营管理企业，等到企业发展成熟以后通过企业首次公开上市、整体出售等方式转让股份、退出企业并得到资产增值，然后私募基金再将资本及其增值返还给投资者。这样，一轮私募投资就宣告结束了。私募股权投资特别强调人的因素，对私募股权基金管理人和被投资企业的管理者提出了很高的要求。除了彼此不可产生信任危机外，良好的项目和具有发展潜力的企业也是不可或缺的。

2.2　私募股权基金的组织形式

私募股权基金的组织形式是指私募股权投资人和私募股权基金经理等各方当事人之间建立的一种制衡关系。私募股权基金选择什么样的组织形式是内生于一个有效率的企业治理制度安排之中的。换言之，私募股权基金组织形式的选择是私募股权基金各方主体对于治理结构选择的一个必然结果，只要能够最大限度地保护出资者和参与企业契约的各利益相关者的利益，不管实行怎样的治理制度都是有效的，也都是合理的。按照国际惯例，私募股权基金主要包括公司型、信托型和合伙型 3 种组织形式。

2.2.1　公司型私募股权基金

1. 公司型私募股权基金的一般形式

公司型私募股权基金以公司的形式组织，以发行股份的方式募集资金。投资者以“购买基金公司股份”的方式认购基金，成为基金公司股东。因此公司型私募股权基金是由投资者出资设立的，以自身资产为主要经营对象，专门从事私募股权投资，以有限责任公司或股份有限公司的形式来组织运作的私募股权基金。公司型基金经营范围主要是股权投资，投资者认购公司股份成为股东，由股东大会选出董事会和监事会，董事会委托基金管理机构或由董事会亲自负责管理对外投资事宜。

基金公司与一般的公司相比，既有相同，又有不同。基金公司的设立程序，类似于一般的股份公司，是法人实体。法人治理结构也和一般的公司一样，设有股东会、董事会、监事会等。但是基金公司的经营管理结构却和一般的公司大不相同。首先，基金公司不设经营管理组织，而是委托专业投资管理机构或者外部专业团队管理运营。公司型基金由此转化为基金公司。其次，基金公司的资金也委托专业的保管人保管，便于资金进出和监控。

在私募股权基金中，投资者是公司股东，依法享有股东权利，并以其出资为限对公司债务承担有限责任。投资者可以通过董事会委任和监督基金管理人，基金管理人的存在有两种形式：一种是以公司常设董事身份作为公司高级管理人员直接参与投资；另一种是以外部管理公司的身份接受基金公司委托管理。图 2-1 所示为公司型私募股权基金的组织结构。

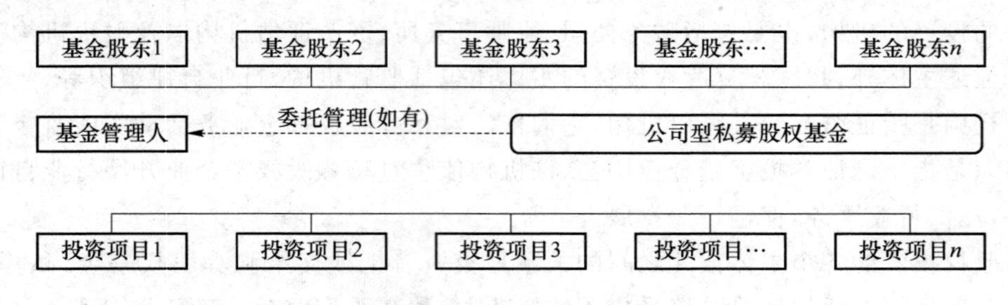

图 2-1　公司型私募股权基金组织结构

2. 公司型私募股权基金的优势

公司型私募股权基金的组织特点使其具有管理规范、运作压力小、投资决策缜密的优势。

（1）管理规范

公司型私募股权基金设有健全的现代企业管理制度，拥有股东会、董事会、监事会等分权与制衡机构。公司制组织形式在很多国家有悠久的历史，也形成了一套相对完善的运作机制、组织结构和非常规范的管理系统，运作风险相对较低。

（2）运作压力小

一般来说，公司型私募股权基金的管理运营团队都是高薪聘请的专业投资管理机构或者外部团队。采用的是一种委托代理机制，不鼓励管理运营者参股。管理运营者的使命就是发现投资项目，购买企业股权溢价卖出。因此经营管理者运作压力相对来说较小，不必像自身投资其中的普通合伙人那样顾忌自己的资本受损，反而更易放开手脚，取得更大的运作空间。对于投资者而言，只需要承担以自己出资为限的有限责任，并不需要承担无限责任。公司作为独立法人，可以通过向银行贷款筹集资金，在合伙制和契约制中则不可以。

（3）投资决策缜密

公司型私募股权基金的管理运营团队下面会设置项目经理，由其带领自己的团队进行投资项目的挖掘、行业调研、初步筛选、投资指标评价、企业考量等基础工作，然后报告给基金管理运营团队，基金管理运营团队经过认真核实、考量，并组织尽职调查，形成投资建议书，再呈报给董事会或者董事会专属的投资委员会进行决策。这种层层把关、逐级上报的决策程序，保证了投资决策的科学性。

3. 公司型私募股权基金的劣势

相应地，公司型私募股权基金的组织特点也会使其具有投资规模固化、投资决策缓慢、管理费用较高等劣势。

（1）投资规模固化

公司型私募股权基金按照股东出资额分成若干股份，各股东占有一定数额的股份，设立之后各股东的出资成为基金的资本金，类似于封闭式证券基金。出资额确定后，股东要再增加出资需要重新登记注册，会造成股权结构的改变，这会有损于股东实现利益最大化。因此改变公司型私募股权基金的规模比较困难。

（2）投资决策缓慢

公司型私募股权基金投资决策的科学性与层层把关的特点也会造成在研究落实过程中，项目发生了其他变化，比如竞争对手的介入，企业经营状况好转放弃融资或者接受投资的企业提高拟收购股权的价格等，使投资决策始终处于变化之中，影响决策的速度和效率。

（3）管理费用较高

公司型私募股权基金实行所有权和经营权分离，所有权主要由董事会控制，为了保证基金的有效运作，需要一个经营团队以制衡董事会。操控基金经营权的团队更为强大，都是各行各业的专家，人力资源成本比较高昂。项目投资成功与否，人力资源管理成本都是巨大的。

2.2.2　信托型私募股权基金

信托型私募股权基金是指基于信托法及合同法等相关法律设立的由投资人与基金管理人之间通过订立私募投资基金合同，规定各方的责权利并规范和约束当事人行为的私募股权基金，也称作契约型私募股权基金。

1. 信托型私募股权基金的一般形式

信托型私募股权基金是指依据《中华人民共和国信托法》《信托公司集合资金信托计划管理办法》等相关法律法规设立的投资基金，通过信托契约明确委托人（投资人）、受托人（投资管理机构）和受益人三者的权利义务关系，实现资金与专业管理能力的结合。

从募集方法看，公司型私募股权基金和信托型私募股权基金虽然都是通过“投资人购买”来认购，但公司型私募股权基金购买的是股份，信托型私募股权基金购买的是基金受益凭证。信托型私募股权基金不是法人实体，而是一种信托资产。所以也就无所谓“法人治理结构”，没有基金股东会、董事会和监事会。它的治理是基金持有人大会、基金委托管理人和基金委托保管人。另外，由于信托型私募股权基金的受益人可以由基金投资人指定，即可以实现基金购买人与基金受益享有人的分离，所以在信托型私募股权基金的组织结构中，有时会出现基金受益人的概念，但一般情况下基金受益人是否为基金投资人对于基金的经营管理无关紧要。最后，信托型私募股权基金虽然借用信托计划的形式，但是信托公司并不真正对基金进行经营管理，而是由投资人自行委托给专业的投资机构或者其他资深投资人等，信托公司只是充当信托计划的一个桥梁。此时，信托公司仍然是受托人，但是基金的经营管理权被投资人委托的机构和专业人士，即“受托人投资顾问”取代了。

随着信托制度的发展，信托逐渐成为契约型私募股权基金的主要形式。投资者出资设立信托，基金管理人依照基金信托合同作为受托人，以自己的名义为基金持有人的利益行使基金财产权，并承担相应的受托人责任。信托型私募股权基金可以利用一家信托投资公司作为受托人发行信托,也可以直接由基金管理人作为受托人。图 2-2 所示为信托型私募股权基金的组织结构。

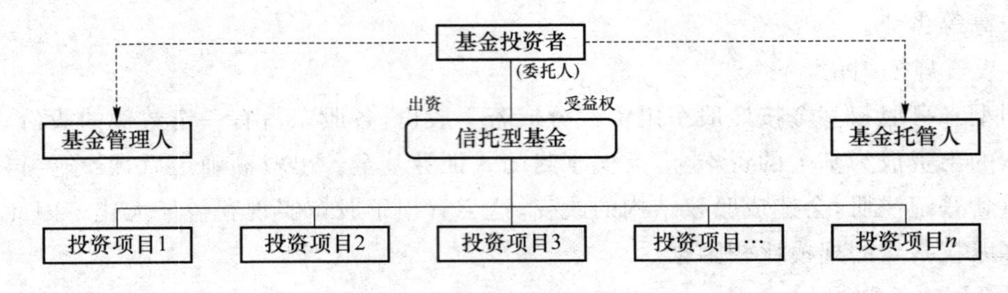

图 2-2　信托型私募股权基金组织结构

2. 信托型私募股权基金的优势

信托制的优点在于信托财产具有独立性,有破产隔离功能,具体表现在以下几方面。

(1) 高度的资金安全性

信托财产与受托人的财产相互独立。若信托机构解散、被撤销或破产,信托财产不属于其清算或破产的财产;委托人的信托财产与委托人其他财产相互独立;不同委托人的信托财产或同一委托人不同类别的信托财产相互独立。

(2) 专业化管理,低成本运作

从交易角度来看,信托仅仅是利用一种法律关系将各方联系在一起,无须注册专门的有限合伙企业或者投资公司,从而免除大量独占性不动产、动产和人员投入,交易及运营成本极为低廉。

(3) 免于双重征税

信托作为一种法律关系通常不被视为法律实体,而是被当作一种财产流动的管道,因此信托本身不构成应税实体,其所得课税均由收益人直接承担,因此采用信托型的私募股权基金可以避免像公司型私募股权基金那样面临双重征税问题,有效降低投资人的税收负担。如果参照现行证券投资基金税收政策,在一定时期内信托型私募股权基金还有可能享受所得免税的优惠待遇。

(4) 投资人退出机制灵活

信托契约可以在法律框架内做出各种自由约定,这也是信托机制灵活的原因。由于集合信托不同委托人之间不存在相互制约关系,某一部分委托人的变动不影响信托的有效存续,因此,可以通过信托契约的专门约定实现投资人的灵活退出。这也意味着投资人灵活的进入机制,在一定封闭期之后可以进行定期的申购安排,对于信托型私募股权基金增加融资额度、扩大投资规模有很大帮助。

近 5 年来,随着各类资金信托计划的不断发行,信托已逐渐成为中高端客户认可的主流投资方式。尤其是近两年来私募股权投资信托型产品的陆续推出发行,进一步强化了中高端客户通过信托投资实业或股权的投资理念,因而信托型私募股权基金具备了必要的社会认知度。

3. 信托型私募股权基金的劣势

信托型私募股权基金相比公司型、合伙型私募股权基金具有如下劣势。

(1) 投资人权力相对有限

在信托型私募股权基金中,投资人权力很小,基本不能干预基金决策,投资人处于被动投资的状态,所以国际私募股权基金很少采用这种形式。

（2）委托人信息不对称

在信托型私募股权基金中，委托人作为投资人，仅仅取得投资受益的分配权利，表现为手里拿着出资凭证和受益凭证，而不能参加基金的管理及决策，对基金的使用、管理、监督权利丧失殆尽，出现了信息不对称的弊病。例如，我国信托型私募股权基金每份基准价至少 50 万元，也有 100 万元、200 万元、500 万元的情况，如果一个投资人购买几份基金，投入的资本是巨大的，但是在信托型私募股权基金的组织形式里，却没有投资人的话语权，这令许多投资人望而却步。所以，在现实中，信托型私募股权基金只能局限于投资人与委托人彼此非常信任的前提下。

（3）受托人投资顾问的道德风险

信托型私募股权基金的受托人一般是信托公司，信托公司对该基金进行管理、投资、决策等，并将基金以信托公司的名义在银行开设专户，基金交由第三方团队进行投资，即交给“受托人投资顾问”运营和管理，信托公司只是为了满足私募股权基金合法性的一个“壳”，信托公司负责接收受托人投资顾问发出的指令，进行资金进出的操作，并利用现代通信工具如录音电话、传真等对受托人投资顾问的指令进行记录，保证专户款项按照信托计划约定进行规范投资，保障基金的绝对安全。以上操作显然存在托管人无权过问投资项目，也无须过问的情况。因此，在实际操作中存在比较严重的“受托人投资顾问”道德风险的威胁。信托型私募股权基金也就存在着缺乏对受托人的约束、制衡和激励机制。

（4）流动性差

在国外，信托型私募股权基金类似于我国的封闭式基金，可以进行转让和交易，具有很好的流动性。但在我国，由于银保监会不允许信托公司采用受益凭证方式发行，能够证明投资者对信托财产及其收益拥有权力的凭证就是信托合同。而信托合同又属于非标准的契约，转让手续烦琐，流动性很差。目前，各家信托公司仅负责本公司的信托基金的交易，没有全国性的集中交易场所。这也是我国信托公司无法开发长期理财产品的原因之一。

2.2.3　合伙型私募股权基金

私募股权投资机构一般采取有限合伙制、普通合伙制两类合伙制组织形式。事实上，合伙制企业是国际私募股权基金采用最多的形式，而有限合伙制是更普遍的形式，美国 80% 的私募股权基金采用了这种形式。我国 2006 年新修订的《中华人民共和国合伙企业法》（2007 年 6 月 1 日起实施）明确承认有限合伙制企业是合伙制的一种合法形式，这使我国建立有限合伙型私募股权基金成为可能。

有限合伙型私募股权基金，是依照有限合伙企业的模式，由合格的投资者出资并作为有限合伙人，而基金管理人通常作为普通合伙人，投资者以其出资为限承担有限责任，基金管理人承担无限责任，全体合伙人以出资份额为基础并根据有限合伙协议的约定享有收益分配权利的私募股权基金。图 2-3 所示为有限合伙型私募股权基金组织结构。

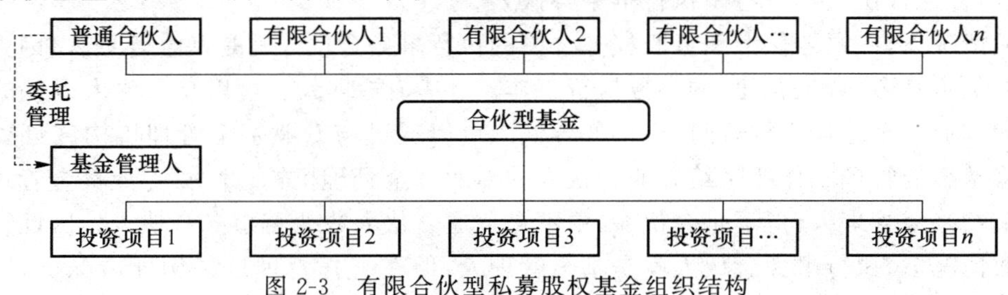

图 2-3　有限合伙型私募股权基金组织结构

相比公司型及信托型私募股权基金，合伙型私募股权基金目前在我国及国际上都是主流的基金组织形式，也是本书的重点研究对象。第十届全国人大财政经济委员会副主任委员严义埙在《关于〈中华人民共和国合伙企业法(修订草案)〉的说明》中明确指出，建立有限合伙制度是为了满足风险投资发展的迫切需要，是吸引社会投资，鼓励自主创新，促进高新技术企业发展的有效方式。有限合伙在至少有一名合伙人承担无限责任的基础上，允许其他合伙人承担有限责任，从而将具有投资管理经验或技术研发能力的机构或个人，与具有资金实力的投资机构有效结合起来，既激励管理者全力创业，降低决策管理成本，提高投资收益，又使资金投入机构在承担与公司制企业同样责任的前提下，有可能获得更高的收益。符合国家鼓励自主创新，建设创新型社会的要求。

有限合伙人承担的有限责任与公司法上股东承担的有限责任存在一定差异。公司法上的股东有限责任有其特定内涵：一是股东仅对公司承担责任，二是股东仅在出资范围内承担责任，三是股东不对债权人直接负责。有限合伙人的有限责任与其相比，只在“仅以出资为限承担责任”是相同的，其余则不同，它突破了合伙企业的范围，直接对合伙企业的债权人承担责任。就这一意义而言，有限合伙人对合伙企业债务是承担个人责任的，只不过只限于出资范围而已。关于“合伙协议”“有限合伙人”及“普通合伙人”等多项基本概念，本书将在其他章节进行详细论述，本节仅就合伙人的法律架构、权利义务和一般要求进行详细介绍。

1. 法律架构

有限合伙型私募股权基金的法律架构，由 GP 和 LP 两类合伙人共同出资组成。

GP 具有专业投资经验和股权增值管理能力。LP 是某些合格投资者，通常包括养老金、金融机构和富有的个人投资者。合伙企业的存在年限一般在 10 年以上。

有限合伙型私募股权基金的实质是一种信托关系。LP 作为合格投资者，可以理解为委托人，以其出资额在合伙企业中承担有限责任；GP 为普通合伙人，一般为专业的投资管理公司或者具有资深投资经验的自然人，出资额一般占基金总额的 1%～2%，接受 LP 的委托，负责基金的投资决策和投资项目管理，承担无限责任。LP 除了认缴当期基金的份额，还承担着协议承诺出资的责任，即当 GP 确认某个合适投资机会时，LP 应按照其在基金中承担份额的相同比例认缴出资。

在基金业务实践中，除了普通合伙人或执行事务合伙人外，还有基金管理人。基金管理人是基金产品的管理者和(或)募集者，由依法设立并按照规定办理了有关登记备案手续的公司或者合伙企业担任。其主要职责就是按照基金合同的约定，负责基金资产的投资运作，在有效控制风险的基础上为基金投资者争取最大的投资收益。在一个有限合伙型私募股权基金中，一定会有至少一个或一个以上的普通合伙人，而在这些普通合伙人中，按照《中华人民共和国合伙企业法》第二十六条的规定，必须有一个或数个普通合伙人接受其他合伙人委托，执行合伙事务，这种普通合伙人被称为执行事务合伙人。因此，可以说，执行事务合伙人一定是普通合伙人，但普通合伙人不一定是执行事务合伙人。

一般情况下，有限合伙型私募股权基金中的执行事务合伙人就是基金管理人，因为执行事务合伙人负责基金(合伙企业)的事务执行工作。但基金管理人也可以是合伙人以外的受托管理基金的专业基金管理机构，即执行事务合伙人可以通过与专业基金管理机构签订委托管理协议而将基金的管理工作托付给并非合伙人的专业基金管理机构，此时，专业基金管理机构是该只基金的基金管理人，但不是合伙人，更不是普通合伙人或执行事务合伙人。因此，可以说，在大多数情况下，执行事务合伙人就是基金管理人，但在委托管理这种例外情况下，执行事务合伙人就不是基金管理人了。

委派代表是合伙企业的特有名词。在 1997 年施行的《中华人民共和国合伙企业法》中，由于合伙人只能是自然人，因而执行事务合伙人也只能是自然人，由该自然人执行合伙事务，能够为相应的意思表示，有关法律行为的实行不存在障碍，不存在委派代表的概念。2007 年施行的《中华人民共和国合伙企业法》将合伙人的范围从自然人扩大到“法人或其他组织”，由于法人或其他组织为社会组织体，其自身不能自为行为，必须经由自然人代其为之，因此，在执行事务合伙人是法人或其他组织的场合，还应当指定具体代为法律行为的自然人。《中华人民共和国合伙企业法》第二十六条规定，作为合伙人的法人、其他组织执行合伙事务的，由其委派的代表执行。即执行事务合伙人是法人或其他组织的，必须委派自然人代表来具体执行合伙事务。该委派的自然人代表在工商机关登记为委派代表。

由于我国目前禁止自然人担任基金管理人，基金管理人只能是公司或者合伙企业，因而，在基金的执行事务合伙人与基金管理人合一的情况下，必然存在委派代表的情况。当然，如果执行事务合伙人与基金管理人不一致，即执行事务合伙人委托有资质的专业管理机构作为基金管理人，则执行事务合伙人也可以是自然人，此时就不存在委派代表这种情况了。

2. GP 和 LP 各自的权利义务

GP 认缴基金总额的 1%～2%，负责基金的投资管理，对有限合伙企业的负债承担无限责任，获取基金最终收益的 20%～30%。

LP 承担出资义务(按其出资承诺)和以其出资额为限的有限责任，不承担管理责任。按其出资额的比例享有合伙企业剩余受益的分配权，并享有合伙企业章程规定的其他权利。

GP 收益来自管理费和业绩分成，管理费一般按年提取，为基金净值的 2%左右。“附带收益”为超过基金目标收益率利润的 20%～30%，同共同基金和有限公司相比，投资者在私募股权基金中的股权一般不能自由买卖。

有限合伙企业不是纳税主体，避免了重复征税，税收由合伙人各自承担。

3. 现阶段对 GP 的一般要求

现阶段，在中国若要成功运作一只私募股权基金，对 GP 人力资本的要求远大于对其资金的要求。GP 应该具备以下优秀的能力和良好的资源。

(1) 国际化的视野和海外资源

主要要求 GP 具有产业方向判断的能力，寻找到符合世界发展潮流的项目，促进基金进一步融资的能力，以及引导项目到海外上市的能力。

(2) 各类基金、行业协会和企业的资源

行业协会在为 GP 推荐项目来源，审查项目企业在行业中的排名、地位以及发展潜力等方面具有很大的优势。同时，GP 要提供项目上市、股权转让等增值服务，以及项目的退出、在行业内的竞争合作等都离不开行业协会的推荐、号召和资源的介绍及整合。

(3) 丰富的投资经验

GP 作为投资专家，必须具有丰富的投资经验，具备投行、法律、会计的专业能力，要善于识别投资中的风险与陷阱，要具备控制风险乃至驾驭项目按照计划发展的能力，以加强风险防范，确保项目投资的成功。

(4) 企业运行管理的专家

私募股权基金给予的不仅是资本，还要输出优秀的发展计划、管理模式、技术革新指导、产业扩张计划、市场影响策略等。GP 要能够提供系列的增值服务，保证项目快速、良好的发展。

4. 有限合伙型私募股权基金的优劣势

(1) 优势

由于自身的组织特点，一般而言有限合伙型私募股权基金具有反应迅速、责权利清晰、避免重复征税等优势。首先有限合伙型私募股权基金在项目的获取上由于其人脉资源丰富以及获得决策授权，因此在获取有效的项目信息以及投资决策上反应速度总是最快的，使其在同等条件下取得优势。其次，有限合伙型私募股权基金的责权利分配机制很好地保证了基金的谨慎、高效运作，同时又促进了普通合伙人对基金的增值渴望。最后，按照《中华人民共和国合伙企业法》，有限合伙企业不是纳税主体，也就是说有限合伙型私募股权基金的税收由合伙人各自承担，避免了重复征税。比如，某公司投资 1 000 万元给某有限合伙型私募股权基金，获取 500 万元的利润，这 500 万元在基金中不予纳税，作为投资收益直接返给该公司，要视公司盈利情况才能确定这 500 万元是否需要缴纳企业所得税，如果该公司整体出现超过 500 万元的亏损，则这 500 万元无须纳税。

(2) 劣势

有限合伙型私募股权基金具有投资规模固化、普通合伙人信用风险、人力资源风险等劣势，从而影响有限合伙型私募股权基金的投资收益。首先，也是出于自身的组织特点，有限合伙型私募股权基金按照合伙人约定出资额出资，出资额确定以后，合伙人要再增加出资也需要重新登记注册，改变有限合伙型私募基金的规模化较困难。当投资项目出现超出预算的追加投资，可能尽管追加投资有利于实现利益最大化，但会因为没有后续的资金支持，而使追加投资被放弃，从而失去机会。其次，由于有限合伙型私募股权基金中有限合伙人与普通合伙人之间的关系主要是一种委托代理关系，维系这种关系的基础是信用，如运作能力、职业道德、清偿能力等，因此一个值得信赖的普通合伙人是投资成功的关键。最后，普通合伙人在经营管理基金的时候，需要和各种人群打交道，极易产生人力资源的风险，如关键人物的退休、离职或者关系恶化、社会影响力消退、被追究刑事责任等，导致基金面临解散、清退的风险，资本增值将成为泡影。2018 年中国人民银行、中国银行保险监督管理委员会、中国证券监督管理委员会和国家外汇管理局联合下发了《关于规范金融机构资产管理业务的指导意见》(以下简称《资管新规》)，《资管新规》的出台和信贷紧缩政策对我国股权投资市场存在显著影响。个人 LP 准入门槛提升明显，传统金融机构通过多层嵌套进入市场通道被堵。此外，中美贸易摩擦不断，股市低迷，上市公司自顾不暇。多种因素下，股权投资市场总体面临募资困难的问题。尽管受募资限制，股权投资市场发展渐缓，但政府逐渐放宽险资投资限制，出台政策加强上市公司并购重组信息披露，并出台私募资产配置基金管理人备案，从政策层面加强对市场的规范，长期来看这些举措将促进市场健康持续发展。在此背景下，由传统金融机构、母基金及政府引导金等组成的新兴 LP 类型或将迎来快速发展阶段，推动我国股权投资市场 LP 机构化进程。

2.3 私募股权基金管理人的价值创造

股权投资因基金管理人直接参与被投资企业的经营管理中，因此它是智力与资金的紧密结合，实现了价值的增值。股权投资基金有高额的回报，同时也承担了较大的风险。基金管理人的资源整合能力使投资发生了质的变化，提升了增值的空间。

基金管理人价值创造的流程。基金管理人利用其机构化、专业化、品牌化的技术为基金资本市场链提供增值服务，实现了股权投资基金的价值创造。股权投资基金的运作是一个不断为基金产业链增加价值的过程。那么,也可以认为,投资基金的运作过程就是基金管理人进行价值创造的过程。基金管理人价值创造的整个过程按照先后顺序可以划分为价值认可、价值发现、价值创造、价值实现四个阶段。这里所说的价值创造是一个过程概念,包括了从价值认可到价值实现的整个过程,如图 2-4 所示。

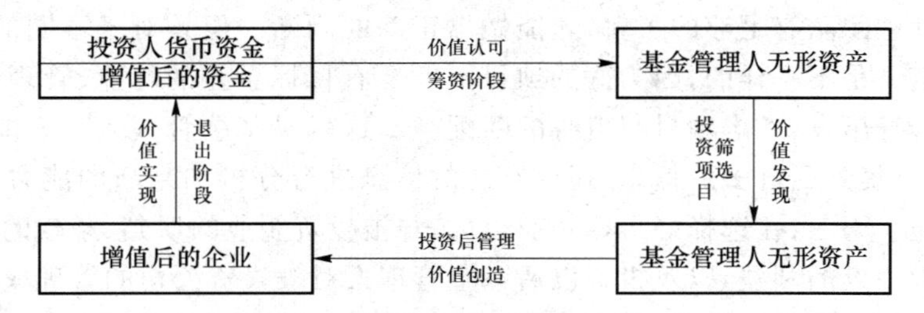

图 2-4　基金管理人的价值创造流程

1. 价值认可

股权投资价值的认可就是基金管理人的无形资产获得投资人的认可,使投资人认为基金管理人有能力为自己创造足够的收益。当基金管理人满足投资人的要求时,就能够从投资人那里获得投资资金。股权投资为投资人提供了新型的投资方式,但是也只有在证明投资是有价值的,能够为投资人带来相当的收益时,基金管理人才能获得投资人的资金,才有实现价值增值的可能,即价值认可。那么基金管理人怎么实现价值认可呢?怎样证明在同等条件下,能为投资人带来比其他的投资方式或者其他股权投资公司更好的收益呢?这需要基金管理人对投资方的标准有一个清楚的认识,之后尽力去达到这些标准。第一,投资人只有对收益有一个良好的预期时才会投资。最好的方式是基金管理人已经在行业内形成一定的声誉,有着良好的投资收益业绩。第二,对于有一定的项目经历,与一些投资者有合作关系的基金管理人来说,经过一段时间的合作,已经对彼此有一个较深的认识,在一个投资期结束以后,若想获得投资人的继续投资,那么就需要维持与现有投资人的良好合作关系,努力在合作期间让投资人满意。第三,由于股权投资行业信息的不对称和相对的弱流动性,要吸引投资除了要有好的业绩以外,还要利用自己的广阔的关系网络开发新的投资人,这就主要依靠个人平时关系的积累和良好的个人信誉了。

在价值认可阶段,基金管理人与投资人制定了一系列的契约,对双方的行为进行了约束,利用契约机制有效地解决了信息不对称问题。基金管理人和投资人进行了激烈的博弈,为了达到共赢,把"蛋糕"做到最大,基金管理人将自身的利益和投资人利益捆绑到一起。

从以上分析可以得出,在价值认可阶段融资的情况很大程度上取决于基金管理人的关系网络和经营业绩。有了良好的资金链,股权投资所需的货币资本就会源源不断,为整个价值链奠定扎实的基础。基金管理人经过人脉、经验以及名誉的不断积累,其价值认可的效率就会逐渐提高,节省了基金管理人和投资人的寻找成本,从而为股权投资创造了更多的价值。

2. 价值发现

价值发现本身就是价值创造。很多公司有很好的技术或者很好的管理层,只是缺少资金或者需要各方面完善,若这类公司不能得到很好的发展或者走向灭亡,对社会来说是一种损失。基金管理人将这些有潜力的公司挑选出来进行投资和管理,让这些有良好发展前景的公司不会由于资金链的断裂而失去成长机会,让它充分发挥自己的作用,为社会也为各利益相关方创造价值。只有一个真正有发展空间的项目才能创造价值,而基金管理人的价值发现能力为好项目的筛选创造了条件。

一个好的投资项目是取得股权投资成功的基础。基金管理人要具备三方面的价值发现能力,才能选择出好的投资项目。第一,基金管理人需要有足够的选择空间,对这些备选项目的收集就考察了基金管理人的人际网络。第二,只有对整个行业发展前景,对目标企业的发展潜力、企业文化、管理团队有足够的了解,才能做出正确的判断。但是对于不同的基金管理人来说对好项目的定义是不一样的,因为好的项目不但要看目标企业的行业、管理层的现状,还要从基金管理人自身出发,考虑项目与自身的匹配度。这就对基金管理人个人能力提出了较高的要求,不但要收集到足够多的信息,还要有能对信息进行分析和判断的能力,更要与基金公司的特质相匹配。第三,在选择好目标企业以后,与被投资企业的谈判、条款的设定,也关系着投资人和基金管理人的利益,以及投资以后基金管理人对被投资公司的管理权限,基金管理人应该以最大化地创造价值为标准,争取更多的有利条款。价值发现阶段的成功与否取决于基金管理人的信息资本和人力资本。

在这一阶段中,基金管理人需要和备选企业发生频繁的接触,同样存在基金管理人与企业之间的博弈。在选中目标企业以后,为了约束双方不利于价值创造的行为,双方需要制定一系列的契约,这将有效地减少逆向选择风险和道德风险的发生。无论是基金管理人和被投资企业之间的博弈,还是基金管理人和投资人之间的博弈,都是真正意义上的增值博弈,在博弈中达到三方共赢。

3. 价值创造

基金管理人最终挑选出的项目是处于未开发状态的,如果没有经过基金管理人的增值过程,再好的项目也很难获得成功,项目只有经过基金管理人的雕琢,才能实现更大的价值增值。基金管理人利用自身的无形资产(人力资本、信息资本和组织资本)为被投资企业提供管理增值服务,从而提高企业价值,创造收益。股权投资对被投企业的管理增值服务是否确实对被投企业有利,进而影响创业投资业绩?基金管理人如何才能提供更完善的管理增值服务?

基金管理人的管理增值服务既在决策层面也在管理层面上得到体现,主要体现在以下方面:董事会席位及其构成的设置、咨询顾问方面、联系潜在客户、关系网络资源、定期会见被投资企业、管理层和公司员工的任用、商讨重大条款、额外融资、激励和监督措施、战略规划、情感支持、生产运作支持等。

基金管理人对被投资企业的现状做出判断,被投资企业特别是处于初创期的被投资企业,大都缺乏在市场上取得成功的一些必需资源。被投资企业在其发展的早期通常只拥有有限的管理经验和创始团队强烈的自我激励精神,而缺乏其他重要资源,如资金、管理经验、行业经验以及外部网络关系资源。然而,决策的质量和市场介入的速度对于一个企业特别是新兴行业的企业的成功是至关重要的,而企业则很难在短时间内自行获得所需要的这类稀缺资源,只能从外部获得,股权投资提供的增值服务便是一个向企业提供稀缺资源的方式。面对被投资企业的需求,股权投资机构就需要具备提供此类服务的能力,所以在私募股权投资行业,很多基金管理人就是企业家出身,或因曾在某大公司身居高位而拥有管理背景,拥有丰富的经验和知识,并能提供相应的资源。在以下情况下股权投资提供的管理增值服务显得更为重要:第一,在企业的初创期;第二,对于没有经验的企业;第三,当私募股权投资机构在企业中拥有众多董事会席位的时候。

基金管理人提供的管理增值服务是不可替代产品,不能找到一个一模一样的管理增值服务;大部分被投资企业也没有足够的资金和信息针对各项需求雇用合格的管理咨询机构或有经验的管理者为其提供与创业投资增值服务相当的支持；更重要的是，增值服务是不容易被复制或者移植到其他企业的，因为每个企业至少在某些方面都有一定的差异，如不同的行业、不同的创业团队等，所以需要不同的解决方案。所以说基金管理人的管理增值服务是稀缺的和具有针对性的。也只有私募股权投资机构才能提供这样的服务。

另外，对于私募股权投资机构来说，有项目经验的股权投资机构可以将以往投资企业所积累的经验用于解决现有被投资企业出现的类似问题上，并能从此项目中继续得到积累，对于基金管理人的增值服务能力具有不断积累升值的效应。所以说经验的积累无论对团队还是个人都是非常重要的一个因素。

基金管理人介入被投资企业的管理，投入了大量的无形资本，决定了企业价值的提升。基金管理人用专业化的标准，为被投资企业提供了全面、细致的增值服务：为企业后期的发展引入战略的投资者，改善了股东结构、公司的治理结构、监管体系、财务制度、业务渠道、声誉、企业文化，为企业注入了新的活力，等等，使企业朝着规范、健康、效率的方向发展。但是，也并不是提供越多的管理增值服务就会带来越多的效益，要结合所投资企业的具体行业标准和管理需求等多方面的因素。这需要基金管理人对行业发展和被投资企业内部运行和管理情况有相当的了解和认识，能够及时地做出正确的判断并做出相应的决策。由于增值服务具有一定的宽度即涉及不同层面，又有一定的针对性，这就对基金管理人知识的多元性和投资领域的专注性有很高的要求。基金管理人还要有一定的关系网络能够帮助被投资企业争取到发展所需的资源。由于私募股权投资行业的变幻莫测，基金管理人还要有灵活的手段和应变的能力。

总之，根据资源依赖理论，股权投资提供的增值服务支持被认为是稀缺的，而稀缺的和有价值的资源，是战略资源的两个基本条件。股权投资的增值服务是战略性的相关资源，能够提升被投资企业的业绩表现，进而提升整体股权投资基金的业绩。

4. 价值实现

股权投资的退出是价值创造的一个飞跃过程，成功的退出就能实现价值，把无形资产和货币资本的投入真正地转化为飞跃后的无形资产和货币资本。没有退出机制，整个股权投资价值链就会中断，将无法收回成本并进行下一轮的投资。如何有效地实现投资价值，也是投资机构所面对的永恒话题。即使有了优越的投资策略、优秀的管理团队和优质的投资交易，也不能保证得到理想的投资回报，退出也是一个影响最终收益的关键阶段。

在价值实现的过程中，基金管理人需要对退出方式、退出程度和退出时机三方面进行选择。第一，基金管理人要对各种退出方式的不同特点有清楚的认识，在事前对各种退出方式的结果做出充分的估计。第二，不同的退出程度给股权投资带来的收益也是不同的，对于好的企业，部分退出可能在将来有更大的收益。第三，在选择退出时机时需要对当前的市场情况，被投资企业的现状做出合理的分析。

一个成熟的基金管理人，拥有卓越的信誉和成功退出的经验，能够为被投资企业寻找到有经验、高素质的股票上市专业人士或者合适的对象收购。而且基于对基金管理人的良好信誉的肯定，企业能够成功上市并在发行时取得高的价格。也会有大量的投资者踊跃地购买企业上市后的股票，使企业能够得到日后发展所需的资金。

经过对私募股权投资价值创造流程的分析，我们对基金管理人在价值创造中的重要作用有了更深入的认识，对基金管理人所要具有的各方面能力也有了清晰的认识。在整个价值创造的过程中，基金管理人的价值认可能力、价值发现能力、价值创造能力和价值实现能力是影响最终收益的关键因素。在各阶段中，基金管理人的三种无形资产的重要程度是不同的，从各阶段的分析中我们可以大概总结出各阶段对三种无形资产的依赖程度,如表2-2所示。

表2-2 各阶段对三种无形资产的依赖程度

阶段/能力要求	人力资本	信息资本	自有资本
价值认可	中等	高	较高
价值发现	高	高	中等
价值创造	高	较高	高
价值实现	较高	高	中等

基金管理人的各项能力对价值创造的贡献度是不同的,四个阶段对私募股权投资的价值创造也有不同的贡献度。

【阅读材料】

私募基金“双执行事务合伙人”模式

《中华人民共和国合伙企业法》第二十六条规定:按照合伙协议的约定或者经全体合伙人决定,可以委托一个或者数个合伙人对外代表合伙企业,执行合伙事务。显然,有限合伙企业设置两名以上的执行事务合伙人是有法律依据的。对于一家有限合伙企业而言,其通常只有一名执行事务合伙人(即便有多名普通合伙人)。但在合伙型私募基金领域,“双执行事务合伙人”模式已开始显现流行趋势。

截至2019年11月,在中国证券投资基金业协会(以下简称“基金业协会”)备案和工商登记机关注册成立的合伙型私募基金产品中,完成备案的“双执行事务合伙人”模式基金产品就至少包括如下三只,如表2-3所示。

表2-3 完成备案的“双执行事务合伙人”模式基金产品情况

序号	基金名称	执行事务合伙人	基金管理人
1	成都紫光集成电路产业股权投资基金合伙企业(有限合伙)	成都双流产业新城投资发展有限公司、西藏紫光投资基金有限责任公司	西藏紫光投资基金有限责任公司
2	湖州南浔产业引领股权投资合伙企业(有限合伙)	浙江有余投资有限公司、北京融金街投资基金管理有限公司	北京融金街投资基金管理有限公司
3	建鑫一期电力高端制造股权投资(东莞)合伙企业(有限合伙)	南网建鑫基金管理有限公司、前海融泰中和(深圳)股权投资基金管理有限公司	南网建鑫基金管理有限公司

上述基金在性质上均属于政府出资产业基金。此外,在未担任基金管理人的执行事务合伙人中,成都双流产业新城投资发展有限公司、浙江有余投资有限公司均不持有私募基金管理人牌照。

“双执行事务合伙人”模式在实务操作中有待探析的有如下问题。

1. 区别于“双管理人”模式

首先,“双执行事务合伙人”模式的突出特征是合伙企业委托两名普通合伙人执行合伙事务,但该两名普通合伙人不必然都是基金管理人。其次,目前基金业协会已限制合伙型基金采用“双管理人”模式,资产管理业务综合报送平台上只能将基金备案到一名基金管理人名下。

2. 区别于“双GP”模式

“双执行事务合伙人”模式衍生于“双GP”模式,但前者又不完全等同于后者,后者在概念上更宽泛些。“双GP”模式通常指代的是一名普通合伙人、一名执行事务合伙人的基金架构。此外,相较于一般的“双GP”模式,未担任基金管理人的GP通过“双执行事务合伙人”的模式适当参与合伙企业的管理,相对来说更符合我国《合伙企业法》及基金业协会的要求。

3. 其他在实操过程中有待进一步研究的问题

在资质要求和关联关系上,是否只要其中一名普通合伙人担任了基金管理人,另一名普通合伙人无论是否为执行事务合伙人,也无论其是否持有基金管理人牌照,均无须证明两者之间的关联关系。管理费分配及实现路径的问题、超额收益或业绩报酬的分配问题、基金管理权和控制权分配博弈的问题等若要最终达成一致并非易事,可能需要历经多轮利益平衡和磋商。在包括合伙协议、补充协议或相关合作协议等法律文件方面,应注意条款设计的合理性,明确双方在基金管理方面的权责划分以及相关合同关系的衔接处理。但无论如何,未取得基金管理人牌照的执行事务合伙人若直接参与私募基金募集、投资管理等活动,则违背监管要求。

资料来源:张忠钢. 私募基金“双执行事务合伙人”模式实务探析[EB/OL].(2019.12.05)[2020.02.10]. http://www.dhl.com.cn/CN/tansuocontent/0008/017336/7.aspx?MID=0902&AID=0000000000000001964.

GP如何举办有LP参加的年会?

年会看起来很简单,但实际执行并不简单。作为一家母基金,经常有这样的疑惑:如何开一场精彩的年会?GP只参加一场年会(他们自己的),而LP一年要出席十几场年会,如何才能让年会有意义?那么从LP的角度看,GP年会该如何来办呢?

GP举办年会是为了向LP汇报投资进展和相关情况。季度报告和财务报告是一部分,但LP参加年会的真正价值在于人脉沟通、获取报告之外的信息。因此,GP在报告公司情况和投资组合信息时,要突出表单中读不到的内容,以此展现机构实力,获取LP认可。以下是举办年会三部曲:内容,形式,组织。

1. 内容:紧扣投资主题、展示关键信息

年会应是一场公开的、坦诚的对话。年会内容应紧扣投资主题,且应依据团队、策略、投资组合持有年数而定。

(1) 投资组合(Portfolios)

首先投资组合的情况显然是LP们最关心的话题,毕竟投资组合的情况直接影响回报。由于LP与底层项目之间始终隔着一层纱,因此GP组织的年会可以比较好地帮助LP了解这些项目。如果GP的投资组合发展程度比较多样,则可以对投资组合按照类别区分,如潜在能带来整只基金回报的项目、增长强劲的项目、下定义为时过早的项目、发展停滞的项目以及可以清零的项目,等等。这样GP可以逐年根据变化来展示这些项目的最新发展情况。其次,向LP展示各类数据指标也是比较好的方式,如收入、预计收入、增长率和发展重大里程碑等,这些都能表明公司的成长和进步。相比之下,用“这个项目很受欢迎”或“这个项目一直在进步”之类的定性描述就显得太含糊其词了。最后,谈谈投资组合的预期回报,毕竟LP们都喜欢分红。

(2) 团队

LP投基金也是在投这个团队,等于是在投这个团队在投前评估、交易执行、投后管理和退出的综合能力。因此，大多数LP也关注团队的进展，想了解团队中是否有新的成员招募或离职。如果团队没有变动，简单说明即可。如果有新成员加入，可以重点介绍给LP认识，帮助彼此了解。

(3) 策略

大部分LP不需要（或不想要）重新回顾基金策略，GP可以谈谈新的策略调整，如新增投资主题或吸取了什么教训。

(4) 环境

无论是泛泛而谈还是细节分析，LP都乐于从GP口中听取对投资环境的看法。GP可以围绕平时的关注点，近期/即将进行的交易，或公司竞争案例展开话题。

(5) 投后赋能

LP也喜欢听GP是如何为投资组合赋能的。之前讲过的内容不要再重复，GP可以重点讲讲比较大的突破、发展，或解释这么做的原因或得以实现的因素。

(6) 下一期新基金

新基金募资对GP和LP都至关重要。GP可以告诉LP下一期新基金募集的时间、规模、具体需求等，这样方便LP之后进行相关的规划，也有助于GP尽早开展募资事宜。

2. 形式：穿插不同环节、邀请多方发言人

年会的开展形式非常多样，如邀请团队、CEO、特别嘉宾进行演讲，增加围炉谈话、圆桌会议、视频环节等，但要确保这些形式有意义。比如，小组讨论环节不要一味重复老生常谈或泛泛而谈的问题，应设置有挑战的问题鼓励大家思考。

(1) GP团队

让来宾听到来自GP团队不同的声音，分享嘉宾可以是主导交易的合伙人以及参与交易的投资新人，或者负责财务汇报的CFO等。对于LP来说，他们确实会听分享人说了什么，也会思考分享嘉宾所分享内容背后的含义。如果GP强调拥有平等的合伙人文化，但是3位合伙人中的一位占据95%时间的分享，就很难说得上团队具有平等合伙人文化了。

(2) CEO

投资组合的CEO的分享往往能直击项目的要点，也能让人更加了解GP为何对这笔投资如此兴奋。不过，由于LP投资的资产类别比较多样，地域跨度较大，对专业领域的了解可能不如GP，所以邀请的CEO最好具备较好的概述能力，语言要简练、直接。一般CEO的发言时间控制在10～20分钟，剩下几分钟用于问答环节。如果旗下有多只子基金，邀请的CEO最好可以多元一些，有些CEO来自往期基金中带来回报的，有些来自新投资中潜力巨大的。邀请的CEO数量也不要太多，一般不超过10个，但也不要只有一个。发言结束后尽量让被邀请的CEO不要立刻离开，如果能够和LP们一起聊聊公司进展，将更加有助于LP了解投资组合。

(3) 资料

提前准备年会的相关资料可以更好地改善活动体验。

① LP座位上的年会内容资料可以让LP更加专注在分享内容上，而不是拿起笔没有头绪地临时记内容。

② 通常LP团队中只有部分人会参加年会，所以给LP发送电子版本的会议材料（无论是会前还是会后）会更方便LP团队内部来共享这些更新的信息。

③ 有时候GP来不及在会上分享的信息，也可以放入材料中。

3. 组织:提前约定时间、合理规划细节

(1) 日程安排/出席率

高出席率能带来正能量,代表更多潜在人脉和机遇,这也是 LP 想看到的。另外,如果一场年会的所有工作均由 GP 来操作,良好的出席率也能起到鼓励作用。为了确保出席率,GP 可以提前约定年会时间。此外,由于 LP 可能同时与多家 GP 开展合作,不排除两家 GP 举办年会的时间相同,这时就需要互相协调时间,确保 LP 能同时参加不同年会。作为母基金可以把同一地区的不同 GP 的年会安排在一起,这样投资于两家公司的 LP 就可以合并行程,会让 LP 感到十分体贴。

(2) 位置

LP 对位置的意见不尽相同,但最后往往会选在"交通便利"的位置。相比把笔记本式计算机、水杯都放在腿上的局促感,GP 提前布置好课桌是额外的加分项。如果参会人员众多,建议住酒店并提前协商好价格。如果酒店和会场不在一起,可以提供班车接送服务。

(3) 时长

会议时长应与会议内容相匹配,并预留出足够的讨论时间。大部分人无法在 8～10 小时的演讲中始终保持注意力,所以 GP 并不一定非要策划一整天的会议,相反,可以在会议前一天设晚宴,会议当天上午、中午或下午安排演讲,最后准备一场鸡尾酒会。如果你的 LP 规模不大或基金还很新,会议时间可以更短、更灵活。

(4) 食物

GP 在策划年会时可以准备不同口味的食物。简短的午休或下午茶时间也可用来建立人脉。如果确定要坐下用餐,GP 需要在座位安排上多花点心思,毕竟在座的有团队、有 CEO,还有 LP。

(5) 年会礼包

LP 都知道为年会礼包掏钱的是自己,但总喜欢在年会上假装忘记这点,反而满心期待礼包里是什么。礼包内可以是自家合作 GP 的品牌周边,如连帽衫、运动用品等,LP 往往会因为穿了这家 GP 的周边而感到自豪;当然,也可以是来自投资组合公司的产品小样,尤其是消费品公司的实物小样。但这对软件、技术类公司来说就不那么友好了。如果年会礼包比较重或比较大可以提出给 LP 寄回去的建议。

资料来源:倪莉萍. GP 如何开 LP 年会[EB/OL]. (2020.01.08)[2020.02.10]. https://news.pedaily.cn/202001/450257.shtml.

案例阅读与分析

贝罗尼集团的 GP 和 LP 关系管理

1. 概述

在本案例中,我们将跟随贝罗尼集团董事总经理杰克·德雷珀的脚步一探究竟。杰克目前管理着一家处于成长阶段的企业,他要尽量满足全部投资者的需求。他必须解决的一个问题是,这家基金公司已筹建了多只基金,但资金则来自众多 LP,而且目前由一批存在关联关系的 GP 负责管理。贝罗尼刚刚成功地完成了第三只基金,并开始寻找新的投资机会。此时,正值 2008—2009 年全球金融危机达到顶峰之际,残酷的现实彻底改变了投资者群体的某些基本假设。当时极其艰难的经济形势会带来很多问题,但是也会造就一些非常有趣的投资机会。

杰克在当时所面临的任务是不仅要帮助两个相互竞争的投资者群体把握这些投资机会，还要为一位重要的投资者解决现金流问题。

这个案例凸显出现有投资者的不同动机：有些投资者投资于贝罗尼集团的第二只和第三只基金，而其他投资者仅投资于其中的一只基金。在杰克着手处理顾问委员会的人员构成问题时，人们最关心的就是两只基金的人员重叠问题，以及管理费降低带来的压力。此时，他需要面对一个至关重要的问题：在他的投资者中，有一家公司已陷入严重的财务困境，并提出为避免违约而获得优惠待遇。

2. 案例需要解决的主要问题

① 在投资目标互有重叠的不同基金之间，以及当前基金和未来后续基金之间，杰克应如何处理交易流的分配问题？是按固定结构进行分配，还是根据实际情况进行自主的酌情分配呢？此外，对于即将开展的交易，杰克应首先接触哪个基金的顾问委员会呢？应采取怎样的方案来最大限度地减少不同投资者之间的潜在冲突呢？

② 由于某些费用（如租金成本和后台人员的工资等）相当稳定，与被管理资金的规模几乎没有任何关联性，因此，在资产管理规模逐渐增大的情况下，杰克应如何应对管理费降低的压力呢？他该怎样回绝投资者进一步降低管理费的要求呢？

③ 贝罗尼集团的高层负责人同时在多家基金的交易团队和投资委员会供职，在这种情况下，他应如何帮助投资者接受这些负责人（和员工）需要将全部工作时间分摊到不同基金这一事实呢？

④ 他怎样才能帮助投资者坦然接受有可能出现的“交叉义务”呢？也就是说，如果他管理的某一只基金出现了问题，那么，他怎样才能“隔离”这只问题基金和其他非相关基金，以确保不会给基金管理人在财务或时间上带来不利影响呢？

⑤ 杰克应如何满足欧洲银行的要求以及贝罗尼两只亚洲基金（一号基金和二号基金）中其他投资者的合法期望呢？如果只考虑为欧洲银行提供优惠，那么，他该如何面对蜂拥而至的违约和提款申请？对于在财务管理方面比欧洲银行更谨慎的两只贝罗尼亚洲基金来说，杰克对这两只基金的非违约投资者则应承担哪些受托义务呢？基金管理人是否会冒着违反“投资基金协议”的风险，去兑现欧洲银行的请求呢？

3. 案例简介

贝罗尼集团是一家总部设在香港的基金家族，其投资遍布亚洲各个国家。作为董事总经理，杰克在2000年贝罗尼集团创建时就来到这里，至今已在集团任职九年。在此期间，杰克已经和他的两位合作伙伴成功地操作了贝罗尼亚洲基金（一号基金），不仅取得了圆满的结果，并为按相同模式建立后续基金创造了条件。贝罗尼亚洲基金二号也已接近投资期结束，在该基金终止之后，剩余的资金只能用于投资后续基金。截至2008年夏末，贝罗尼亚洲基金三号已取得LP提供的5亿美元出资承诺，而在此之后，私募股权基金的筹资环境却开始恶化。即便是在这种极其艰难的条件下，杰克仍设法完成了三号基金的首次交割，而且在最终交割时还增加了3亿美元。在如此困难的融资环境下，他们依旧能够兑现预期的融资目标，这让杰克引以为荣。多年以来，这种情况已经成为杰克和其他负责人在日常管理中需要面对的家常便饭。

即便取得了这样的成功，某些意想不到的问题还是出现了。虽然从单体角度来看，管理每一只基金所需要的技能和流程基本相同，但杰克逐渐意识到，在管理一组基金时，他们必须在战略上做出精心安排。就在前一天，他刚刚收到拟开展交易的最终资料，他计划将这份资料信息在下周提交给投资委员会。二号基金仍有1.35亿美元的剩余资金可供使用（基金的投资期还有1年)，三号基金募集的资金目前也处于随时可使用状态。在拟开展的交易中，出售方正处于困难时期，因此，投资委员会认为，交易的定价可能会非常有利，而且这很有可能成为贝罗尼集团历史上最成功的交易之一。但还有其他问题尚待解决。

① 有些LP同时投资了二号基金和三号基金，而有些LP却投资了其中的一只基金。在某些情况下，LP会采取联合投资的形式，让他们所投资的基金直接投资于被投资公司。

② 每个基金都设有自己的顾问委员会，而且每个顾问委员会的组成都要体现LP的参与。因此，各委员会的会员构成是不同的。

③ 由于同一个团队同时管理着全部三只基金，因此，有时候会导致GP的精力分散到若干只基金当中。

④ 当LP同时参与多只基金时，就会影响对新筹集基金管理费降低程度的判断，因为和管理费相关的很多成本基本上是固定的(如办公室的租金和人员的工资等)。在经济形势不利的时期，LP只能寻找一切可以降低成本的途径。

⑤ 最后，对任何联合投资项目，都需要在获得顾问委员会的批准之后才能执行投资交易。

杰克很清楚，他最终总要以这样或那样的方式进行交易——但是要避免日后与LP出现摩擦，他首先还需要解决其中的一些问题。

杰克面临的另一个问题是，作为贝罗尼集团合作时间最长、规模最大的投资者，欧洲银行(和很多金融机构一样)本身也存在现金流不足的问题，因而无法兑现二号及三号基金的出资承诺。

在二号及三号基金签署的有限合伙协议中，均对违约的LP制定了非常严格的违约处罚措施，包括没收所持基金股份的一半，这也是私募股权行业常见的做法。欧洲银行已向贝罗尼集团提议，应该允许该银行暂停向二号基金认缴更多的出资，并将其对三号基金的出资承诺从1.2亿美元降至6 000万美元，且不得收回银行对二号及三号基金持有的股份。二号基金的GP对股份没收条款有一定的自主裁量权，但三号基金的有限合伙协议并没有约定可以减少出资承诺的条款。即便如此，考虑到欧洲银行和贝罗尼集团拥有长期友好的合作关系(而且贝罗尼集团也希望欧洲银行尽快复苏，并成为四号基金的一个投资者)，因此贝罗尼集团当然希望尽可能满足欧洲银行的需求。

4. 贝罗尼集团基金的成立

杰克与其他合伙人于2000年创立了贝罗尼集团，并完成了集团一号基金的交割，三家LP合计认缴了2.5亿美元(表2-4)。在接下来的4年时间里，贝罗尼集团成功地将全部资金投入使用，并在相对较短的6年时间内陆续退出被投资公司，在此期间，公司实现了令人瞠目结舌的42%的内部收益率。在完成了一号基金的全部资金配置后不久，贝罗尼集团就成功退出了几笔投资，并在2004年成功地交割了二号基金，筹资规模为3.5亿美元。参与一号基金的全部LP都在一定程度上参与了二号基金，此外，二号基金还引入另外两家LP(表2-5)。

由于交易的质量不高，导致公司始终无法完成对二号基金全部资金的配置，以至于三号基金的首次交割仅取得了约2.15亿美元的认缴出资。但公司已投资的交易已经取得了惊人的收益率，估计内部收益率可达到30%左右(包括未实现的收益)，而这就吸引了更多的LP参与投资三号基金。在2008年年底全球金融危机全面爆发之前，LP在首次交割盘时即已向三号基金认缴出资5亿美元。尽管融资环境变得异常艰难，但杰克和其他合伙人始终相信，他们可以在基金最终交割时再取得额外3亿美元的出资承诺(表2-6),因为很多眼光独到、善于把握时机的LP坚信,市场上永远不会缺少好的投资机会。

5. 关键问题的解决

(1) 不同的LP

因为参与二号基金的一家LP已决定不参与三号基金,而且相当一部分认购三号基金的投资者都是第一次做LP,因此,两只基金的LP结构存在明显差异。杰克知道,选择退出三号基金的LP(海湾发展集团是一家主权财富基金,拥有相当大的资产和影响力,因此,他是没有能力去得罪的)希望能在三号基金开始配置资产之前,将二号基金的全额剩余资产用于投资(尤其是他们认为,当期的资产价值已处于历史最低位),因此,他们会强烈反对对三号基金在此之前进行任何投资。另外,三号基金的LP却充满期待,他们盼望着能在这个让人如痴如醉的市场上完成首次交割。因此,一旦出现非常有利的投资机会,杰克宁愿冒着得罪新合作伙伴的风险,也会把机会留给二号基金,而不是三号基金。

(2) 不同的顾问委员会构成

因为已认购二号基金的投资者只是二号基金顾问委员会的成员,而没有参与三号基金的顾问委员会,而且部分第一次做LP的投资者全部在三号基金的顾问委员会,与二号基金无关,因此,杰克面对的是两个不同构成的顾问委员会。让问题更复杂的是,对于每一笔即将启动的交易,杰克都需要同时征得两个委员会的批准,才能以联合投资的方式进行投资。因此,参与不同委员会的LP之间就有可能出现矛盾。

(3) 人力的重叠

像很多基金家族一样,贝罗尼集团的三只基金都是由同一批人员管理的。此前为一号基金进行投资的高级负责人、投资经理和助理,现在正在为二号基金工作,此外,他们还要管理三号基金。在这个过程中,信息和经验上的协同效应是显而易见的,而且,杰克通过这种方式调配、使用手下的人员,可以让每名员工为公司创造的平均管理费达到最高。当然,只负责某个基金的专职GP必须将全部精力投入他们所管理的基金上,不再参与其他任何基金的管理。

(4) 管理费的减少

由于某些LP投资了全部三只基金,因此,他们会认为,杰克应以某种方式降低贝罗尼收取的管理费,以体现三只基金使用同一批人员进行管理而带来的整体效益。此外,三只相继筹建的基金既不需要增加额外的办公空间,也无须增加新的后勤行政人员,因此,这些LP认为,在总成本不变、业务增加的情况下,平均分摊的成本就会相应下降。这就为他们要求降低管理费提供了一个理由。而且当时正处于经济困难时期,也让相当一部分LP认为,贝罗尼集团应"勒紧腰带",将节约下来的一部分资金让渡给LP。

(5) 欧洲银行的违约

贝罗尼面临的最大违约来自他们最大、合作时间最长的投资者,这不仅给二号基金和三号基金造成了严重的现金流问题(甚至有可能影响这些基金执行现有投资的能力),也让欧洲银行和贝罗尼集团陷入尴尬的境地。尽管欧洲银行已提出缓解部分问题的建议(但仍不足以让欧洲银行恢复正常状态),但如果接受这项提议,不仅会激怒其他没有违约的LP(因为按这项建议,他们将无法收到他们按规定有权收取的权益),而且还会带来道德风险——其他LP也会试图向基金的GP索取这样的待遇。此外,批准欧洲银行的要求是否会违反GP的受托义务，甚至违反有限合伙协议，同样不得而知。

表 2-4　LP 的名单（一号基金）

LP 实体	投资金额/百万美元	在顾问委员会中是否有席位
海湾发展集团	100	是
欧洲银行	80	是
LaFamiglia 股份有限公司	70	是

表 2-5　LP 的名单（二号基金）

LP 实体	投资金额/百万美元	在顾问委员会中是否有席位
海湾发展集团	120	是
欧洲银行	70	是
LaFamiglia 股份有限公司	40	是
Pensions-R-Us	70	是
State Fund	50	是

表 2-6　LP 的名单（三号基金）

LP 实体	投资金额/百万美元	在顾问委员会中是否有席位
欧洲银行	120	是
LaFamiglia 股份有限公司	30	是
Pensions-R-Us	100	否
State Fund	80	是
新 LP1	90	否
新 LP2	80	是
新 LP3	75	否
* 新 LP4	75	是
* 新 LP5	75	否
* 新 LP6	75	否

注：①* 表示基金最终交割时的预计融资规模。

②表中的数据均是虚构数据。

资料来源：克劳迪娅·纪斯伯格，迈克尔·普拉尔，鲍文·怀特. 私募股权案例[M]. 北京：清华大学出版社，2018.

【课后思考题】

1. 私募股权基金的参与主体主要包括哪些？
2. 私募股权基金管理人的主要职责和义务有哪些？
3. 私募股权基金管理人的激励机制和分配制度是怎样的？
4. 如何处理好 GP 和 LP 的关系？
5. 请结合实际，分析私募股权基金“双执行事务合伙人”模式的优缺点。

私募股权投资运作流程

3.1 私募股权投资运作流程概述

私募股权(PE)投资的运作流程可以概括为募、投、管、退。PE投资的运作流程是PE投资实现资本增值的全过程。它是紧紧围绕着其三个主要市场参与主体展开的,即资金在不同参与主体之间流转。PE投资的运作流程分为六个阶段:第一阶段是基金成立阶段;第二阶段是投资项目选择阶段;第三阶段是融资阶段;第四阶段是投资阶段;第五阶段是管理阶段;第六阶段是退出阶段。

PE投资运作流程,都从资本流动的角度出发,即资本先是从投资者流向私募股权基金(融资),经过其投资决策,再流入企业(投资)。待企业发展之后,在合适的时机再从被投资企业退出(退出),进行下一轮资本流动循环。与资本流动相对应的PE投资运作的三个阶段是:融资、投资和退出。从资本流动的角度,PE投资的运作流程如图3-1所示。

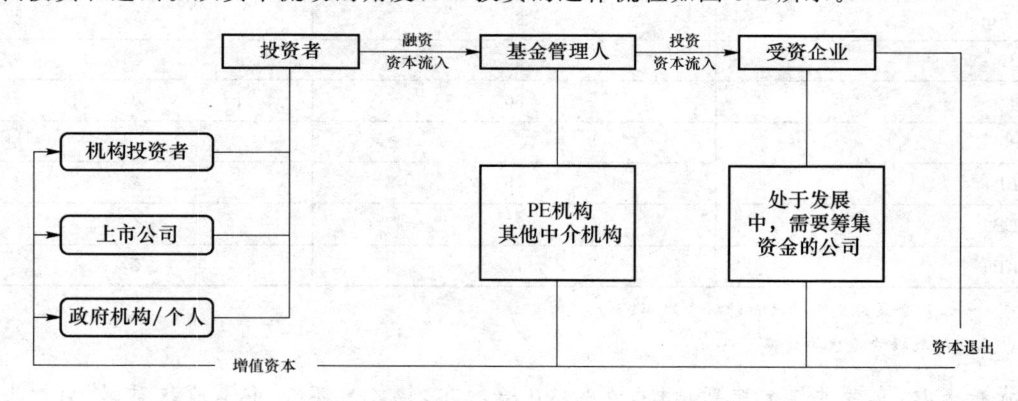

图3-1 从资本流动的角度,PE投资的运作流程

图中箭头方向代表着资金的流动,先是从投资者流向基金管理人,再经基金管理人流向被投资企业,最后实现资本退出,基金管理人将实现增值的资本退还给投资者。在这个过程中,资金的三次流转分别称为融资、投资和退出。

虽然从资金流动的角度划分PE投资的运作流程,有利于了解PE投资的运作过程,但从实践来看,这种划分并不符合实际操作的需要。因此从项目管理的角度出发,对私募股权投资的运作流程进行创新型设计,如图3-2所示。

首先是私募股权基金的成立,可选择有限合伙型、公司型、信托型等组织形式中的一种,其中有限合伙型最受欢迎。其次是投资项目的选择,基金成立之后,要募集足够的资金来投资赚钱，然而要募集多少？怎么才能募集到所需资金，这就需要在募集资金前做好准备工作，即对投资项目进行选择，投资项目的选择是影响整个投资是否盈利的关键。第三是融资，选择投资项目后，需要筹集的资金数额也就能够确定，就可以通过各种渠道筹集项目所需资金，进入资金募集阶段。如果不能按照原定的项目募集到足够的资金，此时就要回到起点，重新选择投资项目。第四是投资，如果顺利募集到所需资金，就进入正式的投资阶段，把筹集到的资金通过一定的方式（联合投资、分阶段投资、匹配投资、组合投资）投资到预先选定好的投资项目中。第五是后续跟投管理，投入资金之后，要提供一系列增值服务，帮助被投资企业实现发展，并制定一定的激励约束机制。最后是退出，等待合适的时机，通过一定的方式（IPO、管理层回购、股权转让、清算）退出被投资企业，实现资本增值。

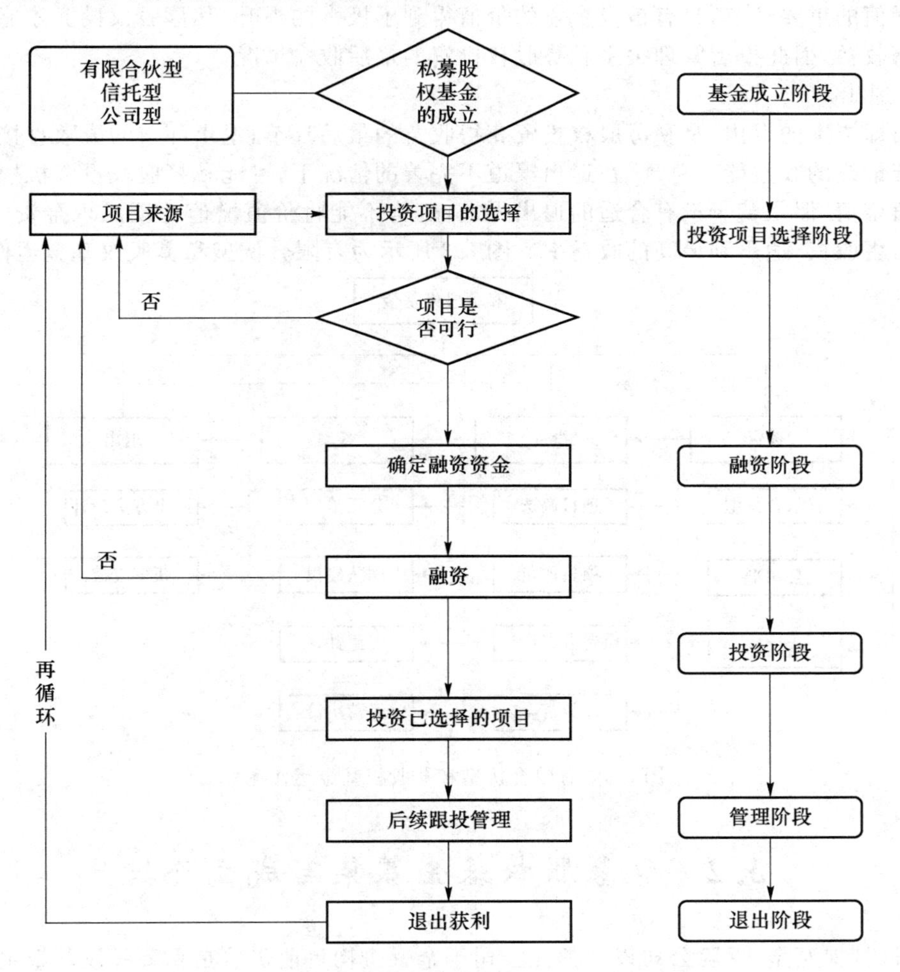

图3-2　从项目管理的角度，PE投资的运作流程

募资指的是募集资本，由于私募基金在组织形式上的差异，在融资方式上存在着一些不同，本节对最常见的有限合伙型私募基金的融资过程进行简单介绍。

（1）资金募集

募资的发起者主要是基金的管理人，基金管理人首先确定有意向投资的项目，然后再与潜在的投资者（各银行、投资公司等）进行接触，对待投资项目进行可行性分析，包括对关系投资成败的重要因素进行分析，如项目的发展前景、未来收益率的高低、投资风险的大小等，通过有限合伙制所募集的资金,可以根据投资过程的需要,分批注入,这就极大地降低了投资者面临的风险。

(2) 投资

投资即物色具有发展潜力的企业,然后投入资本,投资的具体流程包括对项目的筛选,对被投企业的财务、法律、经营状况、市场环境等方面的尽职调查。确认投资项目可行后,与被投资企业商定具体的投资事项,签订投资条款等。

(3) 管理

管理即对投资项目的投后管理,私募资本投入企业后,私募股权投资机构就要对被投企业的日常经营活动、公司治理结构等各个方面进行指导和监督,对被投企业的投后管理是实现企业价值增值的重要环节,只有被投企业的价值得到了极大的提升,私募股权投资才能从价值增值中获得收益,因此投后管理关乎私募股权投资的最后收益情况。

(4) 退出

退出即资本的退出,是私募股权投资获得收益的最后环节,退出环节的成败直接关乎私募股权投资最终的收益能否兑现,在退出渠道不完善的情况下,可能私募股权投资机构帮助企业实现价值增值,但是苦于没有合适的退出渠道,机构不能将价值增值兑现成现金资本,或者只能低价出售股权,达不到最高的收益率。图 3-3 所示为有限合伙型私募股权基金运作流程。

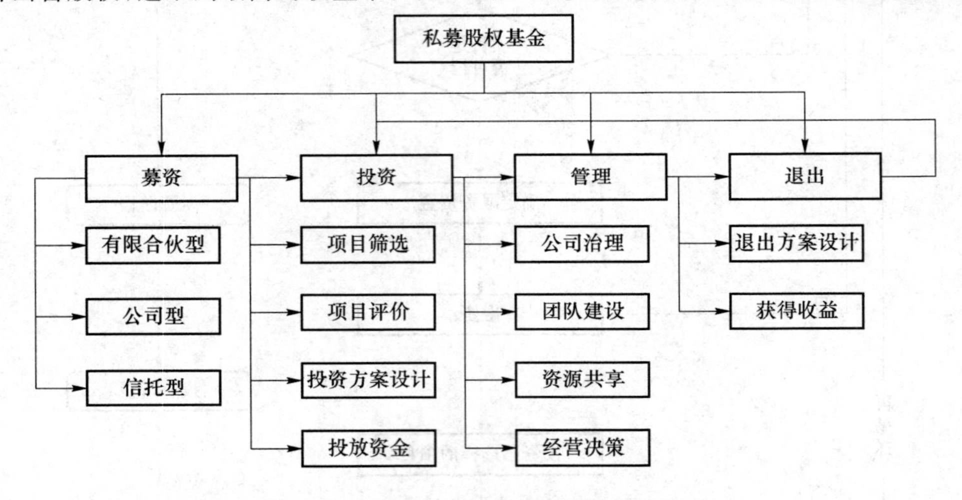

图 3-3 有限合伙型私募股权基金运作流程

3.2 私募股权基金募集与成立阶段

银行、社保基金、保险公司以及信托公司等金融机构目前仍然是私募股权基金主要的融资渠道,由其直接或间接提供的资金明显多于私募基金从其他渠道获得的资金。资金供给市场的这种结构性特征使私募股权投资过度依赖金融机构。

3.2.1 以金融机构为主的传统募资渠道

(1) 银行

银行资金实力雄厚,投融资及风控水平较高,除了通过资金托管,财务顾问等方式向私募股权基金提供综合配套金融服务外,银行一直是私募股权基金的重要资金来源。但根据现行

《中华人民共和国商业银行法》第四十三条的规定，商业银行不得向企业投资。因此，目前商业银行直接投资私募股权基金尚存在法律障碍，其参与私募股权基金业务时需要做出相应安排。目前的做法主要有五种：一是通过海外子公司曲线开展私募股权基金业务；二是政策性银行经报财政部批准设立境内子公司直接投资于私募股权基金业务；三是试点设立境内子公司或设立科技金融专营机构以投贷联动方式直接投资于私募股权基金业务；四是通过控股信托公司或设立基金子公司方式间接投资于私募股权基金业务；五是通过综合理财服务介入私募股权基金业务。

① 通过海外子公司曲线开展私募股权基金业务。此类海外子公司的投资方式一般是与境内企业尤其是国有企业共同发起设立产业投资基金及基金管理公司，向特定产业的中小企业进行股权投资，其规模都比较大。以中国建设银行为例，建行在香港设立“建银国际（控股）有限公司”，并通过这家公司在中国境内设立的子公司——建银国际财富管理（天津）有限公司开展人民币股权投资业务，其在产业基金方面，成立了多只人民币私募股权基金，覆盖医疗、文化、环保行业。目前，商业银行海外机构的设立审批颇为严格，监管部门一事一议，仅有“国有五大行”和少数股份制商业银行获批设立海外机构。

② 政策性银行经报财政部批准设立境内子公司直接投资于私募股权基金业务。政策性银行不受商业银行法规限制，其投资业务须报财政部批准。目前中国进出口银行、国家开发银行、中国农业发展银行这三家政策性银行都经财政部批准设立了下属私募基金公司，其中中国进出口银行近年分别独贷或参股的私募股权基金有中非产能合作基金有限责任公司，注册资金 640 亿元人民币；丝路基金有限责任公司，注册资金 615 亿元人民币；中日节能环保创业投资有限公司，注册资金 10 亿元人民币；航天投资控股有限公司，注册资金 74 亿元人民币；成都银科创业投资有限公司，注册资金 15 亿元人民币等。

③ 试点设立境内子公司或设立科技金融专营机构以投贷联动方式直接投资于私募股权基金业务。2016 年 4 月，银监会、科技部，人民银行联合发布《关于支持银行业金融机构加大创新力度 开展科创企业投贷联动试点的指导意见》，在北京中关村国家自主创新示范区等五处园区及国家开发银行、中国银行、恒丰银行等十家银行试点，试点银行可利用自有资金设立投资功能子公司或设立科技金融专营机构对试点园区的创新科技企业进行股权投资。投贷联动试点已突破当前的商业银行法，使得商业银行参与私募股权投资可通过集团内部具有投资功能的子公司实现。

④ 通过控股信托公司或设立基金子公司方式间接投资于私募股权基金业务。2007 年，银监会发布《非银行金融机构行政许可事项实施办法》，允许包括银行在内的金融机构作为信托公司的出资人，信托公司作为基金的 LP。商业银行还可以依据《商业银行设立基金管理公司试点管理办法》设立基金管理公司并通过其子公司的资管计划从事投资私募股权基金的业务。

⑤ 通过综合理财服务介入私募股权基金业务。自证监会 2014 年 6 月发布《私募投资基金监督管理暂行办法》后，曾有十七家银行一度在短时间内获批基金管理人资格，但随后又被监管部门叫停，可以预见，一旦银行成为 GP，则其募资能力将相当强大，可能对基金行业生态造成较大冲击。

(2) 全国社会保障基金、社会保险基金和企业年金基金

国务院于 2015 年发布《基本养老保险基金投资管理办法》(国发〔2015〕48 号)，该办法规定，养老基金限于境内投资，投资范围包括：银行存款，中央银行票据，同业存单；国债，政策性、开发性银行债券，信用等级在投资级以上的金融债、企业（公司）债、地方政府债券、可转换债

(含分离交易可转换债)、短期融资券、中期票据、资产支持证券,债券回购;养老金产品,上市流通的证券投资基金,股票,股权,股指期货,国债期货。范围限定为中央企业及其一级子公司,以及地方具有核心竞争力的行业龙头企业,包括由省级财政部门、国有资产管理部门出资的国有或国有控股企业。即养老基金只能在重点国企改制方面参与股权投资。因此,只有极少的基金管理人才有资格参与养老基金的投资管理。鉴于管理机构及投资方向均十分狭窄,养老基金很难作为一般基金管理人的募资来源。

截至 2013 年 6 月,全国由社会保障基金投资的私募基金为 19 只,总规模超过 200 亿元。国务院出台《全国社会保障基金条例》,规定其投资范围为:国务院批准的固定收益类、股票类和未上市股权类等资产,从法律法规层面明确了全国社会保障基金可以投资于非上市企业的股权,该条例自 2016 年 5 月 1 日起施行,并对从事全国社会保障基金的基金管理人限定了严格的必备条件。

企业年金是指企业及其职工在依法参加基本养老保险的基础上,自愿建立的补充养老保险制度,是多层次养老保险体系的组成部分,由国家宏观指导、企业内部决策执行。《企业年金基金管理办法(2015 修订)》规定,企业年金基金财产限于境内投资,投资范围包括银行存款、国债、中央银行票据、债券回购、万能保险产品、投资连结保险产品、证券投资基金,股票,以及信用等级在投资级以上的金融债、企业(公司)债、可转换债(含分离交易可转换债)、短期融资券和中期票据等金融产品。按照该办法所规定的投资范围,企业年金基本无法作为私募股权基金的资金来源。但根据人社部、银监会、证监会、保监会 2013 年发布的《关于扩大企业年金基金投资范围的通知》(人社部发[2013]23 号),企业年金的投资范围增加了商业银行理财产品、信托产品、基础设施债权投资计划、特定资产管理计划、股指期货。这就为企业年金通过有关金融产品投资至私募股权基金提供了明确指向。但 2017 年年初,人社部新闻发言人卢爱红在新闻发布会上表示,下一步将完善社会保障制度,出台实施完善基本养老保险制度总体方案,出台实施企业年金办法。行业内人士认为,目前中国企业年金的投资范围存在局限性,投资品种也有限,如何更好地拓宽企业年金的投资方向是下一步改革的关键之一。

(3) 保险公司、证券公司、信托公司

保监会于 2015 年发布《关于设立保险私募基金有关事项的通知》(保监发〔2015〕89 号),允许保险资金设立私募基金,范围包括成长基金、并购基金、新兴战略产业基金、夹层基金、不动产基金、创业投资基金和以上述基金为主要投资对象的母基金。基金管理人可以由发起人担任,也可以由发起人指定保险资产管理机构或保险资产管理机构的其他下属机构担任,即保险机构可以作为其设立的私募基金的 GP。从保监会有关规定看,保险公司经历了从限制投资私募股权基金,到不仅可以作为私募股权基金的 LP,也可以担任 GP,保险资金不仅可以投资私募股权基金,也可以直接设立私募股权基金的过程。

券商作为最早进入私募股权投资领域的传统金融机构,经历了从直投子公司进行直接投资到设立直投基金进行投资,再到直投子公司及直投基金的设立条件进一步宽松,券商成为目前传统金融机构中参与私募股权投资领域的排头兵。直投子公司及直投基金业务在实践中的不断开展也逐步暴露出一些问题和风险。中国证券业协会经征求行业内意见,于 2016 年 12 月发布了《证券公司私募投资基金子公司管理规范》及《证券公司另类投资子公司管理规范》(中证协发〔2016〕253 号),将当前券商直投子公司开展的两类业务进行拆分。

银监会于 2008 年 6 月下发《信托公司私人股权投资信托业务操作指引》(银监发〔2008〕45 号),2009 年 3 月下发《关于支持信托公司创新发展有关问题的通知》(银监发〔2009〕25 号),以及2014年4月下发《关于信托公司风险监管的指导意见》(银监办发〔2014〕99号)三份文件。该三份文件分别从信托公司以信托财产从事股权投资,以固有资产从事股权投资,以及以基金管理人身份募集私募股权基金三个方面对信托公司参与私募股权投资予以规范。《关于信托公司风险监管的指导意见》指出,要大力发展真正的股权投资,支持符合条件的信托公司设立直接投资专业子公司。截至2016年年底,已有41家信托公司获得了私募基金管理人资格,其中部分信托公司主要从事股权投资基金的管理工作。2016年12月,备受业内关注的中国信托登记有限责任公司正式成立,该公司的正式揭牌,将推动统一有效的信托市场逐步形成,市场纪律和约束将进一步强化,是信托行业发展的又一里程碑,信托登记制度的完善必将有利于信托公司进一步拓展包括股权投资在内的资管业务。

(4) 私募股权母基金(PE FOFs)、国有企业与民营资本参与设立的市场化FOFs

私募股权母基金是指通过对私募股权基金进行投资从而对私募股权基金所投资的项目进行间接投资的基金,业内称其为PE FOFs。据清科研究中心报告,当前,中国本土市场上已逐渐形成了以FOFs形式运作的三大基金阵营:政府引导基金、国有企业参与设立的市场化FOFs,民营资本运作的市场化人民币FOFs。

自2005年国家发展改革委等十部委发布《创业投资企业管理暂行办法》后,政府引导基金开始逐步走进资本市场。CVSource统计显示,截至2015年年底,国内共成立457只政府引导基金,目标设立规模达12 806.9亿元。2019年之后,政府引导基金的设立继续呈增长态势。

2010年12月中国首只国家级大型人民币母基金——总规模达600亿元的"国创母基金"由国家开发银行全资子公司国开金融和苏州元禾共同发起成立。国创母基金的成立,是双方多年密切合作的延续和升级。国创母基金的成立标志着我国对促进人民币FOFs规范健康发展迈出了重要一步。2016年9月25日,央企中国诚通对外宣布,受国务院国资委委托,中国诚通牵头发起成立中国国有企业结构调整基金股份有限公司,设计规模3 500亿元。这也意味着,国务院国资委所确定的国企改革两大基金——国有资本风险投资基金和国有企业结构调整基金已经全部设立。从少数民营资本运作的市场化人民币FOFs来看,人民币母基金领域的民营机构日渐增多。比较有代表性的包括诺亚财富旗下的歌斐母基金,天堂硅谷母基金,盛世投资母基金。其中,成立于2010年的盛世投资是中国国内最早起步以市场化方式运作私募股权母基金的专业金融机构之一,目前管理着多只盛世系母基金,并成功完成对新天域资本、松禾资本、同创伟业、九鼎投资、德同资本、君丰资本、启明创投、达晨创投、天图创投等多只基金的投融资工作。

(5) 个人投资者

根据波士顿咨询公司发布的"2020中国资产管理模型"报告,高净值个人仍是LP中坚力量之一,基金业协会的统计数据也支持这一观点,根据基金业协会出版的《中国证券投资基金业年报(2015)》显示,截至2015年年底,备案的私募股权基金投资者当中,自然人投资者出资比例占16.2%。从发展机遇来看,2015年中国高净值家庭(可投资资产规模在人民币600万元以上)户数为200万户左右,预计2020年将上升至350万户。这类客户通常为企业主、职业经理人、专业投资人以及文体明星等,特点为单位财富高,投资经验较丰富,投资行为与机构投资者趋同。这类群体有些是在创业过程中获得过VC/PE的投资,因此对私募股权基金比较了解;有些则是出于资产配置的需求,希望通过另类投资来博取高收益。由于高净值个人作为LP的弱点是单体资金量小且资金稳定性差,对于VC/PE来说如果自己开发渠道来拓展高净值客户则具有较高的成本。而对高净值客户群体来讲,由于单体对VC/PE的认知有限,对VC/PE的募资信息也较为缺乏,因此也需要有特定的渠道或平台来与VC/PE对接。

3.2.2 新型募资渠道

（1）股权众筹

国际证监会组织（IOSCO，International Organization of Securities Commissions）对众筹融资的定义为众筹融资是指通过互联网平台，从大量的个人或组织处获得较少的资金来满足项目、企业或个人资金需求的活动。众筹融资对于拓宽中小微企业直接融资渠道，支持实体经济发展，完善多层次资本市场体系建设具有重要意义。自 2014 年 11 月 19 日李克强总理首次在国务院文件中提出“开展股权众筹融资试点”后，股权众筹在国内迅猛发展。

（2）“上市公司＋PE”产业并购基金

上市公司通过与 PE 合作设立并购基金并作为上市公司业务整合平台的模式大行其道，“上市公司＋PE”模式的首次运用出现在 2011 年 9 月硅谷天堂与大康牧业的合作中，之后，越来越多的上市公司开始与 PE 合作成立产业基金。自 2013 年起，开始进入“上市公司＋PE”式产业基金的密集成立期，2014 年这一趋势更是达到井喷，2015 年之后已成爆发之势。

“上市公司＋PE”式产业基金的特点主要包括以下几方面：一是并购标的主要围绕上市公司主营业务进行；二是上市公司对基金的并购业务干预较大，在很多案例中，上市公司代表占据决策委员会的多数席位，甚至对投资事项拥有一票否决权；三是基金的最终退出渠道以上市公司并购为主。对于 PE 基金而言，既能提前锁定退出通道，又能在转让给上市公司时卖个好价钱，这将显著提高 PE 基金的安全性和流动性。对上市公司而言，一方面如前所述规避了早期项目的不确定性，另一方面又利用了外部资金杠杆，一旦并购完成，通常还会产生股价上涨的行情，有利于其提高和巩固行业地位。

（3）私募机构挂牌新三板

2014 年 4 月，同创九鼎成功挂牌新三板，成为第一家获批挂牌的 PE 机构，其市盈率高达 140 倍，随后又有二十多家 PE 机构陆续成功登陆。在新三板挂牌的企业中，VC/PE 公司数量占比不足千分之五，但在融资规模上却独占鳌头，2015 年全年累计融资 309.1 亿元，约占新三板总融资额的 25%，这导致超过 100 家 PE 机构纷纷提交挂牌申请。

全国中小企业股份转让系统有限责任公司随后于 2016 年 5 月发布了关于金融类企业挂牌融资有关事项的通知。2015 年后新三板市场上 PE 机构频繁融资，融资金额、投向等问题引起社会关注和质疑。在此背景下，相关部门考虑加强对此类机构的监管，因此暂停 PE 机构在新三板的挂牌和融资。2016 年 9 月发布的《全国中小企业股份转让系统公开转让说明书信息披露指引第 2 号——私募基金管理机构（试行）》对私募机构挂牌公司信息披露工作提出了更高的要求。业内人士认为，该指引的力度之大是前所未有的。自此，可以说，PE 机构通过新三板融资造血之路已被中断，已经挂牌的 PE 机构也面临严酷的整改之痛，今后股票发行等业务也面临严重束缚。新三板这个 PE 融资新宠渐失昔日荣光。

3.3 投资项目选择阶段

3.3.1 寻找项目

私募股权投资取得成功的重要基础是获得好的项目，这也是对基金管理人能力的最直接的考验，基金管理人均有其专业研究的行业，而对于行业企业的定位及更为细致的调查是发现好项目的一种方式。

(1) 项目定位

项目定位即站在私募股权基金管理团队的角度，结合基金管理团队以及一些基金投资者的专业背景、个人特长、行业认知、风险偏好等因素，对拟投资的项目有一个基本的范围限定。私募股权基金的项目定位应尽量多元化，为了降低风险，私募股权基金会考虑投资组合，尽量将多个投资项目放在不同的投资领域，以减少项目之间的关联性。

(2) 项目分布

私募股权投资的项目主要来源于转型中的国有企业以及迅速发展的民营企业。转型中的国有企业有很多的改制、转制以及重组、兼并、收购等重大经营活动，这为私募股权投资创造了诸多良好的机会。高速发展的民营企业一般会存在资金链跟不上的问题，在现有的金融体制下民营企业、中小企业债权融资比较困难，同样为私募股权投资创造了很多机会。从地域分布上看，项目主要来自中国经济最具潜力的地区，如长三角、珠三角、粤港澳大湾区等；其次来自中部经济活跃的地区，如河南、湖北、山西、安徽等；再其次就是来自广阔的西部地区。

(3) 来源保障

为了保障私募股权基金项目来源不断，就需要动员基金公司内部和外部力量，共同寻找合适的投资项目。首先，与各公司高层管理人员的联系以及广大的社会人际网络是优秀项目的来源之一。其次，与券商保荐机构、律师事务所、会计师事务所等机构形成良好的战略合作关系，使其为基金提供比较有价值的投资信息，而这些机构接触的项目或企业更接近 IPO，对私募股权投资来说既降低了风险，又提供了退出通道，具有非常重要的价值。再次，加强与专业经纪人网络(私募股权投资的中介机构)的密切联系，这样投资机构可以广泛地收集投资项目的信息，为投资家和企业家之间牵线搭桥，并从中收取一定的咨询顾问费用。

基金管理人得到其他风险投资机构的推荐。由于项目的高风险性以及各个风险投资机构的擅长领域各异，不同的风险投资机构往往会结成长期稳定的投资战略联盟，或相互推荐项目，或联合投资某一个项目。其他风险投资机构推荐的联合投资项目往往受到基金管理人的青睐，因为其他投资者在推荐之前，一般对投资对象进行了认真评估，项目的风险性已相对降低。同时，联合投资本身也能降低风险，并有利于基金管理人在业界建立、发展、巩固互利合作关系。

(4) 投资见面会等有组织的活动

私募股权基金为了推介自己的业务，可以举行投资见面会、行业投资项目推介会等，号召具有融资需求的企业和项目汇聚在一起，通过研讨、交流、座谈等方式，有效地收集投资项目的信息。

3.3.2　初步筛选

基金管理人在取得众多项目后，通常会对其进行初步筛选和研究，剔除明显不符合其投资要求的项目。一般而言，平均每 1 000 份商业计划书中，能引起基金管理人兴趣的只有 100 份，经过尽职调查、评估和决策，最终真正能够得到风险资本支持的项目只有 10 份。在项目筛选过程中，私募投资机构的筛选标准起着至关重要的作用。任何一家私募投资机构都有自己的筛选标准。筛选标准的明确与公开有利于私募股权基金对外保持一致形象，吸引合适对口的项目。

(1) 项目文本

项目信息的表现形式一般有商业计划书、项目可行性研究报告、项目申请报告等，这些作为初步研究筛选都是可以的。一旦投资人对项目产生了兴趣,需要进一步研究,项目文本最好统一为商业计划书形式,这样能够反映融资方的真实想法。商业计划书中主要要阐明以下内容:企业与团队介绍、产品与服务、市场需求分析、竞争性分析、市场营销策略、盈利模式与财务分析、融资计划与使用方案、风险与防范、结论以及附件等,这些部分基本可以把项目的背景、需求与竞争、融资目的及计划以及项目真实性佐证等问题表达清楚。对于投资人来说,商业计划书是认识项目的第一个工具,也是进行项目初步研究筛选的重要依据,应该从多个角度带着疑问进行研究阅读。那么,作为私募股权基金来说,对项目的初步研究筛选可以从以下几方面进行:研究项目在干什么、研究项目的盈利模式和目前财务状况、研究项目的行业地位、研究项目的竞争对手、研究项目的融资规划等。初步筛选研究是进一步开展与公司管理层商谈以及尽职调查的基础,在初步筛选过程中,需要与目标企业的客户、供货商甚至竞争对手进行沟通,并且要尽可能地参考其他公司的研究报告。通过这些工作,私募股权投资机构会对行业趋势、投资对象的业务增长点等有一个更深入的认识。

(2) 行业与公司研究

通过对项目的初步研究筛选,私募股权基金经营管理团队对项目有了初步的了解。但总的来说,这主要是依据项目融资方自己提供的材料得出的初步意见,还不是客观公正的实际结论。因此,私募股权基金经营管理团队要抛开项目融资方提供的材料,对项目开展独立的行业与公司研究。

首先,对于行业的研究,私募股权基金可以从以下五个方面进行。①行业的宏观环境研究,包括经济环境、宏观调控、投资增长的依赖程度、行业的发展阶段及潜力。②行业里知名企业比较研究,对行业里知名企业的比较,要看是否有上市公司、上市公司的业绩如何、近3年的增长如何、市场占有率如何、是否有亏损的上市公司、为什么亏损等。如果没有上市公司,则要分析为什么没有上市公司。可不可能出现上市公司。在未上市的公司里,行业前三名公司近年业绩如何,有无上市计划。知名企业有无重大新闻事件,评估新闻事件对行业的影响等。③行业前景预测与判断研究,要弄清楚行业的市场容量,以及未来3～5年的市场增量,要分析行业的消费者和潜在的消费群体,要分析行业的进入壁垒和退出的成本,预测行业的增长比率和衰退周期,要对行业的替代作用、促进作用、竞争程度以及子行业的发展趋势等进行深入分析。④行业的制约因素研究,可以从原材料及供应商、人力资源与劳动力成本、技术创新与知识产权保护、替代产业与技术、市场需求与消费者的迁移、成本控制等多个方面考察行业的制约因素。需要注意的是,行业制约因素并不等于对项目的制约因素,有时可能制约因素的存在降低了行业其他企业的竞争能力,而拟投资项目克服了这些制约因素,则制约因素的存在反而成为项目发展的优势。⑤关联行业的发展态势和影响研究,关联行业可以简单区分为替代、互补、供应、消费等行业,关联行业的发展态势和其对行业的影响对项目的发展有重要的影响。

其次,对于公司的研究,是私募股权投资前对拟投项目的研究。对于拟投资的项目,结合行业的发展,展开独立、客观、公正的研究,形成较为量化的数据,同时也可以进行多个拟投项目间横向数据或分值的对比。私募股权基金可以从以下六个方面对公司进行研究:核心竞争力、管理团队、管理水平、盈利能力、企业文化和制度建设、制约企业发展的因素。

3.4 尽职调查

通过初步评估之后,基金经理会提交"立项建议书",项目流程也进入尽职调查阶段。尽职调查也称审慎调查，指在私募股权投资过程中投资方对目标企业的资产和负债情况、经营和财务情况、法律关系以及目标企业所面临的机会和潜在风险进行的一系列调查。具体包括：财务尽职调查、法律尽职调查、业务尽职调查、运营尽职调查、税务尽职调查、环保尽职调查等。这些调查通常委托律师、会计师和财务分析师等独立的专业人士或机构进行，从而决定是否实施投资。尽职调查的目的主要有三个：发现问题、发现价值、核实融资企业提供的信息。

尽职调查是一项相对复杂的工作，其包括以下步骤。

① 由私募股权投资方指定一个由专家组成的尽职调查小组。小组成员通常包括律师、会计师和财务分析师等，开始尽职调查前小组成员应预先与投资方进行充分商谈，以决定实施尽职调查的内容和编写尽职调查报告的方法。

② 由私募股权投资方及其聘请的专家顾问与拟投资企业签署“保密协议”。

③ 由投资方准备一份尽职调查清单。

④ 由融资方负责把所有相关资料收集在一起并准备资料索引。

⑤ 指定一间用来放置相关资料的房间(又称“数据室”或“尽职调查室”)。

⑥ 建立一套程序，让投资方能够有机会提出有关目标企业的其他问题，并能获得数据室中可以披露文件的复印件。

⑦ 由投资方的顾问(包括律师、会计师、财务分析师等)出具报告。对决定目标企业价值有重要意义的事项进行简要介绍。尽职调查报告应反映尽职调查中发现的实质性的法律事项，通常包括根据调查中获得的信息对交易框架提出的建议，以及对影响购买价格的逐项因素进行的分析等。

⑧ 由投资方提供投资协议书的草稿以供谈判和修改等。

私募股权投资方除聘请会计师事务所来验证目标公司的财务数据，检查企业的管理信息系统以及开展审计工作外，还会对目标企业的技术、市场潜力和规模以及管理队伍进行仔细的评估，这一程序包括与潜在客户的接触，向业内专家咨询并与管理队伍举行会谈，对资产进行审计评估。它还可能包括与企业债权人、客户、相关人员如以前的雇员进行的谈话，这些人的意见会有助于得出关于企业风险的结论。项目经理会根据尽职调查的要素表(表 3-1)的各项内容展开调查工作，并根据部门授权的投资方案与项目方决策人员进行商务谈判并敲定投资条款。

表 3-1　尽职调查的要素表

维度	要素
经营机构	经营者的经历和背景、经营团队的专长和管理能力、经营团队的经营理念和对营运计划的掌控程度
市场营销	市场规模、市场潜力、市场竞争优势和营销策略规划
产品和技术	技术来源、技术人才与研发能力、专利与知识产品附加值、生产制造计划的可行性、与周边产业配套情况
财务计划和投资报酬	目标企业的财务状况，目标企业的股东结构，目标企业财务计划的合理性、资金需求规划的合理性，预期投资报酬率，退出年限、方式与风险
法律问题	目标企业是否受到过法律诉讼、是否存在未记录的债务、有关环境问题、保险的范围和保险总额与自身保险的责任

表 3-2 所示为尽职调查的详细内容与流程。

表 3-2　尽职调查内容表

调查项目	主要内容
行业概述	· 列举贵公司所提供服务的典型案例 · 市场调研情况，包括目前及潜在的竞争对手分析，并提供由外部顾问公司进行的市场调研文本的副本 · 阐述本行业成功的关键因素及行业进入壁垒 · 说明贵公司业务销售季节性、周期性及高峰需求期，贵公司将如何解决季节性或周期性的问题 · 请提供贵公司的主要产品目前和今后三年的市场容量分析
商业战略	· 贵公司的发展规划是什么？在中国的各个省份贵公司计划如何拓展业务？贵公司是否计划将业务拓展至大中华地区？ · 与产品批量生产相关的成本有哪些？提供现有固定资产和未来资金支出及融资需求明细，以及有哪些预计的额外费用 · 贵公司的竞争对手的产品相对于贵公司的产品有哪些竞争优势？ · 列举贵公司近期的目标客户，描述目标客户的基本情况，如客户规模、所在行业及人员情况 · 描述开发其他产品、技术或服务的计划 · 贵公司是否已经考虑建立某些战略合作或策略联盟？准备寻找什么样的合作伙伴？ · 贵公司是否有一些收购的目标？是否有任何与对方的谈判/公司在寻找什么样的收购目标？它们的技术产品优势和它们的规模和估价如何？
竞争、销售和市场	· 说明贵公司今后面临的竞争状况，以及如何看待潜在进入者及未来的新技术风险 · 如果贵公司的规模生产及新产品、新服务的实施受到拖延将会产生哪些影响？ · 描述贵公司的销售组织结构，并说明支持现有运作的合适的规模及支持未来成长所需要的资源有哪些 · 贵公司在各地区的短期及长期营销策略有哪些？当前及潜在客户情况如何？未来所面临的最重要的挑战是什么？ · 贵公司目前及未来的营销策略有哪些？ · 市场要素如客户、业务及其他关键要素有哪些？ · 举出贵公司的 10 个大客户，并提供每个客户可调查的联系人。下年度各季度贵公司的目标客户有哪些？ · 贵公司签约一个新客户的流程是什么？从最初的销售接触到一个客户至完全开始服务运作的周期有多长？ · 列举贵公司的客户合同、合同的关键条款及合同中所提供的服务 · 将贵公司的价格及策略与贵公司的竞争对手进行比较，说明贵公司的价格策略及未来的几个计划 · 说明贵公司吸引客户的促销手段如免费试用期、折扣等，这些手段是否有效 · 贵公司的销售人员的激励机制是怎样的？如基本工资，提成，提成的基准是销售额、毛利还是净利？ · 请提供所有贵公司输给竞争对手时的合同，并说明竞争失败的原因
产品及服务	· 详细说明贵公司目前提供的产品及今后开发新产品或服务的计划，未来何种产品将是主营产品？ · 阐述各项服务的体系结构及等级分布。 · 贵公司的服务在当地市场是个性化的还是在所有市场都是标准化的？ · 说明现有的客户支持服务有哪些，包括提供服务的时间、人员、合同中的服务条款及收费等。服务人员是否充足？服务支持需要哪些费用？ · 贵公司如何处理客户咨询及投诉？ · 衡量客户满意的标准是什么？在满足客户需求方面是否还有需要改进的地方？ · 贵公司客户服务的主要特点是什么？这些特点是否有助于贵公司区别于其他竞争对手？ · 贵公司对新客户提供何种类型的培训服务？公司内部哪个部门提供这些服务？ · 贵公司账务及付款流程是什么？ · 介绍贵公司战略联盟/商业联盟/设备提供商/技术伙伴

续表

调查项目	主要内容
研发	· 目前研发活动的核心内容及范围是什么？目前新产品及服务开发的状况如何？ · 提供三年内用于研发项目的费用预算明细
财务数据	· 请介绍所有合同额清单和完成的状况或进展(未完成合同额预计完成时间)，合同金额和下一年可能签的合同 · 请说明过去和未来的财务收入的组成，过去收入的地区分布如何，去年产生收入最大的 5 个客户是谁，将来每个收入组成的细分目标是什么 · 请说明主要的成本：营销成本、研发成本、员工及管理成本 · 请提供未来 3～5 年详细的损益表、资产服务表和现金流量表的预测 · 请提供过去和未来的收入细分项目 · 请提供融资所得资金用途的细分计划 · 请提供公司的收入和成本的确认方法和政策，执行怎么样的会计准则 · 财务模型的主要假设和前提：不同产品所对应的客户群；私募股权与资本市场不同规模的客户群；营运费用的计算方法；货品成本的定义；流动资金的数量和相关假设；资金使用的时间表和假设；折旧方法的时间表和假设 · 请说明公司制定的财务指标的目标，如毛利率、净利率在每一年的增长和变化情况 · 公司自主研发产品的收入是多少？每年在总收入中的比例是如何变化的？ · 去年 5 个最大合同的完成时间是多少？平均值是多少？一个人每天的成本是多少？
资本结构	· 贵公司寻求何种投资者？贵公司期望投资者扮演什么样的角色？ · 描述贵公司未来的融资计划 · 贵公司的银行贷款的条款是怎样的？未来是否打算利用贷款作为融资来源？

尽职调查结束后，调查小组应向私募股权基金管理团队提供尽职调查报告。一份称职的尽职调查报告应该内容翔实、数据确凿、结构完整，主要内容包括：公司简介、公司组织结构、供应商分析、业务和产品、销售分析、研究与开发、公司财务、融资计划、使用安排、行业背景介绍、其他内容、结论和建议、附件等。

除了考察以上评价指标外，基金管理人在进行投资决策时，往往还遵循以下五点。第一，决不选择风险超过两种的项目。风险投资项目常见风险包括研究发展的风险、生产产品的风险、市场的风险、管理的风险和成长的风险。如果基金管理人认为项目存在两种以上的风险，一般就放弃投资了。第二，投资于产品市场最大的项目。在风险和收益相同的情况下，基金管理人会选择投资于产品市场最大的项目。第三，会见所有的管理层，观察他们的素质，了解他们的经验和专长，对管理者和创业家的工作风格和心理素质做一定的测试分析，并要看管理层成员在经验和个性上是否可以取长补短，组成一个强有力的管理层；实地考察企业资产和设施，对比业务计划书中所提到的资产数据，核实企业的净资产和开发新项目应有的设备，对企业现阶段的管理状况做评估。基金管理人根据尽职调查表的分析结论，做出自己的投资决策。第四，基金管理人要讨论确定投资工具、企业的价值和基于以往销售业绩或未来盈利预测的投资价格、投资金额和股份比例等，然后签订投资协议和认股合同。基金管理人一般不用普通股或债务，这类工具更多地在企业发展后期使用。对于新企业，基金管理人一般采用可转换成普通股或可认购普通股的优先股或债券，这些投资证券工具的混合使用可以满足投资者和企业的不同需求，双方磋商的余地较大。第五，在确定投资工具后，企业的估值对于私募股权基金来说非常重要，现在比较通行的企业估值方法是依据企业的市盈率进行估值，即依据企业被投资当年的净利润乘以一个合适的乘数作为企业的基准价格，这个乘数便是企业的市盈率；然后在这个市盈率的基础上根据企业的实际情况等进行一定程度的调整，这是一个在定价上讨价还价的过程。

3.5 形成投资方案

尽职调查后，项目经理应形成投资建议书及投资方案，提供财务意见及审计报告。

1. 投资建议书

投资建议书应该包括项目主要信息、总体评价、风险分析、交易框架设计、资本退出规划与设计五个部分。内容撰写应该简明扼要。具体内容如下。

(1) 项目主要信息

其实质是对商业计划书、尽职调查报告的重要信息的复述。

(2) 总体评价

主要包括项目投资后的财务分析、盈利预测、行业展望、指标分析(包括净现值、内部收益率、投资回收周期、净现金流等)、不确定性分析等，得出公允的评价、评级或评分。

(3) 风险分析

主要包括对投资所涉及的财务风险、市场风险、技术与知识产权风险、政策风险、法律风险进行分析，务求客观真实。风险分析不等于希望放弃投资，正是由于对风险的充分预见，可能更加促使投资委员会决定投资。目前，比较常用的控制风险的方法有五种。第一种是及时进行股份调整，即根据企业的风险状况对所要认购的股数进行一定程度的调整。具体的操作方法有：当企业由于分段投资在追加投资时后期投资者的股票价格低于前期投资者，或产生配股、转红股而没有相应的资产注入时，前期投资者的股票所含资产值被稀释了，因此必须通过增加前期投资者优先股转换成普通股时的最后所获股票数来平衡。第二种方法是分段投资法，基金管理人所承诺的投资额并不会一次性地打入企业的账户，而是采取分段进入的方式，每一笔资金的进入都以一个财务目标的实现为前提，随着财务目标的逐渐实现，投资的风险也逐渐降低。第三种方法是变现方法的调整，如果企业可以上市或被其他企业收购而管理层或股东不愿意这样做，投资者只能通过让企业或管理层回购股票来变现，但这时优先股转换成普通股的比例会调高，但投资者可以卖给企业更多的股份。第四种方法是违约补救的方法，在企业违反投资协议并造成经济损失时，投资者可以通过调整转换比例来减少企业的股份的方法作为补充或惩罚。同时如果企业破产，进入清算程序，投资者清算的优先级会高于其他股东，这样的话即使投资失败，也还对投资本金有强有力的保护。第五种是认沽权证或向管理层增股，这种方法可以用来调整企业价值评估和盈利预测。投资者除了认购优先股，也可以按不同价格行使认股权，如果企业达不到预期盈利，投资者可以用较低的价格购买公司股票，增加持股比例。大多数的投资协议中都能看到上述几种风险控制的方法，这些方法不仅能够有效地控制投资风险，而且是私募股权机构对企业管理层采取的股权激励机制。

(4) 交易框架设计

划定股份交易时建议的股份单价、股份数量、股份比例的区间，设计风险控制措施与分期投资阶段、激励计划、入资方式、法律变更、行使股东权利的规划及管理人员派驻等。交易框架设计要有一定的弹性，便于投资委员会决策，也要方便与项目融资方的沟通和谈判。

(5) 资本退出规划与设计

主要包括资本退出的方式设计、退出时间规划、预备方案设计(主要为股份回购)、资本退出时成本支出与收益预测等。

2. 投资方案

投资方案的内容主要有估值定价、董事会席位、否决权和其他公司治理问题、退出策略、确定合同条款清单等内容。由于私募股权基金和项目企业的出发点和利益不同，双方经常在估值和合同条款清单的谈判中产生分歧，解决分歧需要谈判技巧以及会计师和律师的帮助。

3.6 投资委员会批准

投资委员会也称投资决策委员会，一般5～7人，主要由私募股权基金的高级管理人（如GP、基金经营管理团队的负责人）和外部行业专家构成。主要包括决策程序和决策机制。其中决策程序有项目陈述、答辩、投委会磋商、投票表决；决策机制有：只要达到2/3的人通过，才能确定投资。有些PE有一票否决或一票通过的权利，但该权利每年使用不能超过2次。

3.7 资本进入阶段

尽职调查后，私募股权基金经营管理团队兵分两路，一路向投资委员会建议进行投资，一路是与拟投资项目方进行沟通谈判，落实私募股权投资的细节。

3.7.1 正式谈判签约

投融资双方经过多次接触，开始了漫长的谈判与签约过程。谈判的焦点主要在每股单价、出让数量、股份比例、资金使用安排、投资阶段分期、激励计划、入资方式等细节，也就是谈判的交易约定内容。通常谈判时间从半年至1年不等。只有双方在各个细节达成一致意见，双方才能在投资协议书上签字，投资协议书和若干附件组成一系列文件，共同对该股权投资活动进行约束。而投资协议书包括两个方面的内容。一是就股权交易方式进行约定的内容。二是对投资方的保护性条款内容，其中保护性条款包括：反摊薄条款，是确保原始投资人利益的协定；肯定性和否定性条款，对被投企业管理行为的约束；优先购买股权，共同卖股权；股票被回购的权利；强制原有股东卖出股份的权利；相关者承诺；陈述和保证。

3.7.2 股权变更登记

私募股权基金在完成投资协议的签署后，必须及时通过工商行政机关完成股权变更，这也是股权交易合法性的重要保障。股权交易需要通过召开股东大会通过、国有资产需要上一级所有人批准、集体企业需要召开职工代表大会通过等合法程序才能完成。因此，在投融资双方签署投资协议后，私募股权投资活动还需要通过上述审核后才能真正成交。在完成审核后，投融资双方按照投资协议规定进行入资和完成股权变更登记，此后，私募股权投资进入另一个阶段，就是投资项目管理和资本退出阶段，私募股权投资的进程翻开了新的一页。

3.8 项目退出

私募股权投资的退出，是指基金管理人将其持有的所投资企业的股权在市场上出售以回收投资并实现投资收益的过程。私募股权基金的退出是私募股权投资环节中的最后一环，该环节关系到投资的收回以及增值的实现。私募股权投资的目的是获取高额收益，而退出渠道是否畅通是关系到私募股权投资是否成功的重要问题。因此，退出策略是私募股权基金在开始筛选企业时就需要考虑的因素。

上述内容阐述了私募股权投资一个项目的全过程。在现实生活中，投资机构可能同时运作几个项目，但基本上每个项目都要经过以上流程。

【阅读材料】

蒙牛乳业案例中市盈率估价方法的应用

2002 年 10 月，摩根等机构要投资者出资 25 973 712 美元，以境外公司的名义投入蒙牛股份，其中 17 346.3 万美元认购了 8 001 万股“蒙牛股份”的新股，每股认购价 2.168 元；413.96 万美元购买了 403.17 万股“蒙牛股份”的旧股，购买价每股 1.026 元。经过此次变动，境外公司持有“蒙牛股份”总股本的 66.7%，其中摩根等外资占 49%，即外资实际持有蒙牛股份 32.682%。

“蒙牛股份”2002 年年底总股本为 12 599 万股，外资以 21 480.26 万元购买 4 117.73 万股，外资购买“蒙牛股份”的实际每股均价为 5.22 元。2002 年“蒙牛股份”每股收益 0.168 元，外资认购市盈率 8.6 倍。2003 年 10 月，外资再次投资 35 233 827 美元，同样以境外公司的名义购买 9 600 万股“蒙牛股份”的新股。由于对管理层实行业绩奖励机制，此次增持的股份仅有 34.1%，即 3 273.6 万股外资股，外资实际认购价 8.9 元。2003 年“蒙牛股份”每股收益 1.017 元，外资认购市盈率 8.75 倍。

财务尽职调查中的财务分析——对子公司经审计的财务报告的分析

在财务尽职调查(以下简称“财务尽调”)的过程中，首先要关注财务尽调的目的，目的不同关注点可能也不同，但是财务关注从大的方面讲一个是企业业绩是不是真实的，在业绩真实的情况下考虑企业是否有投资价值，操作方式对利润的影响，企业的潜力怎么样，如果资源导入的话能否快速规范，满足上市或并购等其他要求，如果不能很快满足并购或 IPO 要求，是否能满足第二轮融资的要求。业绩真实性可能是投资人最为关心的问题了，如何获取有用的财务尽调资料是发现问题的关键。下面以对子公司经审计的财务报告的分析为例讲述财务尽调方法。

现实中大型企业的业务构成较为复杂，且有很多下属子公司。因此，如果仅分析合并会计报表，会忽略结构性问题。

例如，某公司主要生产 3 种产品，每种产品都由一家子公司来经营，报告期内，3 种产品对应的应收账款期末余额都有较大波动，但由于变动方向不同，相互抵消，从合并报表的应收账款项目中，难以看出上述波动。若此时仅分析合并报表，就很容易忽略相应风险。所以必须对下属子公司报表进行分析。但是，尽职调查对象的下属子公司往往较多，很难分析每家子公司的所有报表项目，只能核查重点子公司的重点报表项目。那么，如何确定重点子公司和重点报表项目呢？主要是根据子公司的规模和业务构成。

例如，某公司下设 30 多家子公司，但主要业务都集中在 7 家子公司中，则可将这 7 家子公司作为重点子公司。然后，具体分析每家子公司的业务特点，7 家子公司中，有 3 家是生产型子公司，从集团外部采购原材料并生产，然后卖给另外4家子公司，上述4家子公司再将产品对外销售。据此，可将7家子公司分为生产型和销售型，对3家生产型子公司重点关注“采购与付款循环”“生产循环”的相关报表项目及附注，对4家销售型子公司，重点关注“销售与收款循环”的相关报表项目及附注。

例如，某公司集中采购原材料，销售给下设的10余家子公司，集团的主要业务集中在6～7家子公司中，每家子公司仅包含生产、销售模块，有的生产消费品，有的生产中间产品。对于母公司，重点分析其采购与付款循环、投资与融资循环；对生产消费品的子公司，重点分析其生产循环、销售与收款循环；对生产中间产品的子公司，重点分析其生产循环，再综合考虑其行业地位、行业信誉、销售模式等因素，对销售与收款循环中的项目做适当关注。

此外，由于某些企业的经营方式和股权结构较为特殊，如果仅从合并报表层面分析，也容易造成一些困惑。例如，某公司在业内处于龙头地位，但毛利率较同行业低近8个百分点。调查人员对重点子公司的财务报告做了分析，发现合并报表内50%以上的收入都来自一家销售型子公司，该子公司从母公司的一家合营企业(母公司在该企业持股比例为50%，未达并表标准)购入高端产品，再进行销售，毛利率为7%左右。也就是说，该产品的主要利润留在了生产环节，而生产环节的收益(毛利率达25%左右)都体现在合并报表的“投资收益”项目中，未体现在毛利当中，所以造成了产品毛利率低于同行业的假象。

资料来源：本文转载自微信公众号金融干货。

案例阅读与分析

浑水做空中概股为何越来越难了——基于尽职调查方法

1. 案例概况

做空基金属于对冲基金的一类。它们典型的操作手法是在收集对上市公司不利的证据之后介入该公司股票卖出(即国内的融券业务)，之后公开其对上市公司不利的研究报告，待股价下跌后买回获利了结。过去几年中，香橼公司和浑水公司是攻击中概股最为频繁的两家做空基金机构。随着中概股丑闻的密集曝光，做空机构的群体逐渐壮大，甚至包括本土的一些基金。让浑水做空机构名声大噪的是猎杀中国新能源企业大连绿诺的战役——23天使其股价从15.5美元跌至3美元并迅速退市。但请注意这里说的是造假股，顾名思义，是确有造假事实的上市企业，对于这种企业，做空机构无疑起到了有力的“第三方监管”的作用。

浑水之所以让很多投资者闻风丧胆，是因为其2010年前后的一系列做空操作，使多家公司股价暴跌甚至被退市摘牌，这其中包括东方纸业(AMEX：ONP)、绿诺科技(NASDAQ：RINO)、多元环球水务(PINK：DGWIY)等。浑水做空港股奇峰国际(HK：01228)及辉山乳业(HK：06863)后，都使这两家上市公司停牌退市。当然，事后也证明这些公司多涉嫌财务造假。

2. 做空基金对中概股的调查方法

除了一些非常规手段之外，做空基金收集信息的渠道和普通商业尽职调查并无太大差异，大致包括查阅公开资料、现场调查和访谈等。

(1) 查阅公开资料

由于被调查对象都是上市公司，而上市公司的各种公告(如并购)、季报和年报披露较为充分，做空机构可以方便地收集这些信息并与现场调查的结果相印证。名不副实的企业往往百口莫辩，股价大幅下跌。

但由于利益关系以及对中国市场缺乏了解，做空基金也会犯错误。比如，2011 年香橼攻击泰富电气，称其工商登记资料与报告给美国证监会的财报有明显出入。但实际上这种差异的产生可能有多重原因，中美会计准则（GAAP）差异或者集团与子公司的报表合并都是常见的原因。事实上，在 A 股和 H 股市场同时挂牌的上市公司向内地和香港证监机构报告的财务资料肯定存在差异。2012 年，香橼发布报告称中国最大的地产商之一恒大地产已经资不抵债。但其报告遭遇花旗、德勤及摩根大通等多家投行反驳。主要原因是香橼不了解中国地产市场，基于公开资料及臆想的假设所做出的推论显得十分业余。

（2）现场调查

现场调查的结果是做空机构最有说服力的证据。做空基金雇佣中国本土调查人员对上市公司的生产场所和门店进行走访，并拍摄视频影像作为证据。2013 年 1 月，美国做空机构 Geoinvesting 公布了其对龙威石油的调查结果。该机构在龙威石油旗下加油站附近安装了摄像头并统计加油汽车的数量，发现龙威石油仅 2012 年 11 月报告的加油量为实际数量的 800 倍。消息一经公布立刻导致龙威石油股价暴跌。2011 年 9 月，在多伦多证券交易所和纽约证券交易所同时上市的希尔威矿业也遭遇过类似的攻击。一个名叫 Alfred Little 的投资者宣称，其在希尔威的四个银矿安装了摄像头，估算的实际产量比公告产量少了 34%。其他遭遇过类似经历的公司还有东方纸业、中国高速频道和多元环球水务等。

（3）访谈

做空机构也会对上市公司的客户、供应商、经销商、竞争对手乃至审计师进行访问，征询他们对上市公司的看法。在调查嘉汉林业时，浑水发现其供应商和经销商居然是一家。

调查东方纸业时，浑水发现东方纸业所有供应商的产能总和比其公布的采购量要低得多，而东方纸业的客户采购量也显著低于公布的销售量。多元环球水务和绿诺科技的客户则或者不存在或者对两家公司评价极低。东方纸业和绿诺科技的竞争对手则或者不知道该上市公司的存在或者对其评价极低。如此种种，都成为做空机构的证据线索。

3. 浑水做空中概股为何越来越难了？

近年来，浑水和其他做空机构在狙击中概股上仿佛失去了魔力，在做空好未来（NYSE：TAL）、新东方（NYSE：EDU）、拼多多（NASDAQ：PDD）上，都不是太成功。尤其是在做空瑞幸咖啡和好未来（NASDAQ：LK）上均以失败收场。

（1）做空瑞幸咖啡和好未来

① 做空瑞幸咖啡

2020 年 1 月 31 日，浑水在社交媒体宣称，收到了一份来自匿名者的做空报告。这份长达 89 页的报告指出，瑞幸咖啡存在捏造公司财务和运营数据的行为。2 月 3 日，瑞幸咖啡对做空报告做出公开回应，否认所有指控，指出报告的研究方法有缺陷，证据未经证实，指控其是没有根据的推测和对事件的恶意解释。瑞幸咖啡当日股价盘中最高反弹 7%。2 月 4 日，瑞幸咖啡收盘大涨 15.6%，抹平做空以来的所有跌幅。

浑水围绕瑞幸门店盈利能力几个关键指标，包括销售价格、销售数量等展开做空操作。浑水称瑞幸咖啡虚增了销售价格和数量，25 843 个收据的证据显示，大量实际调研的平均单杯价格是 9.97 元，与瑞幸咖啡 2019 年第三季度财报中的 11.2 元相比，销售价格被“虚增”了 12.3%。这 9.97 元与 11.2 元之间 1.23 元的差距，是单店是否盈利的重要分水岭，也是这轮翻翻行情的基石。按照浑水 2019 年第四季度统计样本取得的数据，平均单杯价格为 9～10 元人民币，以及平均每店单天卖出 263 杯。根据报告中的测算模型，这意味着瑞幸咖啡会单店亏损24.7%～28%。

② 做空好未来

2018 年 6 月 13 日，浑水发布做空报告，预估好未来在 2016 财年至 2018 财年中，将其净利润至少夸大了 43.6%。在 2016 财年至 2018 财年，好未来财报显示，其累计净利润率为 12.4%，然而浑水称这一数据其实仅为 8.8%。好未来的股价的确在浑水做空后的四个月内折半。但这之中到底有多少是浑水报告的影响，并不容易估计。毕竟在 2018—2019 年，《中华人民共和国民办教育促进法》《国务院办公厅关于规范校外培训机构发展的意见》等一系列政策法规和在线教育行业大环境对好未来的影响才是关键。后来，好未来不断拓展业务，发力线上教育，只用了一年半的时间就持续创造新高。

(2) 浑水做空中概股失败的原因

中概股越来越难被做空，和做空机构思路的演变有关。

① 借外部环境做空容易遭遇滑铁卢

为了提高做空的成功率，浑水等做空机构要借助外部环境进行做空，也就是说只要外部环境有恐慌情绪，这时候发布做空报告，会叠加引起大幅抛压，目标公司的股价将跌得更多。但此做法有一个缺点，就是投资者的恐慌情绪是有时限的，等外部环境稳定下来，投资者不恐慌了，股价会报复性反弹。

比如这次做空瑞幸咖啡，做空报告发布当天正是美股市场因对新冠肺炎疫情的恐慌大跌的一天。尽管做空当日瑞幸咖啡股价盘中股价有近 20%的跌幅，但当日就已经反弹了一半，后两天又涨回另一半，完全填平了做空砸出的坑。这其中，瑞幸咖啡股价的下跌，究竟有多少是受浑水报告的影响，有多少是疫情期间投资者的恐慌抛售，很难说。单从股价反弹的速度来看，这次下跌多是由外部环境恐慌引起的，而浑水只是借了力。因此，变幻莫测的市场环境和政策环境反而给空头们带来了更大的不确定性。

② 中概股龙头公司的信息透明度更高

从最近几年的案例看，浑水等做空机构得手的多是港股，而非中概股。投资中概股的美国基金现在大多有自己的数据调查渠道，通常是采用人工＋数据爬虫的方式，定期收集和分析中国公司的运营数据，不太容易受外部观点的影响。比如，2018 年 11 月 14 日，做空机构 Blue-Orca 发布关于拼多多的做空报告，指拼多多夸大成交总额和营业收入、低估员工成本。但拼多多的股价却丝毫没受影响，当晚拼多多股价低开之后随即拉升往上走，最后以大涨11.66%收盘，次日晚拼多多继续上涨 6.42%，两日累计涨幅高达 18.83%。这就是持有拼多多的基金并没有受到外部观点的影响，坚持自身的中长期判断的结果。

③ 对互联网公司的草根调研很难反映全局

随着互联网与大数据的广泛应用，传统的草根调研已经很难测算出互联网公司的全局数据了。以往做空机构大多采取雇佣中国本地调查员的方式来调研目标公司。这种方法对传统公司比较有效，毕竟传统公司的上下游产业链都相对集中，关键点也很清楚，只要耐心调查，总会有结果。但用这种方法去调查互联网公司，数据的准确性就大打折扣了。你不可能在几个直播间蹲点就可以预测陌陌的收入和利润；你也不可能和几个游戏玩家交流就知道腾讯营收的变化；就算安排很多调查员在互联网公司的线下门店查数据，也只是有限的几个点，无法反映全局的情况。

4. 警示与启示

(1) 做空机构取得证据的方法并非常规调查手法,部分做法甚至违反了中国法律

比如,浑水曾经多次冒充上市公司给其客户打电话验证销售数据,或买通审计师获得其审计底稿。也由于这个原因,香橼和浑水都是以个人身份出现于网络,而其工作量显然不是一个人能完成的。也有部分受其雇佣的调查人员被上市公司发现移交公安机关的情况出现。也有一些证据表明,浑水公司背后的利益相关方可能是之前帮助企业造假上市的中介机构,因此他们再寻找企业造假证据时非常娴熟。

(2) 做空机构对上市公司进行调查时有明显的恶意倾向

虽然其调查结果并非全部准确,但相当一部分资料的内容后来都被证实,并导致大批中概股主动或被强制退市。国内A股上市企业也不乏严重造假的案例,给投资者造成了惨重的损失,如新大地和万福生科的造假。前者的前五大客户都是企业大股东的亲戚,由此虚构了大部分销售收入;后者则虚构了大部分产能和销售收入,其客户或者停产或者不存在。

总体来说,浑水等机构的做空虽然对中概股造成了严重的冲击,但是其调查方法值得中国私募股权基金借鉴。

资料来源:孙嘉宝.浑水做空中概股为何越来越难了?[EB/OL].(2020.02.06)[2020.02.10]. http://stock.hexun.com/.

【课后思考题】

1. 私募股权投资对项目的尽职调查包括哪些内容?
2. 私募股权投资运作流程应如何设计才能更有效?
3. 信托型私募基金和公司型私募基金在流程设计上与有限合伙型私募基金有何不同?

第4章 私募股权投资风险管理

私募股权投资主要通过非公开方式面向少数机构投资者或个人募集资金。这种投资方式的周期较长，资金的流动性不高。在法律法规方面，对私募股权投资的监管还不完善，尤其是退出机制的欠缺，极大地增加了投资者的风险。因此，投资者在投资之前，应该先了解清楚私募股权投资的风险有哪些，还应该掌握如何进行风险管理。

4.1 私募股权投资风险的分类

从风险是否可控的角度，私募股权投资面临的风险可以分为系统性风险和非系统性风险，系统性风险包括政治风险、政策风险、利率风险和通胀风险；非系统性风险分为直接风险和间接风险，直接风险包括逆向选择风险和道德风险，间接风险包括技术风险、市场风险、管理风险和退出风险。私募股权投资的风险体系架构如图 4-1 所示。

4.1.1 系统性风险

私募股权投资系统性风险来源于整个社会经济环境，一旦系统性风险发生，所有的私募股权投资都要受到巨大的冲击。系统性风险对私募股权投资影响往往非常大，然而由于系统性风险的源头是宏观经济环境，因此私募股权投资机构没办法预知这类风险，更不可能采取相关的控制手段来消除风险。私募股权投资者要提高自身的判断能力，在系统性风险来临时能够及时采取止损的手段或提前退出。

私募股权投资的系统性风险包含四个方面：政策风险、政治风险、利率风险和通胀风险。①政治风险。政府是否稳定在相当程度上决定了经济发展的稳定性，从而影响证券市场或者企业的经营状况，进而对投资收益造成影响。政治的稳定会使政策具有延续性，保证了资本市场的稳定繁荣。②政策风险。政府的经济政策的变动对于宏观经济发展有着巨大的影响力，因此政策变化会使一些行业或者领域遭受重大的打击，进而波及私募股权投资行业，特别是中国的资本市场政策性比较强，因而政策的变化会对私募股权投资的收益产生巨大影响。③利率风险。市场利率水平的变化影响了投融资双方的成本，因而对于市场价格和最终收益产生了巨大的影响。④通胀风险。私募股权投资的收益是通过退出获利实现的，因此通货膨胀会使实际的货币收入下降。

4.1.2 非系统性风险

私募股权投资的非系统性风险来源于市场的内部环境，主要是投资机构、被投资企业等产

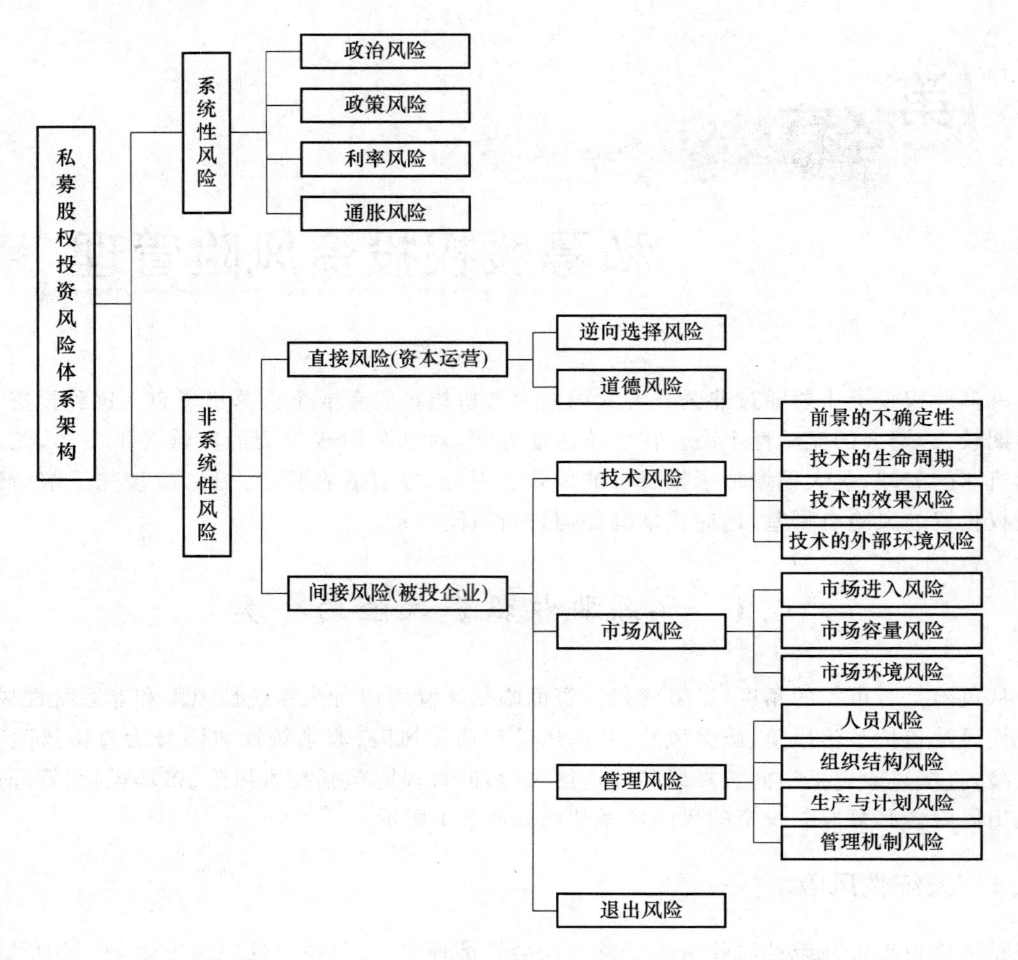

图 4-1　私募股权投资风险体系架构图

生的风险。可以通过采取规避措施来控制风险,私募股权投资的风险管理措施就是用来防范和控制非系统性风险的。非系统性风险存在于投资过程的每个阶段和每个环节,主要包括以下六大类风险。

1. 逆向选择风险

逆向选择(Adverse Selection)风险是基于信息理论,通过代理人利用自己的信息优势向委托人隐瞒真实信息,从而导致委托人做出错误的决定而带来的风险。私募股权投资者与被投资企业在正式签订投资协议之前,私募股权投资者作为委托人,被投资企业作为代理人,双方对于企业的真实信息掌握程度存在高度的信息不对称现象,这就是“事前信息不对称”,一方面私募股权投资者和被投资企业之间接触的时间并不长,私募股权投资者对于被投企业不是很熟悉,同时了解对方的信息渠道可能并不可靠,因而没有办法在短时间内对企业的质量做出准确的判断,私募股权投资者只能通过企业家的描述来获取企业信息,但是企业管理者很多都是各个领域的专家,因而在介绍企业时可能会着重于企业技术的突破或者创新,而私募股权投资者对某个领域或某项技术的认知程度是有限的。即使私募股权投资者具备专业领域的知识,但是企业管理者可能会对于企业的真实经营状况过分夸大,给私募股权投资者一个错误的信号,这就是逆向选择问题。逆向选择带来的后果是,一些优秀的企业可能因为差企业的造假没有获得投资，而其中比较差的企业却因为对企业的过分渲染而获得了投资，从而给私募股权投资带来风险。

2. 道德风险

道德风险(Moral Hazard)即事件参与双方，由于一方为了自身利益最大化而采取的行为损害了另一方利益致使对方发生风险损失。道德风险由下列几种情况组成。由于签订的合同具有不完全性，经济行为主体尽管负有责任却不承担所有的收益或者损失，因而其行为的后果并不完全由他们自己承担，当然也不会承担行为产生的所有收益。私募股权投资者与被投企业在签订投资协议之后，私募股权投资者作为委托人，被投企业作为代理人，两者之间的信息不对称情况依然非常严重，这被称为"事后信息不对称"。这种信息不对称表现在，私募股权投资者作为委托人，投资回报的最大化是其追求的目标，被投企业管理者作为代理人，追求收入或休闲时光最大化是其目标，两者在本质上存在着冲突。

与此同时，被投企业的大部分真实信息，如企业真实利润、产品研发进度、技术的前景等全部掌握在企业管理者手中，私募股权投资者只能通过财务报表来获取企业经营的信息，但是企业的财务报表在多大程度上可信只有企业管理者自己清楚，在这种情况下，私募股权投资者缺乏对企业真实信息的了解，这就为被投企业管理者为了自身利益去侵害投资者利益提供了方便。这种由于事后无法掌握真实信息，而使委托人利益受到侵害的情况，就是道德风险。道德风险发生的后果是被投企业管理者的行为偏离了投资者的预期，或者被投企业管理者盲目扩张，扩大投资或生产而导致企业经营发生问题，影响私募股权投资的收益，这两种情况中任何一种的出现，都会使私募股权投资遭受重大的损失。

3. 技术风险

技术风险是指技术创新不成功，产品研发失败，企业经营发生巨大问题，私募资本遭受重大损失的情况。特别是在高科技行业，私募股权投资十分看重被投企业的技术发展是否处于行业领先的地位。同时由于被投企业技术的领先，在日后的发展中，被投企业会得到比其他企业更大的发展空间，私募股权投资也会因为企业发展前景的广阔获得巨额的收益。技术风险贯穿于高科技行业的每个发展阶段，其中主要包括技术前景的不确定性、技术的生命周期、技术的效果风险和技术的外部环境风险。

私募股权投资面临被投企业带来的技术风险主要集中在信息技术、高端制造、医疗健康等对于技术进步依赖性比较强的行业，而对于一些传统的行业，企业的发展对于技术进步的要求没有那么强烈，技术因素并不是决定企业发展前景的主要因素。

4. 市场风险

市场风险指私募股权投资的企业因为市场的变化而导致企业经营出现问题的可能性，即被投企业生产的产品能否被市场接纳。市场风险是私募股权投资和被投企业所面临的最重要的风险之一。被投企业的产品能否顺利推向市场，并在市场中占据一席之地，决定了市场风险的大小。市场风险是每个被投企业都会面临的风险，对市场风险的控制出现失误将会给被投企业和私募股权投资者带来巨大的损失。市场风险包括市场进入风险、市场容量风险、市场环境风险。

5. 管理风险

管理风险指由于被投企业管理者对于企业人员的管理不善而造成私募股权投资损失的可能性。对于被投企业来说，管理的本质就是对人员和经营活动的管理，包括高管团队和企业日常经营活动。通过高管团队和技术人员的智慧可能会解决企业经营中的技术风险和市场风险,如果对人员本身的管理出现了问题,那么会导致企业遭受的风险加大。企业的管理者能力强会将企业经营得井井有条。做投资选择时最看重的因素就是企业家和高管团队的整体素质和能力,投资者宁可接受来自技术上和市场中巨大的不确定性,也不会选择管理者能力较低的企业。被投企业的管理风险主要包括人员风险、治理结构风险、生产与计划风险、管理机制风险。

6. 退出风险

私募股权投资的退出风险主要包括退出方式选择、退出时机、预期收益等,私募股权投资在退出时需要考虑的就是在此时退出与继续持有之间的风险收益情况。私募股权投资退出方式有 IPO、并购、管理层回购、破产清算等。IPO 是目前最常见的退出方式。但是中国内地创业板市场建立的时间较为短暂,市场发展不成熟,上市也比较困难,一些私募投资者就选择去中国香港或者美国上市。

4.2 私募股权投资风险的控制措施

通过对私募股权投资面临风险的分类分析,我们得出私募股权投资面临着系统性风险和非系统性风险,其中系统性风险是由政治、政策、利率、通胀等宏观经济因素导致,由经济大环境决定,因此无法通过资产组合、项目评估等手段进行风险的控制,只能依靠投资者的专业判断。在发生系统性风险时,所有的投资都会受到不同程度的影响。

对于非系统性风险,则可以通过采取规避措施来控制,非系统性风险包括直接风险中的逆向选择风险和道德风险,间接风险中的技术风险、市场风险、管理风险和退出风险,由于退出风险并非由企业经营带来,且对于最终投资收益产生巨大影响,所以对退出风险单独进行控制措施的分析,下面将分别对各类风险的控制措施进行分析。

4.2.1 直接风险控制措施

1. 逆向选择风险

逆向选择风险产生的主要原因是被投企业为了获得私募股权投资,过于粉饰自己的产品、公司业绩、发展前景等信息,来误导私募股权投资者。规避逆向选择风险的关键就是尽量降低与被投企业的信息不对称,最大限度地确保投资者获取信息的真实性,同时要提高投资者自身对于被投企业质量的判断能力。因此,针对逆向选择风险主要有以下控制措施。

(1) 尽职调查

在私募股权投资中,尽职调查是指在投资者与被投企业确定投资意向之后、达成最终投资协议之前,投资者和其委托的中介机构对被投企业与本次投资相关的事项进行现场的调查和资料分析的一系列活动。

通过尽职调查,私募股权投资者一方面可以对企业的价值进行判断,这是决定投资企业估值的重要资料来源,其中除了对企业自身业务和财务数据的调查,还要对企业所处的行业的市场状况、宏观经济等进行调查。尽职调查的另一个目的是发现企业存在的风险,如市场风险、技术风险等,这也是决定企业估值的资料来源。

尽职调查除了上述的目的之外,还有一个目的是发现投资项目存在的潜在风险并且评估其对投资项目的影响。私募股权投资者需要充分收集信息,评估风险触发的可能性以及承担风险所带来的收益,降低私募股权投资者和被投企业之间的信息不对称,以起到对逆向选择风险的控制作用。

(2) 提高专业判断能力

私募股权投资者对逆向选择风险的控制,除了以获取更多信息的方式外,还要提高自身的专业判断能力,即对获取的信息的甄别能力,这可以有效降低信息的不对称水平,私募股权投资者对投资行业掌握的专业知识越多,判断企业类型的能力就越强,被被投企业蒙蔽的可能性就越低,对于逆向选择风险的控制就越成功。因此,大部分的私募股权投资者都试图专注于某一个领域,成为该领域的专家,以此形成一个正循环。

2. 道德风险

道德风险是指被投企业获得私募股权投资以后,由于被投企业和私募股权投资者之间存在着委托代理关系,因此两者之间利益目标的不完全一致就产生了被投企业管理者为了自身利益损害投资者利益的情况。针对道德风险主要有以下控制措施。

(1) 投资工具组合

在私募股权投资过程中,投资者往往通过不同的投资工具的组合来约束被投企业管理者的行为,进而降低投资过程中的道德风险。

可转换债券和可转换优先股是最常见的形式。所谓优先股,指的是在红利分配、资产清算或投票权方面拥有优先权的股份类别。而可转换优先股指的是在一定情况下可转换成普通股的优先股。通过可转换优先股的设计,私募股权投资者一方面可以获得优先清偿权,在企业经营不善,破产清算时降低自身的损失。另一方面可以获得优先的收益权,既可以在企业分红时优先获取红利,又可以在企业得到很好发展时,转换成普通股,分享企业成长性的资本收益。

可转换债券是成长资本最常见的投资工具。这些债券通常在上市后可以选择转换为目标企业的普通股。如果企业成功上市并且股票的市价超过行权价格,那么私募股权投资者可以进行套现,如果企业没有完成上市或股票市值很低,那么可以要求企业到期还本付息,从而保证保底收益,控制风险。

(2) 签订投资条款

在私募股权投资过程中,投资者为了保护自己的利益,规避道德风险,往往在投资时与被投资企业签订相应的投资条款来约束管理层的行为,保障自身的权益。签订的条款主要分为财务条款、控制权条款和其他条款三类,其中最为常见的条款是财务条款。表4-1所示是常见投资条款的类别。

表4-1 私募股权投资的常见投资条款类别

财务条款	控制权条款	其他条款
· 估值条款(价格) · 估值调整协议(对赌协议) · 清算优先权 · 回售权 · 股份兑现条款 · 员工股池权 · 红利条款 · 反摊薄条款(防稀释) · 继续参与条款	· 董事会席位 · 保护性条款 · 领售条款 · 股份转让协议 · 竞业禁止 · 优先购买权 · 第一拒绝权 · 股份授予	· 保密条款 · 排他条款 · 费用条款 · 重大不利条款

在投资条款中，最为常见且在投资实践中应用最多的是估值调整协议。

估值调整协议是投资方与融资方在达成协议时，双方对于未来不确定情况的一种约定。如果约定的条件出现，投资方可以行使一种估值调整协议权利；如果约定的条件不出现，融资方则行使一种权利。所以，估值调整协议实际上就是期权的一种形式。

此外，在道德风险规避的实践中，还有以下几种策略。

① 分成激励约束策略

分成激励约束策略是指投融资双方按照协议约定的比例从最终收益中获得各自的利润的一种策略。这一激励策略并没有达到帕累托最优，但是在分成激励约束策略下，可以将风险分散到投融资双方身上，同时又激励被投企业管理层获得更高的经营收益。

② 单点报酬激励策略

单点报酬激励即作为代理人的被投企业管理层，如果能够努力工作，最终达到了目标要求，那么管理者就从私募股权投资者获得丰厚的报酬；如果被投企业没有完成约定目标要求，那么其获得收益就为零，甚至丧失企业的控制权。因此，从理论上看，被投企业管理层最优的选择就是付出一定的努力达到约定的目标要求。

③ 管理层激励

私募股权投资最终获取的收益来源于被投企业的价值增值，而企业价值增值的动力主要来源于企业管理者的经营水平。所以私募股权投资为了获取更高的回报，会约定企业达到某个目标水平，会选择给予管理层单独的激励。一般会有现金的激励、股权的激励等。

4.2.2 间接风险控制措施

由企业经营活动带来的间接风险的控制措施如下。

1. 联合投资

私募股权投资机构为了降低某个投资在资金规模上或在企业增值服务上的不足产生的风险，会选择其他投资机构进行联合投资，以便与自己形成优势互补。通过联合投资的方式，一方面可以充分发挥每家投资机构的优势，对企业进行增值服务，另一方面可以通过多家投资机构来共同承担风险，降低自身受到的风险影响程度。

2. 分阶段投资

私募股权投资机构为了能够实现主动控制被投企业在价值增值过程中面临的风险，不会将所有的资本一次性地投入被投企业，而是根据企业之后的经营状况，采取分阶段投资的策略。分阶段投资还可以使私募股权投资机构在企业经营发生问题时，随时中止继续投资，从而减少风险可能带来的更大损失。

3. 投后管理

上述对私募股权投资间接风险的控制，实际上只是降低了私募股权投资者自身在风险发生时遭受损失的程度，对于私募股权投资本身的价值增值并没有什么帮助，因此在面对被投企业带来的技术、市场、管理的风险时，最关键的一步就是做好被投企业的投后管理，私募股权投资的投后管理主要包括以下三方面内容。

（1）建立信息收集渠道

私募股权投资者将资本投入被投企业之后，首先会建立各种信息收集的渠道来获取被投企业的信息，这样有助于了解企业的真实经营状况，对于私募股权投资者做出下一步投资决策，规避风险具有重要的意义。图 4-2 显示了有关私募股权信息监控措施的重要程度。

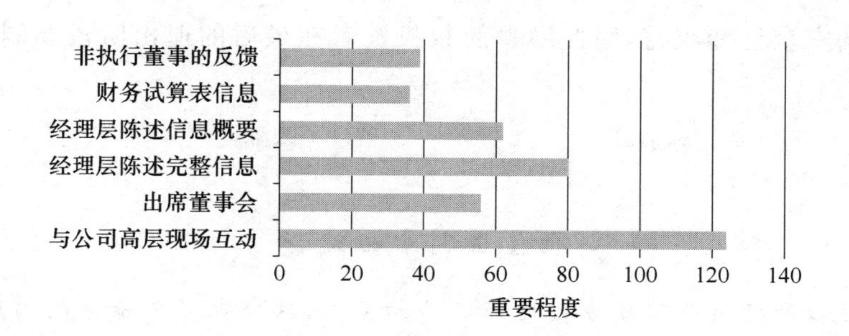

图 4-2　私募股权信息监控措施的重要程度评估

（资料来源：中国证券投资基金业协会、证券投资基金[M]. 2 版. 北京：高等教育出版社，2018.）

（2）建立监控指标

在企业不同发展阶段，私募股权投资者关注的监控指标不同。私募股权投资者通过对企业财务指标和业务指标的监控可以及时判断企业的发展状况，及时发现企业出现的各种财务、经营问题，并采取相应措施解决问题，控制风险。表 4-2 列举了企业在不同时期应该监控的财务、业务指标。

表 4-2　不同阶段企业的监控指标

	早期阶段（有销售收入前）	早期阶段（有销售收入后）	接近盈利/已经盈利
财务指标	• "烧钱"速度 • 运营成本	• "烧钱"速度 • 运营成本 • 销售收入	• 销售收入 • 销售利润 • 运营成本 • 现金流
业务指标	• 产品开发 • 公司团队成员更新	• 产品开发 • 消费者因素 • 公司团队 • 销售渠道	• 销售渠道 • 订货 • 团队 • 营销计划

（3）提供增值服务

在私募股权资本投入企业后的投后管理阶段，私募股权投资机构对被投企业的帮助主要体现在公司治理结构优化、成熟高管团队打造和行业资源支持等方面。投资机构对被投企业提供增值服务的过程就是帮助企业成长的过程，在这个过程中实现了企业的价值增值，投资机构对间接风险进行了有效的控制。

根据路透社对被投资企业的调查，企业管理者认为基金的正面影响主要体现在：公司治理、董事会指导、改进业务流程、行业信息、优化财务结构以及与投资机构投资的其他企业的协同效应等方面。

4.2.3　退出风险控制措施

在私募股权的退出阶段，主要面临的问题是退出时机和退出方式的选择。退出时机的选择对于最终的收益率影响非常大，因此私募股权投资机构要选择合适的退出时机，以此来获得最大的收益，规避风险。除了退出时机，退出方式的选择也十分重要，私募股权投资的退出方式主要包括 IPO、管理层回购、破产清算、股权转让等，除了退出时机和退出方式的选择，私募股权投资往往在投资时还会与被投企业签订限售条款、优先出售权、反摊薄条款等投资条款来保证自己退出的安全性和收益，因此私募股权投资者在最后的退出阶段要制定合理的退出策略。

【阅读材料】

估值谈判中的风险

被投公司股权的估值是私募股权投资交易的核心，这决定了投资方的占股比例、投资成本，以及后期退出时的回报率。被投公司股权应当如何估值，是投融资双方博弈的结果。如果估值过高，不但增加了私募的投资成本，而且提高了投资风险。

2015 年 3 月挂牌新三板的苏州高新区鑫庄农村小额贷款公司，曾于 2015 年 9 月完成一次增资，以每股 1.5 元的价格定向发行 3 700 万股份。以发行后总股本 3.7 亿股计算，其整体估值高达 5.55 亿元。随后鑫庄农贷在 2016 年 3 月实施了每 10 股送 1 股红股、转增 0.5 股的分配方案，总股本扩张到 4.24 亿股，此前参与定向增发的投资机构持股成本也随之降至 1.3 元/股。

但是，截止到 2016 年 12 月 30 日，鑫庄农贷在新三板做市交易的公开挂牌价格仅有 0.77 元，对应公司整体估值仅为 3.26 亿元左右，甚至比该公司 2016 年第三季度末账面净资产4.87 亿元还要低，此前参与增发的投资方损失惨重。

由此可见，私募股权投资基金管理人在与被投公司商定投资估值时，应当谨慎考虑可能面临的各种风险，并在估值确定时留有“安全边际”，给未来可能出现的风险预留出成本空间，这样才能尽量避免投资亏损。

案例阅读与分析

蒙牛乳业融资案中是如何控制风险的？

1. 背景介绍

(1) 融资方

蒙牛乳业是一家总部位于中国内蒙古的乳制品生产企业，蒙牛是中国生产牛奶、酸奶和乳制品的领头企业之一，于 1999 年年初成立。1999 年 8 月蒙牛乳业进行股份制改造，成立了内蒙古蒙牛乳业股份有限责任公司，注册资金为 1 398 万元，总股份为 1 398 万股，投资者总共 10 个自然人。牛根生投资 180 万元，其他自然人投资者投资了 1 200 多万元。

2005 年时，蒙牛乳业已成为中国奶制品营业额第二大的公司，其中液态奶和冰激凌的产量都居全国第一。作为蒙牛乳业控股公司的中国蒙牛乳业有限公司(港交所:2319)是一家在香港交易所上市的工业公司。蒙牛主要业务是制造液态奶、冰激凌和其他乳制品。蒙牛公司在开曼群岛注册，主席为宁高宁。2018 年，蒙牛乳业全年实现收入 689.77 亿元，同比增长 14.7%；净利润为 30.43 亿元，同比增长 48.6%；对应每股基本盈利 0.779 元，高于市场平均预期 0.767 元。2019 年 9 月 16 日，中国蒙牛乳业有限公司发布公告，蒙牛于 9 月 15 日订立“计划实施契约”，建议以每计划股份 12.65 澳元(约合人民币 61.48 元)的计划对价来收购贝拉米澳大利亚有限公司(贝拉米)所有计划股份。

(2) 投资方

投资方名单及情况介绍如表 4-3 所示。

表 4-3　投资方名单及情况介绍

投资方	投资方背景
摩根士丹利	摩根士丹利，美国著名的投资机构，提供包括证券、资产管理、企业合并重组和信用卡等多种金融服务，在中国的投资企业包括平安保险、南孚电池、蒙牛乳业、恒安国际、永乐家电、山水水泥、百丽国际等多家行业龙头企业
英联投资	英联投资管理着 72 家投资者的资金，目前管理的基金总额达 27 亿美元，是一家独立且专注于发展中国家的直接投资公司，主要投资于盈利的高成长型公司，投资领域为除基础建设、采矿、建筑、赌博及烟草行业之外的任何行业
鼎晖投资	鼎晖投资成立于 2002 年，目前管理着五只美元基金和两只人民币基金，管理资金规模达 650 亿元人民币。主要投资于食品、工业制造业、现代服务、医疗、金融、能源等行业

2. 投资过程

(1) 第一轮投资

2002 年 6 月，摩根士丹利、英联、鼎晖三家投资机构分别注册了两家公司，开曼群岛公司和毛里求斯公司，注册地为开曼群岛，后者是前者的全资子公司。开曼群岛规定，公司的股份可以同股不同权，公司的股份可以分成 A 类和 B 类，A 类一股有十票投票权，B 类一股有一票投票权。三家投资机构希望利用 AB 类股票的优势，所以在开曼群岛注册了公司，公司关系如图 4-3 所示。在同年的 9 月份，蒙牛乳业股东和管理层则注册了另外两家公司，分别为金牛公司和银牛公司，公司关系如图 4-4 所示。

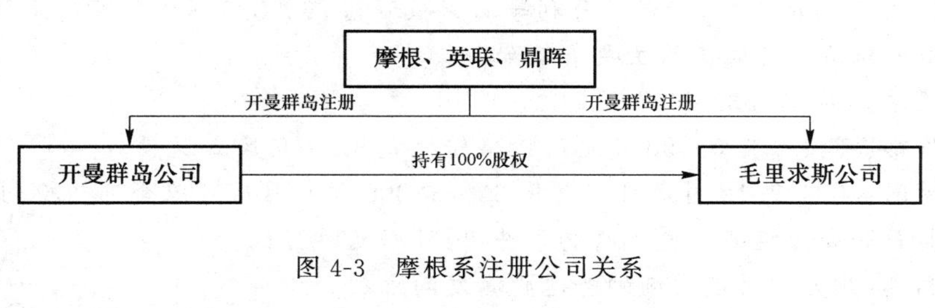

图 4-3　摩根系注册公司关系

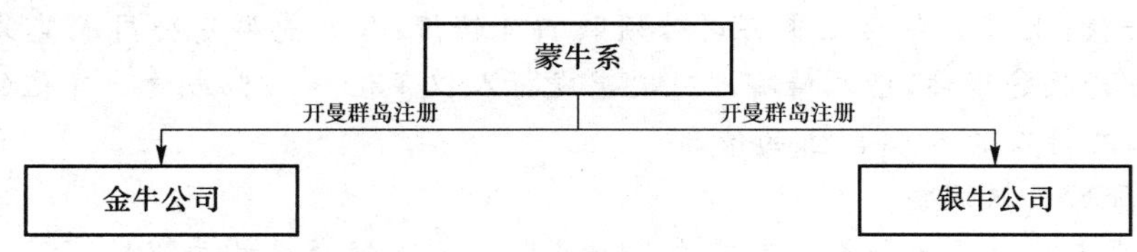

图 4-4　蒙牛系注册公司关系

金牛和银牛以每股 1 美元的价格分别认购了开曼群岛公司发行的 A 类股票共计 5 102 股。摩根士丹利等三家外资机构通过认股的方式将 2 597.371 2 万美元注入开曼群岛公司，获得了该公司 48 980 股的 B 类股票。蒙牛系与摩根系在开曼群岛公司投票权是 51：49(51 020：48 980)，股份数量比例是 9.4：90.6(5 102：48 980)。在完成上述认股的过程后，开曼群岛公司将 2 597.371 2 万美元注入毛里求斯公司，毛里求斯公司则利用此笔资金，收购了内地蒙牛乳业 66.7% 的股权，蒙牛变更为中外合资企业，蒙牛第一轮融资结束。融资流程如图 4-5 所示。

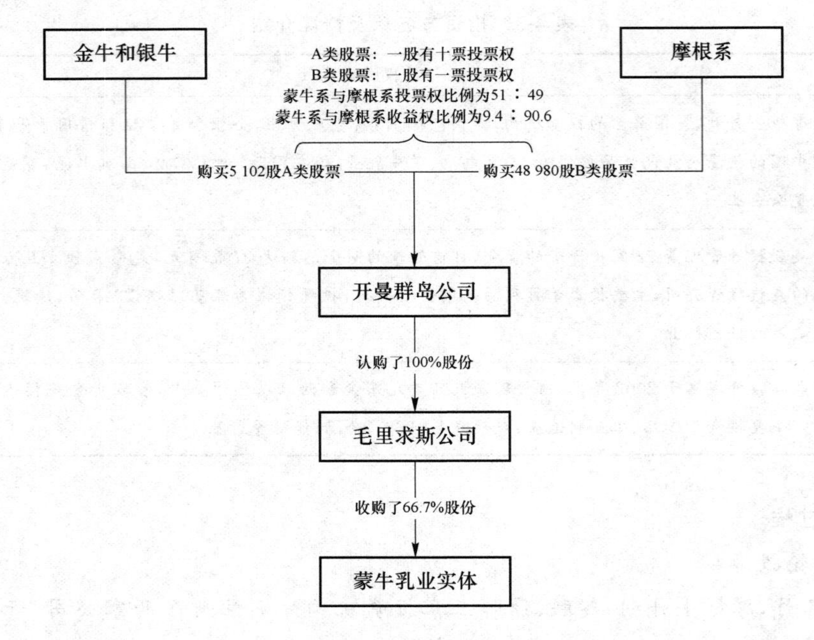

图 4-5　蒙牛第一轮融资流程

(2) 第二轮投资

2003 年 9 月 18 日，毛里求斯公司以每股 2.177 5 元的价格认购了蒙牛乳业的 80 010 000 股股份。10 月 20 日，毛里求斯公司以每股 3.038 元的价格购买了 9 600 000 股蒙牛乳业股份，此时的毛里求斯公司在蒙牛乳业的股份达到了 81.1%。此时蒙牛系持有的股权为 59.4%。

此外在 2003 年的增资中，摩根士丹利等三家投资者以 3 523.382 7 万美元的价格购买了 3.67 亿股蒙牛可转债。可转债的主要条款如下。

- 可转债总金额：3 523.382 7 万美元。
- 行权价格：可按每股 0.096 美元的价格转换成 3.67 亿股普通股。
- 行权时间：2004 年 12 月后可以转换 30%；2005 年 6 月后可以全部转换；如开曼群岛公司或其关联公司遭遇合并或收购事件，则可以随时行权。
- 支付利息：相当于对应比例的普通股派发的红利。
- 赎回条款：上市 5 年后上市公司必须赎回可转债；如开曼群岛公司或其关联公司遭遇合并或者收购事件，债券持有人可要求发行人以年化率 12%或资产净值的 1.2 倍的价格赎回其持有的 51%以上的债券。

(3) 退出阶段股权调整

2004 年，蒙牛乳业开始筹备上市工作。牛根生从三家投资机构手里购买了 6.1%的开曼群岛公司的股份。2004 年 6 月 10 日，蒙牛乳业在香港证券交易所上市，公开发售股票 35 亿股(其中 1 亿股为旧股)，其股票的摊薄市盈率高达 19 倍，蒙牛乳业是内地第一家在香港成功上市的乳制品企业。

3. 直接风险控制措施分析

(1) 逆向选择风险

在本案例中，摩根士丹利等三家投资机构就是看中了蒙牛的创始人牛根生及其高管团队，牛根生在创办蒙牛之前担任伊利集团生产经营副总裁(同时也是伊利创始团队成员)，从全国最大的乳制品企业副总裁岗位离职创业，本身就显示了牛根生的魄力与胆量。牛根生的座右铭是“认真做事，诚信做人”，表现出这个人是踏实做事的企业家，同时牛根生及其创业团队都是出身伊利，对于乳制品行业有着十分丰富的经验，这些因素使牛根生具备了高能力企业家的条件。其次从项目质量来看，乳制品行业的发展潜力巨大，蒙牛乳业在未来的发展中一定能够拥有属于自己的广阔市场，从我国乳制品的需求量来看，从 2002 年开始每年都有巨幅的增长。

摩根士丹利等三家投资机构就是看准了我国乳制品行业巨大的发展潜力，以及蒙牛集团优秀的创始人牛根生及其管理团队。蒙牛做什么都很透明，把各种各样的关系，如股东和企业之间的关系，管理层和员工的关系，企业和政府的关系、和消费者的关系，都处理得非常清楚，这些充分展现了蒙牛是一家企业管理者能力高、企业项目质量好的企业，同时三家投资机构在食品领域也有着丰富的投资经验。摩根士丹利等三家机构对蒙牛的投资，在某种程度上达到了信息完全下的均衡关系，其结果就是三家投资机构规避了逆向选择风险，蒙牛获得了三家机构的投资。

(2) 道德风险

本案例中摩根士丹利等三家投资机构作为委托人，蒙牛乳业管理层作为代理人，二者之间的利益目标不一致，从彼此的博弈关系来看，解决方法就是通过各种协议或股权安排等使两者的利益达成一致，因此摩根士丹利等投资机构通过交易结构的设计、签订估值调整协议巧妙地规避了道德风险。

① 股权结构设计

在摩根士丹利等三家机构投资蒙牛时，选择在开曼群岛公司注册子公司，利用当地特殊的公司法，实现了收益权与控制权的分离。摩根士丹利等三家投资机构持有一股一票投票权的 B 类股票，而蒙牛的管理层则持有一股十票投票权的 A 类股票，最终蒙牛管理层拥有 51% 的经营决策权，而摩根士丹利等三家投资机构则拥有了 90.4% 的收益分配权，摩根士丹利等三家投资机构通过这样的股权结构设计，拿走了蒙牛公司 90% 以上的收益权，而蒙牛想要获得同等收益权就需要完成一定的业绩目标，实现同股同权。在此之前，公司的绝大部分收益都属于三家投资机构，这就激励了蒙牛管理层去实现规定的业绩目标，通过这种股权结构的设计，三家投资机构成功地将风险转嫁给蒙牛的管理层。

② 签订估值调整协议

在本案例中，摩根士丹利等三家投资机构与蒙牛乳业签订了估值调整协议，协议以蒙牛的业绩增长作为标的，如果蒙牛实现了业绩增长要求，那么蒙牛就可将 A 类股转换为 B 类股，蒙牛管理层便可以拿回属于自己的收益权，并且依然保持自身的控股股东地位。但是如果蒙牛管理层没有实现蒙牛的业绩增长的目标要求，摩根士丹利等三家投资机构将自由支配开曼群岛公司及其子公司毛里求斯公司账面上剩余的大量资金，三家投资机构持股比例将达到 60.4%，蒙牛管理层将失去公司的控制权。图 4-6 所示为估值调整协议示意图。

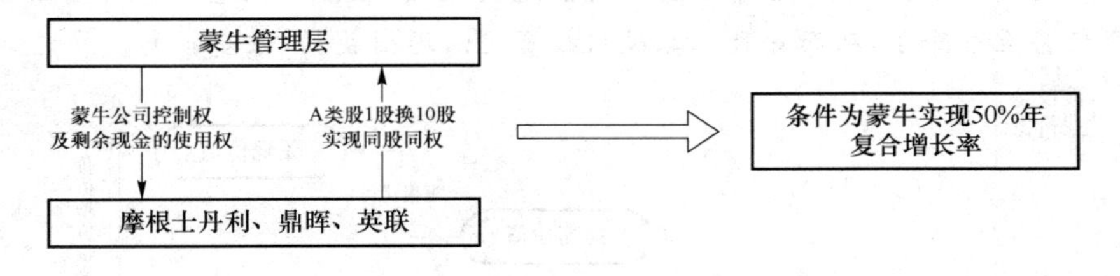

图 4-6　估值调整协议示意图

摩根士丹利等三家投资机构采取的是单点报酬激励策略。该策略为：如果被投企业管理层付出努力水平 m，就能从私募股权投资者处获得报酬 E，否则，报酬就为零，甚至是负值。在蒙牛的案例中，实现业绩增长目标获得的报酬 E 为实现同股同权，即 51% 的控制权对应 51% 的收益权。

从委托代理理论的约束关系来看,实现50%以上的年复合增长率相当于激励相容约束条件,当蒙牛满足约束条件时,就实现了蒙牛公司管理层的预期效用最大化即获得同等的收益权的目标,同时保证了摩根士丹利等三家投资机构的预期效用即实现蒙牛价值增值,三家投资机构顺利退出,保证收益的最大化,两者实现了均衡合同。

③ 采用可转债的复合投资工具

在蒙牛的案例中,摩根士丹利三家投资机构采取了可转债加股票的复合投资工具。可转债的使用可以保证私募股权投资者在股价较低迷时还能够保证自己的最终收益,即便企业发生破产等情况,也可以保证优先的清偿权。

4. 间接风险控制措施分析

(1) 联合投资

本案例中,摩根士丹利作为主要的投资者,并不是选择单打独斗,而是组成了摩根士丹利、英联以及鼎晖的投资团体,英联和鼎晖同样也是世界上著名的投资机构,投资经验丰富。联合投资的方式可以分散在投资过程中面临的风险。

(2) 分阶段投资

摩根士丹利等三家投资机构分了三个阶段进行投资。第一个阶段是刚接触蒙牛公司,双方签订投资协议确定投资事项;第二个阶段是蒙牛实现了50%以上的年复合增长率,公司发展十分迅速,摩根士丹利等三家投资机构看到公司发展前景广阔,且拥有出色的业绩;第三个阶段是退出阶段,为了实现利益最大化,将可转债兑现为股权,最后实现退出。摩根士丹利等三家投资机构通过阶段性的投资,可以有效地控制间接风险,虽然投资者没办法直接经营企业,但是投资者可以根据被投企业的经营状况来决定下一阶段的投资计划,如果企业遭受了巨大的市场风险、技术风险或管理风险,私募股权投资者可以及时终止投资计划,实现对投资损失的控制,而如果企业经营状况良好,那么投资者可以扩大投资规模,实现利益最大化。

5. 退出风险控制措施分析

摩根士丹利等三家投资机构选择了在香港IPO的退出方式,同时在禁售期结束后,三家投资机构就立即选择了从蒙牛退出,获得了大约422%的收益率,其退出收益率在当时是很惊人的。

6. 案例启示

(1) 从企业价值增值视角看PE的风险管理

从蒙牛的案例中,可以发现私募股权投资者获得最终的高额收益是通过被投企业的价值增值实现的,私募股权投资者首先发现企业的价值,然后投入资本,通过对企业提高增值服务提升企业价值,最后退出获利兑现投资的价值,如图4-7所示。从这个角度来看,私募股权投资面临的风险就是资本投入后,企业的发展没能达到预期,企业的经营状况十分糟糕,企业价值并没有增值甚至下降了,从而导致私募股权投资无法退出获利,蒙受损失。

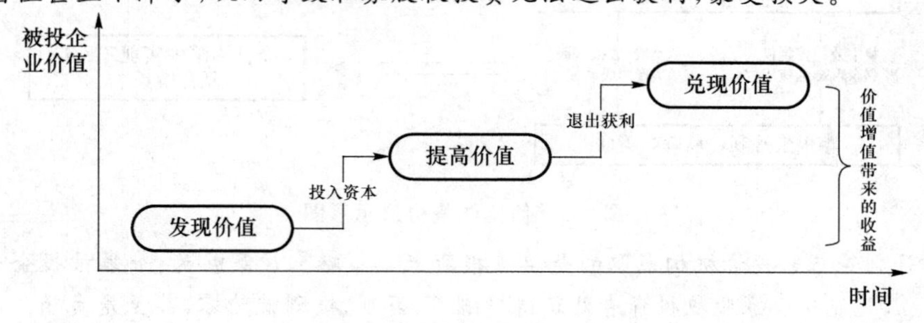

图4-7 被投企业价值增值过程

企业的价值增值包括企业的发展状况和上市后的市值。企业的财务和经营状况直接反映了企业的价值增值过程，表 4-4 所示是蒙牛乳业从 2001 年年初到 2003 年 12 月 31 日的主要产品的销量及销售额。

表 4-4　蒙牛乳业主要产品的销量及销售额

产品	销量/吨	销售额/百万元
液态奶	96 320	436.1
冰激凌	57 643	272.4
其他乳制品	885	15.5

(a) 2001 年

产品	销量/吨	销售额/百万元
液态奶	292 419	1 296.8
冰激凌	66 129	329.1
其他乳制品	2 440	42.8

(b) 2002 年

产品	销量/吨	销售额/百万元
液态奶	803 848	3 498.2
冰激凌	78 916	475.2
其他乳制品	5 411	98.1

(c) 2003 年

(2) 从退出策略视角看 PE 的风险管理

在蒙牛的案例中，投资机构选择通过香港 IPO 进行私募股权投资的退出，这主要是考虑到在 A 股市场 IPO 需要耗费大量的财力物力，而且还需要证监会的审批，因此选择在香港上市有助于国际资本的退出。

那么三家投资机构选择在香港证券交易所 IPO 的最终收益如何？表 4-5 所示为三家投资机构投入的资金总额。

表 4-5　三家投资机构投入资本总额

日期	投入金额
2002 年 9 月	2 597 万美元
2003 年 10 月	3 523 万美元(可转债)
2005 年 4 月	599 万美元(可转债对价)
合计	累计投入 6 719 万美元，约合 4.5 亿港元

表 4-6　三家投资机构股份套现收入情况

日期	投入金额
2004 年 6 月	蒙牛上市时三家机构以献售方式套现 1 亿股，每股价格 3.925 港元
2004 年 12 月	三家机构行使可转债权利，获得 1.68 亿股，并以每股 6.06 港元配售给公众，收入约 10 亿港元
2005 年 6 月	三家机构再次将可转债行权，并以每股 4.95 港元的价格出售 1.94 亿股，收入约 9.6 亿港元
合计	累计套现收入约 23.5 亿港元

摩根士丹利、英联、鼎晖三家投资机构的退出无疑取得了巨大的成功。三家投资机构累计套现约 23.5 亿港元，投入资金 4.5 亿港元，获利约 19 亿港元，投资回报率约为 422%。尽管三家投资机构在通过献售的方式、可转债行权配股的方式、可转债行权出售的方式套现退出后蒙牛的股价依然一路上涨，但是其投入三年获得超 4 倍收入，在当时看来已经是巨大的成功。

【课后思考题】

1. 私募股权投资风险包括哪些类型？
2. 不同类型的私募股权投资风险具有哪些特点？如何进行风险管理？

私募股权投资估值

市场经济的快速发展使投资行为逐渐频繁。投资方对目标公司实施价值评估,意味着在制定的评估基准中,对被评估公司的整体价值加以判断,将获取的估值结果,作为是否对目标公司进行投资的根据。在这一过程中,最主要的问题在于估值的实施过程和方法要有一定的依据。在开展私募股权投资时,估值分析是其中至关重要的一个部分,所有的投资方在投资时,都会对目标公司进行细致的调查,在获得了足够的信息数据后,委托第三方公司完成价值估值并在必要时进行一些调整。价值估值同样适用于公司的并购重组,在一定程度上决定着并购重组能否成功。本章将对私募股权投资估值方法进行详尽介绍,并对市场法、收益法和成本法的应用状况也做了分析。

5.1 私募股权基金估值概述

5.1.1 私募股权基金估值的概念

私募股权基金估值是指在私募股权基金存续期间从整个基金的层面对基金资产和负债进行公允价值确定的过程。公允价值又称公允市价、公允价格。它是熟悉市场情况的买卖双方在公平交易的条件下和自愿的情况下所确定的价格,或无关联的双方在公平交易的条件下一项资产可以被买卖或者一项负债可以被清偿的成交价格。在公允价值计量下,资产和负债按照在公平交易中,熟悉市场情况的交易双方自愿进行资产交换或者债务清偿的金额计量。

由于私募股权基金是对具有高成长性的非上市企业进行股权投资,因此,目标企业价值评估是私募股权投资的核心部分,一般贯穿于项目从初审到私募股权投资机构正式签订投资协议直至私募股权投资退出目标企业的整个过程,虽然详细准确的估值可以从专业中介机构的评估意见中取得,但灵活运用一般的企业估值理论和方法是私募股权投资机构应该掌握的一项重要技能。

根据中国资产评估协会发布的《企业价值评估指导意见(试行)》的规定,企业价值评估是指注册资产评估师对评估基准日特定目的的下企业整体价值、股东全部权益价值或部分权益价值进行分析、估算并发表专业意见的行为和过程。它将企业看作一个有机整体,充分考虑其拥有或控制的全部资产状况和整体获利能力及影响因素,并结合宏观经济环境及行业背景,对企业公允价值进行整体的综合性评估和判断。该定义着重强调企业价值评估是一种行为和过程,其强调不仅要重视评估的结果,更要重视获得评估结论的评估过程所提供的信息功能。

5.1.2　影响私募股权投资中的企业估值的各种因素

企业价值评估是依据有关的财务理论与财务模型进行的，但企业经营面临着诸多不确定性，无论估值理论多么完善，财务模型如何精确，也无法完全准确地计算企业的价值。不同于证券市场中目标企业的股价已通过市场博弈实现相对公平的定价，私募股权基金在投资于非上市企业时，由于其资本投资的长期性以及其目标企业的个体特殊性，其对目标企业的估值存在很大的不确定性。从本质来讲，企业的价值决定于未来较长时间跨度的收益情况或者说是现金流情况，而企业未来的收益情况又受多种因素的影响。

1. 外部行业因素

外部行业因素主要包括行业政策情况、竞争情况、市场空间和发展前景等。其中，行业政策情况、竞争情况、市场空间决定了行业的发展前景。具体而言，国家政策的支持与否是私募股权投资者要考虑的首要因素，如果目标企业处于国家政策支持的行业，则目标企业的发展前景较好，有利于投资者的进入及退出，而且在企业上市过程中更容易获得审批通过；分析所处行业的竞争情况，有助于了解行业的规模分布、产品的差异化程度以及行业的进入门槛；市场空间和发展前景则在某种程度上反映的是目标企业的未来前景。

由于不同行业的政策情况、竞争情况、市场空间和发展前景等通常有较大差异，私募股权投资机构对处于不同行业的企业估值也会差别很大。在当前"去产能、调结构"的大环境下，传统产业面临着滞涨甚至衰退的局面，而一些受国家政策扶持的新能源、新材料和信息技术等新兴行业则正处于快速增长期。对于私募股权投资机构来说，更愿意给那些成长空间大，增长速度快于总体经济增速的行业的公司更高的估值。而处于传统行业的企业，在私募股权投资时的企业估值要低于处于新兴行业的企业。

2. 目标企业自身因素

目标企业自身因素主要包括管理团队的素质、企业成长性、企业生命周期、企业的商业模式等。

（1）管理团队的素质

管理团队的素质是决定企业成败的关键因素。甚至业内有种观点认为，投资企业实际就是投资人。从某种角度看，管理团队是一项影响企业价值的重要"资产"，管理团队的作用在估值过程中也要有所体现。私募股权投资机构通常从管理团队成员的从业年限、以往业绩、社会认可度等维度来衡量团队素质。私募股权投资机构认为，素质高、能力强的管理团队会在一定程度上减少企业未来发展的不确定性，即降低了私募股权基金投资该企业的风险水平。因此，对于管理团队结构合理、成员多元化、从业经验丰富的企业，私募股权投资机构更加乐意给予一定的估值溢价。

（2）企业成长性

企业的成长性关乎企业的未来发展前景，也是私募股权投资机构判断一个投资项目好与坏的最为关键的因素。私募股权投资的运作方式简而言之即是投资于企业若干年后，退出并获得较高的资本利得。因此，只有投资后几年企业具有高成长性，私募股权投资机构才有可能在退出时获得较高的收益。因此，企业的成长性，是私募股权投资机构对拟投资企业估值时必须关注的因素之一。

（3）企业生命周期

企业生命周期是企业的发展与成长的动态轨迹，包括初创期、成长期、成熟期和衰退期四个阶段。企业处于不同的生命周期,运营特征、财务状况、面临风险和战略选择等诸多因素会存在较大差异。一般地,一个企业发展阶段越靠前,对其投资时承担的风险也就越高;反之,企业的经营管理越成熟,发展速度越快,对其投资时承担的风险也就越小。因此,私募股权投资机构在对不同发展阶段的企业进行估值时,所采取的估值方法也是不同的,其所得出的企业价值也是不同的。

(4) 企业的商业模式

过去,企业往往较为重视技术竞争,私募股权投资机构也倾向于投资技术先进的企业。然而,如今商业模式已经成为企业经营的核心,很多名不见经传的小企业凭借独特的商业模式在过去短短几十年间改变商业竞争的格局。这使得商业模式更加受到企业和投资者的重视,商业模式已成为私募股权投资机构评估企业时必须考虑的重要因素。拥有创新商业模式的企业更受私募股权投资机构的青睐,因此更容易获得较高的估值。

3. 资本市场因素

资本市场常被视为经济的晴雨表,反过来,经济环境的基本面才是资本市场的根本,也是私募股权投资机构对目标企业估值要考虑的重要因素。在资本市场繁荣时,私募股权投资机构容易募集资金,可投资金充沛,投资欲望比较强。这时,企业在引入私募股权融资时,就可能会有更多的私募股权投资机构愿意参与投资。在此情况下,优质企业则成为稀缺资源,而私募股权投资市场就处于供过于求的状态,此时私募股权投资机构通常会给出企业一个较高的估值。相反,在资本市场萧条时,私募股权投资机构的投资比较保守,企业可以寻找到的愿意考虑投资的私募股权投资机构比较少,私募股权投资市场处于供不应求的状态,为控制投资风险,私募股权投资机构对于企业的估值就会相对较低。因此,资本市场状况尤其是私募股权投资机构的市场状况也是影响企业估值的重要因素之一。

4. 私募股权基金管理机构因素

私募股权基金管理机构作为最直接的参与主体,其自身的主观因素也会影响其对目标企业的估值的决策,例如,基金存续期、增值服务、投资决策委员会的投资风格等。一般来说,基金的存续期越长,说明投资者给予管理机构的自由度越大,则管理机构有更大的空间去搜寻项目和更多的时间去评估项目,自然其对目标企业的估值就更加客观、审慎。反过来,从被投资的目标企业来讲,如果管理机构能够在投资资本之外提供具有自身独特优势的增值服务,以促进目标企业获取更多的上下游客户资源及管理资源,能助力企业的发展,则目标企业往往也愿意降低价格接受管理机构的投资。私募股权基金投资决策委员会或投资专家自身的投资风格,在一定程度上,会影响其对目标企业的估值,毕竟"情人眼里出西施",他们对符合其风格及偏好的企业的估值就会高一点。

5.1.3 经济性资产负债表

经济性资产负债表(economic balance sheet)反映公司资源价值与这些资源的索取权价值的关系,基于这个关系的公司价值构成分析是估值方法的重要基础。

公司是一个合约集合,其中之一便是公司与其股东的合约,它以股票形式表现出来。公司股东对公司资产有剩余权益(residual interest),即在执行所有其他合约后股东还获得剩余价值。那么,公司资源价值必须等于对这些资源的索取权价值,即

资源价值=对资源的索取权价值

公司价值=非普通股索取权价值+普通股价值(剩余权益)

因此,公司一个时期创造的价值必须等于其证券价值变化,即公司资源的货币形式收益等于对这些资源索取权的货币形式收益,则

Δ 公司价值＝Δ 非普通股索取权价值＋Δ 普通股价值

公司货币形式收益＝非普通股索取权收益＋普通股收益

我们可以用经济性资产负债表来描述上述关系。经济性资产负债表反映公司某一时点的资源市场价值和资源索取权(即公司所发行证券)市场价值,公司资源包括实物资产、无形资产、增长机会价值(也叫增长机会现值 PVGO,Present Value of Growth Opportunities)和公司融资创造的任何价值,如表 5-1 所示。

表 5-1　A 公司的经济性资产负债表

单位:元

资源(资产)	
不使用财务杠杆的资产价值(V_{UA})	900
融资创造的价值(V_{FIN})	100
公司价值(V_F)	1 000
资源索取权	
债务价值(D)	300
优先股价值(PS)	200
普通股价值(E)	500
所发行证券价值(V_F)	1 000

公司资源价值包括:不使用财务杠杆的资产价值 V_{UA}(value of the firm's unlevered assets)或者说不使用财务杠杆的公司价值(value of the unlevered firm)、融资创造的价值 V_{FIN}(value created from financing)。需要说明的是经济性资产负债表不列示单个资产价值。

公司资源索取权由公司为筹集资金而发行的所有证券构成。所有公司至少有一种索取权即普通股,这些证券的所有者对公司资源有剩余权益并控制公司。此外,公司还可以有未偿债务、优先股、员工股票期权、股票权证等索取权。不过,表 5-1 所示的经济性资产负债表的资本结构只有债务、优先股和普通股。

需要注意的是,经济性资产负债表不列示资源索取权中的经营性负债,这是因为①在决定 V_{UA} 时,对经营性负债和资产价值进行轧差,不过经营性负债对公司资产有合法索取权而必定会影响公司估值;②与经营性负债相关的融资费用隐含在营业费用之中,没有方法分离出来。例如,当一个公司以赊销方式购买产品时,销售方会在产品价格基础上加上收到商品时不支付货款的隐含融资费用,因此融资费用隐含在产品成本中而难以分离。

5.1.4　公司价值构成

经济性资产负债表表明公司价值由不使用财务杠杆的公司价值 V_{UA} 和融资创造的价值 V_{FIN} 两个部分组成。

1. 不使用财务杠杆的公司价值 V_{UA}

V_{UA} 是排除以任何有利方式进行融资而创造的价值外的公司价值,即全普通股筹资下的公司价值,包括经营价值(value of the firm's operations)和盈余资产价值(value of the firm's excess assets)两部分。所有公司都有经营价值,但并不必定有盈余资产价值。

(1) 经营价值

经营价值是公司持续业务经营的价值,不包括融资创造的任何价值和不需用于业务经营的任何资产价值。经营价值是各资产作为持续业务构成部分的综合估值而不是简单加总,这些资产包括货币资产、实物资产、无形资产和增长机会价值,因此经营价值包括未来预期可盈利的投资的期望价值。一般假设公司持续经营,此时各资产的综合价值(即经营价值)一般大于单个资产价值的简单相加,否则公司会被清算,因此对用于业务经营的资产估值时要综合考虑各资产。

(2) 盈余资产价值

盈余资产是不需用于各业务经营的资产,它不是正常经营活动的组成部分。盈余资产价值包括所有不用于业务经营的资源,包括现金、现金等价物、土地、建筑物、设备、知识产权等,一般对盈余资产进行单独估值,对盈余资产的估值不包含在估值分析中。

最常见的盈余资产是盈余现金(excess cash),包括现金和可变现证券等流动性很高的其他流动资产。为确定盈余现金,需要先确定经营所需的必要现金(required cash)金额,即公司为维持特定营业规模所需的最低现金数量,其主要原因是:第一,公司经常有很多银行账户,而这些账户的现金余额不可能为零;第二,如果扩大规模,公司维持经营所需现金平均金额必然会上升;第三,公司经常在无利息或低利息账户上保持一个最低现金余额,以换取银行服务。

公司保持盈余现金的主要原因有以下两方面。第一,保护现有股东。Myers 和 Majluf 认为,没有盈余现金,公司为利用投资机会而必须发行额外股份,如果存在信息不对称,公司就不能令市场信服而必须以被低估的价格发行股份,盈余现金可作为一个缓冲器。第二,公司管理层为了自身利益。Jensen 认为,管理层为获得来自管理更大规模公司的金融和非金融利益而扩大公司规模。

估值时,需要注意以下两点。第一,不管公司保持盈余现金的原因何在,必须区分盈余现金和必要现金。必要现金可能随公司成长而增加,但盈余现金不一定,在进行现金流预测时要像对待其他运营资本或资本投资(如存货、固定资产、设备)那样处理必要现金增加。第二,在确定盈余现金时,有些分析师假设公司没有必要现金而将所有现金视作盈余现金。尽管这个假设可能不正确,但与公司价值相比,必要现金极有可能很小,因而这个假设对增长速度不快的绝大部分公司的影响不大,但必要现金增加会影响快速增长公司的估值。

2. 融资创造的价值 V_{FIN}

除普通股外,公司可能使用其他融资形式来创造价值。最常见的途径是使用能够创造利息税负屏蔽即税盾(ITS,Interest Tax Shield)的债务和使用获得补助的债券。

(1) 税盾

一般情况下,债券利息费用有税收抵扣而股东红利没有,这使得公司应缴所得税减少,因此使用债务的公司一般比不使用债务的公司有更多可分配给投资者的现金流,从而创造税盾价值 V_{ITS}。

税盾(ITS)等于利息费用(INT)乘以适用于利息费用的所得税率(T_{INT}),即

$$ITS = T_{INT} \times INT$$

与利息费用的所得税率 T_{INT} 相关的一个概念是公司总税率 T_C,它适用于考虑利息抵扣前的应税收入的平均税率。需要注意的是,T_{INT} 可能与公司总税率 T_C 不同。其主要由累进税率制度和净经营亏损结转至下年(net operating loss carried forward)所致。为简单起见,以下分

析中假设 $T_{INT}=T_C$。

下面举例说明利息税收抵扣如何创造税盾价值 V_{ITS} 的。假设 X 公司需要 150 000 元启动投资，所有收入和费用以现金收付，没有运营资本和资本支出，投资者 I 正在考虑两个融资方案。方案一：发行 150 000 元普通股；方案二：发行 50 000 元普通股和利率为 10% 的 100 000 元永久债务，两种方案下投资者 I 都投资 150 000 元。则初始投资方案如表 5-2 所示。

表 5-2　初始投资方案

初始投资	方案一	方案二
债务(10%利率)	0 元	100 000 元
普通股	150 000 元	50 000 元
总投资	150 000 元	150 000 元

两个方案的差异在于融资途径不同。在收入、经营费用、息税前利润(EBIT，Earnings Before Interest and Tax)相同的情况下，两个方案的税前利润(EBT，Earnings Before Tax)差异就是利息费用的差异，如表 5-3 所示。

表 5-3　两种方案的税前利润比较

利润表(全为现金)	方案一	方案二
收入	300 000 元	300 000 元
经营费用	−200 000 元	−200 000 元
EBIT	100 000 元	100 000 元
INT	0 元	−10 000 元
EBT	100 000 元	90 000 元

下面对没有所得税和有所得税两种情形加以分析。

情形一：没有所得税

此时，$T_C=T_{INT}=0$，方案一下所有投资者可获得现金流等于可分配给股东的金额即 100 000 元，方案二下股东可获得现金流为 EBT 即 90 000 元、债权人的现金流为利息即 10 000 元，此时所有投资者可获得现金流也是 100 000 元，因此两种方案下可分配给索取权人的金额都等于 EBIT 即 100 000 元，具体如表 5-4 所示。

表 5-4　两种方案没有所得税的现金流比较

没有所得税时投资者可获得现金流	方案一	方案二
股东可获得现金流	100 000 元	90 000 元
债权人可获得现金流即利息	0 元	10 000 元
投资者 I 可获得现金流	100 000 元	100 000 元

显然，没有所得税时，两个方案对投资者 I 没有区别，融资没有创造价值，即 $V_{FIN}=V_{ITS}=0$。

情形二：有所得税

假设公司所得税率为 40%，利息费用有税收抵扣而支付给股东的现金流没有税收抵扣，所有收入适用相同税率即 $T_C=T_{INT}=40\%$，此时两种方案下公司的税后利润(EAT，Earnings After Tax)差异等于利息的税后金额，即 6 000 元，具体如表 5-5 所示。

表 5-5　两种方案有所得税的利润比较

利润表(全为现金)	方案一	方案二
收入	300 000 元	300 000 元
经营费用	−200 000 元	−200 000 元
EBIT	100 000 元	100 000 元
INT	0 元	−10 000 元
EBT	100 000 元	90 000 元
所得税(T_{INT}为 40%)	−40 000 元	−36 000 元
税后利润(EAT)	60 000 元	54 000 元

此时,两个方案对投资者 I 来说是不一样的。采用方案一的话,40%所得税率使税前利润减少 40 000 元而使税后利润为 60 000 元,所有投资者可获得现金流为 60 000 元;采用方案二的话,扣除 10 000 元利息导致所得税降低 4 000 元,税后利润为 54 000 元,投资者可获得现金流为 64 000 元,具体如表 5-6 所示。

表 5-6　两种方案投资者可获得的税后现金流

投资者可获得的税后现金流	方案一	方案二
股东可获得现金流	60 000 元	54 000 元
债权人可获得现金流即利息	0 元	10 000 元
投资者 I 可获得现金流	60 000 元	64 000 元

方案二下公司对 EBIT 的分配如下。首先以所得税形式分配 36 000 元现金流给政府,然后以利息形式分配 10 000 元现金流给债权人,最后剩余的 54 000 元分配给股东。此时,投资者 I 多获得 4 000 元。

显然,利息费用的差异导致所得税下降而可分给索取权人的现金流增加。由于 I 是唯一的索取权人,所以 I 利用税法来降低公司税收支付而获得收益,这就是利息税负屏蔽。

因此 I 可获得的现金流在方案二下每年多 4 000 元,这种增加利息税负屏蔽的融资就创造了价值。前面已经假设债务为永久债务,只要公司持续盈利、政府不改变税法,增加的 4 000 元现金流就会永远持续下去。进一步假设合理的折现率为 10%,则此时发行 100 000 元永久债务就创造 40 000 元价值,即 $V_{FIN}=V_{ITS}=40\ 000$ 元。

不过,公司也不是总可以利用利息税负屏蔽获得收益,其原因如下。第一,税盾等于利息费用所得税抵扣所减少的所得税,如果税法不允许利息费用抵扣所得税或者对股东和债权人的税收处理相同,就不存在利息税负屏蔽好处。第二,如果扣除利息费用前的应税收入大于利息费用,公司极有可能获得利息税负屏蔽好处,但如果某年不盈利,公司就不能获得部分或全部利息抵扣好处,起码在当年如此。此时,公司有时能够利用这些亏损(包括未使用的利息抵扣)来获得对以前年度已缴纳所得税的返还或降低未来公司盈利后需要支付的所得税,亏损结转下年而降低未来所得税被称为净经营亏损结转下年。第三,政府对利息费用抵扣的限制。政府一般会限制小公司所有者对公司的贷款,经常对来自公司所有者的贷款的利息费用不允许抵扣或者限制抵扣金额。第四,公司股东、债权人、管理层之间存在利益冲突。由于公司往往有很多投资者,而且部分投资者不管理公司,此时经常出现利益冲突。例如,如果公司不能按时偿付债务(本金和利息)或违反其他贷款合同条款,债权人有权保护其利益,手段之一就是迫使公司破产，而破产程序又导致产生了昂贵的直接或间接成本。另外，公司还要承担来自股东、债权人和管理层利益冲突的其他成本。第五，个人所得税问题。投资者自然关心投资获得的税后现金金额，如果投资者对债务投资所得利息和股票投资所得收益（股息红利和资本收益）支付不同所得税，这个所得税差异会影响公司利息税负屏蔽对投资者的价值。不过，个人所得税在某些情形下可以弱化或消除利息税负屏蔽价值。

尽管如此，从利用税盾来减少公司破产的可能性角度来看，债务可以为公司创造一定价值。

（2）有补助的融资

假设公司需要贷款 16 万元，若公司能申请到 6 万元政府补助贷款（subsidized loan），那么公司就会申请 6 万元贷款，而其余 10 万元则会申请利率更高的银行贷款。再假设银行贷款和政府补助贷款的保护条款和对公司的索取权相同，此时由于公司对政府补助贷款支付的利息低于银行贷款的利息，从而公司从政府补助贷款中获得好处，这样就增加了公司及其投资者的价值。因此，公司使用特定融资方式可以创造价值。

虽然不是所有公司都可以申请政府补助贷款，不过政府也会为吸引投资而对新厂房、办公设施等给予补助，补助形式可以是公司获得有补助的融资和其他形式（如直接现金补助、一定时期的税收抵扣）。

5.2　私募股权基金估值方法

长期以来，非上市股权由于涉及企业所在行业特点不同、经营情况不确定性高，加之投融资双方信息不对等，甚至存在融资方对关键数据与信息进行隐瞒甚至作假的情况，因此非上市企业股权估值一直被视为资管产品估值中的难点。

为引导私募股权投资进行专业化估值，规范私募股权基金估值体系标准，2018 年 3 月，中国证券投资基金业协会（以下简称“基金业协会”）发布了《私募投资基金非上市股权投资估值指引（试行）》（以下简称《估值指引》），对非上市股权投资项目做了规范性的指导，具有较为广泛的适用性和较强的操作性，对于更加理性和专业地开展私募股权投资业务具有较强的实际意义。《估值指引》列出了目前私募股权基金常用的三大类方法：市场法、收益法、成本法。

5.2.1　市场法

1. 市场法的基本原理

市场法的基本原理是“同价理论”，即两种相同或类似的资产应该具有一样的价格，该方法通过考察同一行业中类似的企业在市场上的定价来估计待估值企业的价值。使用市场法的前提是市场是有效且完备的，因为在这个前提下，可比企业的公允价值才接近其内在价值，从而使估算出的待估值企业价值接近其内在价值。该原理的假设条件是，如果类似的资产的交易价格存在较大的差异，则在市场上就必然产生套利交易的可能，套利活动的结果就是相似资产的价格趋于一致。

2. 市场法的类型

在估算非上市股权的公允价值时，通常使用的市场法包括参考最近融资价格法、市场乘数法、行业指标法。市场法属于相对估值法，因其具有较好的操作性，所以市场法是私募股权投资应用最为广泛的估值方法。

(1) 参考最近融资价格法

参考最近融资价格法是指通过参考被投企业最近一次融资的价格对私募基金持有的非上市股权进行估值的方法。由于初创企业通常尚未产生稳定的收入或利润,但融资活动一般比较频繁,因此参考最近融资价格法在此类企业的估值中应用较多。实践中,天使投资基金以及偏早期投资的风险投资基金,在对一些"互联网+"企业、商业模式创新型企业、原创技术型企业等这类企业估值时会采用此方法。这是一种客观依据较少的估值方法。在其适用性上,即使是针对初创企业,如果出现如下情况,则该最近融资价格一般也不会作为被投企业公允价值使用。第一,没有新投资人参与;第二,最近融资金额对被投企业而言并不重大;第三,最近交易被认为是非有序交易,如被迫出售股权或对被投企业陷入危机后的拯救性投资。

在运用参考最近融资价格法时,应当对最近融资价格的公允性做出判断。一般情况下,要结合企业及其所在行业的实际情况,对影响最近融资价格公允性的一些具体因素进行调整,比如不同轮次融资造成的新老股权价格差异、距上次融资间隔长短等。需要特别说明的是,本次估值距离上次融资的时间越久,最近融资价格的参考意义就越弱。

(2) 市场乘数法

市场乘数法是指根据被评估企业所处发展阶段和所属行业的不同,基于企业的某一项经营成果指标,运用一个乘数,对非上市公司股权进行估值的方法。运用较多的乘数主要有市盈率(P/E)、市净率(P/B)、企业价值/息税折摊前利润(EV/EBITDA)、企业价值/息税前利润(EV/EBIT)倍数等。其中 EV/EBITDA 倍数法是对市盈率法的修正,EBITDA 剔除了会计政策及财务杠杆的影响,比以净利润为基础的市盈率法更能准确地反映企业的核心业务价值。在 EV/EBITDA 适用的情况下,通常可考虑优先使用 EV/EBITDA。市场乘数法通常在被投企业相对成熟,可产生持续的利润或收入的情况下使用。

运用市场乘数法时,需要选择被投企业可持续的财务指标(如利润、收入)为基础的市场乘数类型,查找在企业规模、风险状况和盈利增长潜力等方面与被投企业相似的可比上市公司或可比交易案例,通过分析计算获得可比市场乘数,并将其与被投企业相应的财务指标结合得到股东全部权益价值(调整前)或企业价值。

需要特别注意的是,在实务中,用乘数法计算出的企业价值,需要扣除企业价值中需要支付利息的债务,以此作为股东全部权益价值。在此基础上,还需要根据被评估企业各自情况的不同,对有些需要调整的有关事项进行调整,得到被投企业调整后的股东全部权益价值。在计算股权投资基金持有的部分股权的价值时,如果被投企业经过多次融资和引进投资者后股权结构比较复杂,各轮次股权的权利和义务并不一致,也就是实际上出现了同股不同权的情况,还应当采用合理方法,依据调整后的股东全部权益价值计算私募基金持有部分股权的价值。如果被投企业的股权结构简单,即同股同权,则可直接按照私募基金的持股比例计算持有部分股权的价值。

(3) 行业指标法

行业指标法即某些行业中存在特定的与公允价值直接相关的行业指标,此指标可作为被投企业公允价值估值的参考依据。行业指标法通常在行业发展比较成熟及行业内各企业差别较小的情况下适用。此方法一般被用于检验其他估值法得出的估值结论是否相对合理,而不作为主要的估值方法单独使用。

5.2.2　收益法

收益法的理论基础是经济学中的预期效用理论，它属于绝对估值法，具有较高的灵活性。在估计非上市股权的公允价值时，通常使用的收益法为现金流折现法，即DCF模型（discounted cashflow model）。当被投项目业务模式清晰，经营管理比较健全，可以获取完备的资料和数据对财务进行预测时，可以采取现金流折现法进行企业价值评估。

1. 现金流折现法的基本原理

现金流折现法的基本原理是企业价值等于其未来特定时间内所有预期收益贴现到当前的现值总和。运用该方法评估企业价值的基本原理是现值原理。该方法在系统地考虑资本的风险和时间成本的前提下，预测目标企业在未来的不同时间节点所能产生的经济收益，将获取这些经济收益面临的风险所要求的回报率作为折现率，并在此基础上算出公司未来不同时间节点现金流的现值，并对其进行加总从而获得目标公司的价值。

现金流折现法的基本模型如下：

$$V = \sum_{t=1}^{n} \frac{CF_t}{(1+i)^t}$$

其中：V表示企业价值，CF_t表示企业在第t期自由现金流量，i是折现率，n是企业的生存年限。

使用现金流折现法的关键在于确定和估计以下三个要素：第一，企业生存年限；第二，投资项目在未来企业存续期间各年度的自由现金流量；第三，投资项目的加权平均资本成本作为合理的公允折现率。折现率的大小取决于投资项目取得未来现金流量的风险，风险越大，要求的折现率就越高；反之亦然。

现金流折现法被广泛用于对处于成长期、成熟期的企业的价值评估，因为一般情况下处于成长期、成熟期的企业生产经营状况相对稳定持续，且基于历史和当期业绩，能对未来的收入、利润、现金流等经营成果有合理的预期。目前国内私募股权投资机构多采用该方法对企业进行估值。

2. 现金流折现法的类型

根据现金流量的不同，现金流折现法还可以分为股权自由现金流折现法、股利自由现金流折现法、公司自由现金流折现法和经济附加值（EVA）折现法。而每种方法都可以采用稳定增长模型、两阶段增长模型和多阶段增长模型等预测未来现金流量的增长。

（1）股权自由现金流折现法

股权自由现金流折现法，是指将目标企业未来各期经营活动中产生的股权自由现金流量根据合理的折现率进行折现，并将得到的现值作为目标企业当前的评估价值的一种折现法。

股权自由现金流折现法的公式为

$$EV = FC + \sum_{i}^{n} \frac{FCFE_i}{(1+K_e)^i}$$

其中：EV表示股权价值，FC表示当期净资产，$FCFE_i$表示第i期的股权自由现金流，K_e表示有股权资本成本。

股权自由现金流是指在一定时期内，目标企业在正常的经营活动中，产生的可供股权投资人支配的现金流量。它是企业全部经营活动所得现金流量减去应当偿还债权人本金及利息之后剩余的部分。其一般的计算方法是：股权自由现金流＝净利润＋折旧－资本性支出－流动资金追加一债务本金归还+新发行债务。其中的折现率为股权资本成本,可以用资本资产定价模型(CAPM,Capital Asset Pricing Model)直接求出,即

$$r_e=r_f+\beta(r_M-r_f)+r_c$$

其中:r_f为无风险报酬率,可以用五年期国债利率求出;r_M为市场平均收益,可参考证券市场中的大盘指数;r_M-r_f为市场风险溢价;r_c为目标企业的风险调整系数;β系数是指目标企业相较于市场的系统性风险的大小(市场的系统性风险等于1)。

股权现金流是公司当年赚取但尚未使用,为股东所有的自由现金流量;红利是给股东的投资回报,但公司一般情况下会把一部分股权现金流用于分配红利,留一部分不进行分配,所以用股权自由现金流折现法的估值结果会比股利自由现金流折现法大,但是股权自由现金流折现法更为客观。

(2) 股利自由现金流折现法

股利自由现金流折现法,是指将目标企业未来各期经营活动中产生的股利自由现金流量根据合理的折现率进行折现,并将得到的现值作为目标企业当前的评估价值的一种折现法。

股利自由现金流折现法公式为

$$EV=\sum_{i}^{n}\frac{D_i}{(1+K_e)^i}+\frac{P_n}{(1+K_e)^n}$$

其中:EV表示股利价值,D_i表示第i期派发的现金股利值,K_e表示股利资本的成本即折现率,P_n表示n年后公司的可出售价值。

股利自由现金流折现法选择的现金流是企业所发放的股利,它假设股利是投资者获得的唯一现金流。股利自由现金流折现法对应的折现率可以用CAPM计算。

股利自由现金流折现法比较适用于分红多的企业,不适用于分红少或者稳定性较差的企业。通常来说处于快速发展时期的企业投资机会较多,也就意味着需要很多的资金来支持投资,所以这类企业一般选择暂时不支付红利或者支付的红利很低,所以若用红利折现法不合适;相反那些处于成熟期的企业或者处于衰退期的企业,投资的机会大幅减少时,会选择支付较高的红利,对这些公司运用红利折现法会得到相对准确的估值。

现实中企业的股利分配政策常常会随着企业的经营状况和发展目标的变化而变化,因其不稳定所以预测起来难度较大,因此该方法在实际的估值过程中很少被使用。尤其在中国,由于大部分企业分红比例不高,此方法的适用性更差。

(3) 公司自由现金流折现法

公司自由现金流折现法,是指将未来预期的公司自由现金流按照加权平均资本成本折现,并将得到的现值作为目标企业当前的评估价值的一种折现法。

公司自由现金流折现法可以采用的模型有稳定增长模型、两阶段模型、三阶段模型。比较常用的是两阶段模型,即第一阶段为公司快速增长期(预测期),第二阶段为公司稳定增长期,采用的是永续增长模型。其计算公式为

$$EV=\sum_{i=1}^{n}\frac{FCFF_i}{(1+r)^i}+\frac{P_n}{(1+r)^n}$$

其中:EV为公司价值;$FCFF_i$为预期的公司自由现金流;r为自由现金流的折现率;n为盈利预测的时间,一般取5~10年;P_n表示n年后公司的可出售价值。

公司自由现金流是指公司所有投资者享有权利的现金,包括股权投资人和债权投资人的全部价值。该现金流是一个企业的现金流入额减去企业正常生产经营产生的成本和费用,以及企

业未来发展所需要的投资之后所剩下的部分。公司自由现金流计算方法一般是:公司自由现金流＝净利润＋折旧＋税后利息－资本性支出－流动资金追加。采用的折现率是公司的加权平均资本成本(WACC),其计算公式为

$$\text{WACC}=W_d\times r_d\times(1-T)+W_e\times r_e$$

其中:r_d 为债权资本成本,是公司的平均利息率;W_d 为公司债权资本与公司总资产的比值,W_e 为公司股权资本与公司总资产的比值,$W_d+W_e=1$;r_e 为公司股权资本成本;T 为所得税税率。

(4) 经济附加值折现法

经济附加值(EVA)折现法是指对企业每一期的经济增加值进行折现进而得到整体价值的方法。经济附加值折现法的出发点是比较投资回报与资本成本之间的关系,意味着扣除经营成本和资本成本后,若还有剩余净利润,才能算是增加了投资者的财富价值。其计算公式可以表示为

$$\text{EV}=\text{Cap}_0+\sum_i^n\frac{\text{EVA}_i}{1+\text{WACC}}$$

其中:EVA 表示经济附加值,Cap_0 为投入资本。

经济附加值,又称经济利润、经济增加值,是指在一定时期内,企业的税后营业净利润与投入资本的资金成本的差额。其计算公式为:经济附加值＝税后净营业利润－加权平均资本成本×投资资本总额。经济附加值考虑的是企业能够获取的经济利润情况,并不是从会计学角度来考虑企业的价值,这种估值方法得出的结果较为准确,在实际的投资实践中应用较为广泛。

5.2.3　成本法

1. 成本法的基本原理

成本法,也称资产评估法,它不是将企业作为一个整体来考察其整体价值,而是将企业拆分成单独存在的资产,再将单项资产相加得到总和,也就是说把企业每一项资产的价值加总即可得到企业整体的价值。成本法的假设条件是由那些整体性较差的资产构成的企业,它作为一个整体的价值增加能力很难进行预测或者根据历史数据其盈利较低,另外一个很重要的前提就是这些构成资产的成本在现实中可以准确无误地得到,方便将各项资产的成本加总以计算出企业价值。其理论基础是替代原则,即任何一个精明的潜在投资者,在购置一项资产时愿意支付的价格都不会超过建造一项与所购资产具有相同用途的替代品所需的成本。

成本法侧重于对企业资产情况进行分析,但它忽略了企业资产创造收益进而实现资产增值的情况,因此使用受到很大的限制,比较适用于重资产且盈利能力较差或面临清算的被投企业。在私募股权投资领域,成本法一般较少单独使用,多数情况下与收益法结合使用或与其他估值方法进行互相验证。此外,成本法估值也存在一定的偏差,如对企业专利、影视著作权等无形资产,商誉,或有负债、存货、应收账款等价值的判定,存在一定的主观性。因此成本法对影视、高新技术企业等拥有大量无形资产,或资产负债表中存在大量灰色地带的企业的价值判断有较大难度。

2. 成本法的类型

成本法主要包括账面价值法和重置成本法。

(1) 账面价值法

账面价值法是以企业会计核算的账面价值为基础的估值方法。它是一种静态的评估方法,不考虑市场的变化,依据的是企业特定时点会计核算价值。账面价值是企业总资产扣除总

负债后的剩余部分，也就是股东权益部分，它的构成来源通常是企业的投资者投入的资本金以及企业在持续经营过程中所产生的经营利润，估值公式为：目标企业价值＝目标企业的账面净资产。由于账面价值法的资料容易获取并且无须估计，所以评估误差小，被我国企业广泛采用，但是其也容易受物价变动、通货膨胀率、科学进步等因素的影响，无法将非货币资产如专利、商誉、企业文化等计入企业价值，也不能考虑企业未来的发展与盈利情况，不能体现企业的真实价值，容易造成决策失误。但是可以在这种估值方法的基础上，附加上一个调整系数，即用企业的账面价值乘以调整系数。当然，不同的企业和行业可以灵活给予不同的调整系数，调整后的估值公式变更为：目标企业价值＝目标企业的账面净资产×(1＋调整系数)。

(2) 重置成本法

重置成本法是指依据现实条件，用重新购置或建造一个全新状态的评估对象所需的全部成本减去评估对象的实体性、功能性和经济性陈旧贬值后的差额，作为评估对象现实价值的一种估值方法。这种方法能够更加精确地反映一项资产的真实成本。估值公式为：目标企业的价值＝重置成本－实体性贬值－功能性贬值－经济性贬值。

重置成本法能够真实地反映人力资源成本，尤其适用于不能产生收益又没有可比参照物的评估对象。其数据容易搜集，计算较为简便，被广泛使用。但是用重置成本法时需要调整会计数据，有一定的主观性，不再遵循实际成本原则，往往不易被人接受。并且无形资产的值受复杂因素影响，不易确定，需要运用收益法进行辅助评估。将整体资产化整为零进行评估也比较烦琐，偶有遗漏还会影响评估精确性，另外并不是所有类型的资产都适合用这种方法。

5.3 应用期权定价法进行投资项目估值

5.3.1 期权

所谓期权，其实是一种选择权，是指一种能在未来某特定时间以特定价格买入或卖出一定数量的某种特定商品的权利。它是在期货的基础上产生的一种金融工具，给予买方(或持有者)购买或出售标的资产的权利。既然有买卖，那就应该有价格，期权应该怎么定价/估值呢？期权和企业的估值有什么直接关系呢？

哈佛商学院教授罗伯特·默顿(Robert Merton)和斯坦福大学教授迈伦·斯科尔斯(Myron Scholes)创立和发展的B-S期权定价模型(Black Scholes Option Pricing Model)为包括股票、债券、货币、商品在内的新兴衍生金融市场的各种以市价价格变动的衍生金融工具的合理定价奠定了基础，两人于1997年同获诺贝尔经济学奖。其实用期权定价模型给投资项目估值未尝不是一个好的选择。用现金流折现法，如前面所讲的股权自由现金流折现法和股利自由现金流折现法都有一个缺陷，就是没有考虑企业或者投资人所谓的"灵活性"。比如说企业可以有能力提高或降低生产率；可以提早或延迟产品上市；可以增加或取消一个项目，这些变化都会影响企业的估值。从投资者的角度来看，这种灵活性表现在是否对企业进行"后续"投资上。

被私募股权投资的企业通常都要经过多轮融资。私募股权基金分期投资的意图很明显，他们希望用这个手段让企业努力赚取下一轮融资，当然他们也不希望一开始就将大量资金投在一个篮子里面。通常，私募股权基金都会在投资协议里留一手，那就是在企业后续的融资中有优先权。就是这个写进合同的"优先权"使给企业的后续投资看起来像认购公司股票期权一样。期权的持有(私募股权基金)可以在规定的时间内选择买还是不买(投还是不投)。他们既可以实施这个权利，也可以放弃。期权的出卖者(企业)承担合约规定的义务。所以，我们可以用期权定价的方法来给企业估值。

5.3.2　期权定价法模型应用

一般来讲，B-S 期权定价模型需要用到 5 个变量。一个股票的期权包括期权协议价格(X)，股价(S)，到期时间(t)，股票回报的标准差(σ)以及无风险收益率(r_f)，如表 5-7 所示。可以通过 B-S 期权定价模型来计算期权的价值。

表 5-7　B-S 期权定价模型

变量	投资机构的“优先权”	占比
X	期权协议价格	1.6
S	股价	23.5
T	到期时间(年)	1
σ	股票回报的标准差	50%～60%
r_f	无风险收益率	6%

B-S 期权定价模型其中的 4 个变量不需要多做解释，倒是变量 σ，值得我们一起来探讨一下。怎样去估计标准差呢？一种方法是去看同类型公司股价的波动性，同时也应该看看同类公司的杠杆率。杠杆可以放大风险，杠杆越高，风险越大。一般来讲，普通公司 20%～30%的波动率不足为奇，许多初创科技公司的波动率可高达 40%～50%。

同其他估值方法一样，期权定价法同样有值得商榷的地方。B-S 期权定价模型是建立在欧式期权基础上的，欧式期权是指买入期权的一方必须在期权到期日当天才能行使的期权。这意味着如果过早行使权利可能会造成计算误差。模型的一个核心假设就是“标的公司”价格波动呈对数正态分布，即价格是连续的。但是，价格的变动不仅有对数正态分布的情况，还有因为重大事件而引起的巨大波动(黑天鹅效应)，市场瞬息万变，忽略后一种情况是不全面的。所以，我们一定要谨慎使用期权定价法。

期权定价模型如果使用不当，估值很有可能被抬高，造成本应该被“枪毙”的项目重新启动。同时从另一个角度来说，初创公司和风投机构谈判的时候，如果风投说，我准备投 1 000 万元，占 20%的股权，但是要分四期到账，每期 250 万元，千万不要想都不想就立即答应，因为这样就等于免费赠予对方连续三期的认股权证，估值不变。并且把自己立于潜在的风险中，即使签订了强制约束性协议也是一样，在钱没有到账的那一刻，一切皆有可能。所以遇到分期投资的情况，创业者要重新计算估值，还要考虑风险。

【阅读材料】

科创企业定价起底　机构破解估值难题

高科技公司往往有着发展前景广阔但面临不确定性、成长迅速但盈利不稳定、商业模式新颖但难以找到可比公司等问题，这些导致传统的利用市盈率、市净率的估值方法不再适用。如何构建新的估值框架体系，特别是对于未盈利企业如何估值，以及市场化定价背景下如何正确看待市盈率指标高低，都是市场非常关注的问题。机构人士建议，投资者对市场化的定价估值需要理性看待，要容忍不同公司、不同行业的不同定价，特别是对于科创板开板初期有可能出现的估值水平短期大幅波动，投资者要保持一颗平常心。

1. 定价流程全透视

近日，科创板拟上市企业华兴源创、睿创微纳、天准科技、杭可科技和澜起科技相继确定了发行价格，分别为 24.26 元/股、20.00 元/股、25.50 元/股、27.43 元/股和 24.80 元/股，扣非前市盈率和扣非后市盈率分别为 39.99 倍和 41.08 倍、71.10 倍和 79.09 倍、52.26 倍和 57.48 倍、38.43 倍和 39.80 倍、38.02 倍和 40.12 倍。

作为科创板及试点注册制的一项创新，市场化询价发行一直受到市场广泛关注。在发行阶段，主承销商会向机构出具研究报告，作为询价阶段的参考，给询价对象提供发行价的建议。“此前机构报价都很简单，发行阶段没有询价报价流程，也不需要机构有定价能力。但现在机构自主报价，这个过程需要机构具备对企业价值的判断能力，也体现机构研究和定价能力。”某头部券商投行业务负责人李想(化名)告诉中国证券报记者，尽管券商会在发行时给出定价参考，但机构投资者的报价是完全自主的。

北京某基金公司基金经理表示，经历首次科创板询价定价，发现其与此前主板最大的不同在于，没有 23 倍市盈率锚定的定价后，需要机构在券商提供的投价报告范围内寻找合适报价。“其实是一个相机抉择和复杂博弈的过程。长期来看这也是价值定价过程，收益率终归与定价存在关联。”

有基金经理表示，具体报价决策过程中，首先，由研究员对标的进行分析，根据估值模型及已上市企业中同类型企业目前估值水平，综合考虑给出合理估值价格区间；其次，参考投行给出的投资价值报告所认为的合理区间，在进行综合比较后，选出三个可能价格，供基金经理参考；最后，由基金经理选择具体申报价格。

2. 估值结果存在差异

在市场化定价的背景下，投资者对市场化的估值定价需要理性看待。李想表示，对于估值方法而言，不同行业的公司估值差异很大，每个行业里的不同产业链的公司估值也差异很大，不可能都按照同一个模型来估值。不同行业不同公司所处的阶段和成长性不同都会带来估值结果决定性的差异。例如，虚拟现实、人工智能或云计算类的公司可能估值会有 70～80 倍市盈率。

“我们不能苛求 A 股所有的上市公司市盈率都是 15 倍或 20 倍，企业在二级市场上估值也是有分化的，银行股可能估值几倍市盈率，白酒行业有公司估值几十倍市盈率，科技行业有公司估值可能达到一百多倍市盈率，这个差异是正常的。理解二级市场不同行业、不同公司的估值差异，也就能理解科创板发行阶段不同公司的估值差异了。”李想说。

事实上，目前对于科创企业的估值，行业内并没有统一的标准，不同的估值模型从不同的角度去看企业，对于同一家企业在不同发展阶段需要采用不同的定价方法。

安信证券策略分析师陈果认为，在确定选用何种估值方法前要先做三个判断：一是判断企业究竟是单一业务型还是多元业务型；二是从所属行业、商业模式、发展阶段这些维度去判断业务类型；三是判断是否存在战略转型、兼并收购、可比公司等情况，继而选定估值方法。

申万宏源研究报告建议，按照企业的不同生命周期使用不同的估值方法。对于处于概念期的企业，VM 指数法(VM 指数＝本轮投前估值/前轮投后估值/两轮之间间隔月数)和实物期权法较为适用。对于新产品导入期的企业，对行业空间和客户价值的评估是关键。对于处于成长期的企业，业绩增速是重点，根据企业是否跨过盈亏平衡点可分别用 PEG（市盈增长比率）估值法和市销率（P/S）估值法。对于处于成熟期的企业，盈利和现金流是基础，DCF、P/E、P/B、P/S、EV/EBITDA 和 NAV 等估值方法均适用。对于衰退期的企业，“当下”重于“未来”，重置成本法是最好的选择。

3. 破解未盈利企业估值难题

未盈利企业可以申请上市是科创板的重要制度创新之一，对未盈利企业该如何估值定价是一大难题，特别是对于普通散户投资者来说，需要有专业的背景才能识别企业价值和判断可能存在的风险。

“未盈利企业大多出现在生物制药、人工智能、互联网和新能源领域，这是企业所处行业面临的阶段性特点。”李想坦言，但这些企业肯定是有价值的，要用不同的模型和方法来看待这些企业，不再统一地用市盈率估值法，而是可以采用市销率估值法等。例如，对于生物医药企业，虽然前期可能是亏损的，但行业对于其亏损阶段的估值方法是有共识的，大多采用风险调整后的折现估值法。

星石投资认为，处于初创期的企业，大多还未盈利，甚至尚未取得较为稳定的收入，估值的核心在于市场对其研发能力、研发技术、产品的认可度。但是，就企业本身而言，未来的发展仍有较大的不确定性。对初创期的企业估值，一级市场类比估值方法或者期权定价模型比较合适。前者主要参考一级市场股权投资基金、创业投资基金对企业的估值，对企业进行价值评估。后者是把企业拥有的研发技术、成长机会当作一种期权，然后通过期权定价公式，计算出每项期权的价值，加总之后就得到企业的估值。

某外资券商投行负责人告诉中国证券报记者，在对企业估值时，需有坚实的数据基础，不能“空中画饼”。目前海外通行的估值方法是，在同行中找最相似的可比公司进行估值，或将此前投资人的估值当作参照系进行比较。

除参照上述方法外，资深投行人士王骥跃表示，对未盈利企业的估值需要搭建模型，由于不同企业的获利点不同，因而估值时参考的依据不一样，也就不能用同一套办法对不同企业估值。具体看来，对未盈利企业估值要根据行业及企业自身特点进行。例如有的企业产品市场空间大，有的则是产品用户多，可根据一个用户值多少钱来估值；有些企业即将达到盈亏平衡点，可以预计企业未来的盈利状况，再据此进行估值；有些企业的经营活动现金流已经明晰，虽然企业还未盈利，但可依据现金流进行估值。

资料来源：郭梦迪．科创企业定价起底 机构破解估值难题[N]．中国证券报，2019-07-08。

科创板云计算第一股优刻得即将启动申购：该如何对 IaaS 公司估值

据 IPO 早知道消息，优刻得（688158.SH）昨天（1 月 6 日）晚间发布首次公开发行股票并在科创板上市发行的公告，确定此次发行价格为 33.23 元/股。根据此前披露的信息，优刻得将于明天（1 月 8 日）开始申购。

若成功上市，优刻得将成为科创板首家同股不同权，首家采用第二套标准上市的企业，这些都源于科创板的包容和创新。

正如很多科创板新上市企业一样，优刻得发行市盈率是否过高，也成为资本市场讨论的话题。优刻得本次发行价格 33.23 元/股，按 2018 年度扣非前净利润计算，对应发行后总股本口径，优刻得发行价对应的市盈率为 181.85 倍。优刻得招股书的风险提示中，也对发行市盈率偏高的问题做了提示：云计算行业具有先投入再盈利的特点，公司收入快速增长，处于成长期，适用企业价值倍数(EV/S,企业股权价值/收入)、市销率(P/S,总市值/主营业务收入)等收入类的估值指标。如在发行时针对公司采取收入类指标进行估值,则本次发行存在发行市盈率偏高的可能性,未来可能存在股价下跌给新股投资者带来损失的风险。

在科创板推出之前,优刻得于2016年拆除可变利益实体(VIE,Variable Interest Entities)结构,变为纯内资的公司。如果要在A股上市,优刻得必须在激烈的云计算市场中竞争,一方面,保持一定的规模和营收增长,以继续在市场中保持领先;另一方面,又必须满足当时A股上市3年盈利的政策门槛。而科创板的五套上市标准,淡化了对企业利润的要求。

另外,优刻得还利用科创板政策空间,设置了"特别表决权",即同股不同权,保证了创始人对公司的管理决策权。招股书显示,公司实控人季昕华、莫显峰及华琨持有的A类股份每股表决权为其他股东(含本次公开发行对象)持有的B类股份每股表决权的5倍。本次发行前,季昕华等3人合计直接持有26.83%的股份,通过特别表决权设置持有64.71%的表决权。

以"成长性"来估值的市销率对优刻得这样还在投入和快速成长期的公司是更加合理的估值指标,市销率反映了企业商业模式、科技投入的长期价值,以及被用户市场验证的成长速度。对于优刻得来说,科创板的一系列政策创新是重大的利好和机遇,使企业释放了成长过程中的各种压力。

暴增的P/E是泡沫还是市场博弈?

以上的讨论其实已经说明科创板对A股估值逻辑的重构,投资者开始接受与"成熟公司"不同的方法去评估公司中长期价值。例如,此前微芯生物(688321.SH)在科创板上市首日暴涨超5倍,市盈率一度超过1 000倍,截至2020年1月6日收盘,其滚动市盈率为629倍。

不可否认微芯生物超1 000倍市盈率肯定有科创板优质标的供应稀缺导致市场爆炒的因素存在,上市首日股价肯定远远超过了合理估值,但排除科创板溢价的因素,我们也能找到市场坚定认为其价值能够成长的理由。

从披露的信息看,微芯生物三款贡献业绩的潜在产品包括西达本胺、西格列他钠和西奥罗尼。西达本胺已于2014年12月上市,且西达本胺非小细胞肺癌适应症正在进行Ⅲ期临床试验。另外,糖尿病药物西格列他钠和靶向肿瘤药物西奥罗尼也是在临床试验阶段或申报生产阶段。

微芯生物之所以得到巨大关注,很重要的原因是它是科创板上市的难得的创新药企。这类企业的增长往往是爆发式的,利润的增长存在数量级的差异。正因如此,产品线早期阶段的公司的估值用P/E法容易失真,更何况目前A股中同类型的创新药企几乎没有,P/E过高或过低,参考价值都不大。而对于这样的企业,机构更广泛采用的估值思路是预估产品贡献的自由现金流和净现值。

与美股同业对标:收入增速与潜力更值得参考

前期投入巨大,研发费用需要长期较高投入,是优刻得所在的2B服务领域与创新药企的共同特征,也是科创板企业的特征,所以给它们估值时营收增速是重要指标。

再对比美国B2B市场,EV/S和P/S普遍被用于这类企业估值,两者逻辑一致,都是观察2B企业的收入增速和潜力。

国内外机构跟踪美股对标市场结论基本一致。以广证恒生为例,一般认为在企业规模较小时,P/S值与股价呈负相关,随着企业发展成熟逐步转变成正相关。一开始P/S值能随着企业销售规模扩大而下降。随着企业成熟度的上升,营收的不断上升和研发费用在其营收占比趋于固定,P/S值与收盘价的负相关性会转变成正相关性。

对前期巨额烧钱的 B2B 企业来说，微薄盈利或者亏损都无法将市盈率看作一个有效估值指标。再对比美国 CDN 服务商 Cloudflare，它与、AWS、等巨头竞争，使其边缘安全实现了业务快速扩张。公司上市前连续亏损 3 个财年，IPO 发行市值达到 44 亿美元。从营收角度来看，公司的发行市销率约为 18.7 倍，反映了资本市场对于其营收持续增长的认可、对盈利能力的包容、对未来进一步成长的良好预期。

对 IaaS 估值：先巨额吞金，后规模效应

回到优刻得，2016 年度、2017 年度、2018 年度和 2019 年 1～6 月，优刻得营业收入分别为：5.16 亿元、8.40 亿元、11.87 亿元和 6.99 亿元。2017 年度和 2018 年度同比分别增长 62.60％和 41.39％；2019 年 1～6 月较 2018 年 1～6 月同比增长 32.13％。

收入规模的提升对任何一家与巨头竞争的云计算企业来说都不容易。中金公司认为，对优刻得来说，其对资金需求的迫切程度相对其他硬科技企业更甚。公有云行业前景巨大，具有极高的技术壁垒，需要大量资金源源不断地投入，堪称“吞金兽”，历来都被认为是阿里、腾讯、华为、百度等“巨头的牌桌游戏”。优刻得是科创板上市的第一家云计算企业，同时也是云计算领域在巨头围攻下唯一一家没有站队的创业公司。

据优刻得招股说明书显示，公司将通过以下方式拓展新的下游行业和客户：发力互联网腰部客户，腰部客户对优质、贴身的云服务有强烈需求，公司可以凭借优质的服务、灵活的产品能力和敏捷的开发能力，形成差异化优势，错位竞争。

分析指出，由于优刻得的 IaaS 业务本身是一种“重资产”服务模式，需要较大的基础设施投入和长期的运营技术经验积累，对于企业自身的资金规模和业务水平也提出了较大的挑战。但由于 IaaS 模式具备较强的规模效应，一旦优势开始显现，将产生马太效应，并通过价格、性能和服务为企业建立起较宽的“护城河”。这种情况下，公司市盈率就会随着净利润的波动产生较大起伏，相比之下以市销率估值会更加公允。

资料来源：本文转载自微信公众号 IPO 早知道，作者：罗宾。

案例阅读与分析

私募股权估值调整协议的设计与案例分析

1. 估值调整协议释义

PE 机构对目标企业进行投资，通常看重企业未来的成长性，一般体现在营业收入与营业利润的增长上。此外，企业 IPO 的时间进度直接影响 PE 的投资周期，因此 IPO 的时间安排也是 PE 机构关注的核心问题。

但是，对于 PE 机构而言，尤其是对于从事财务型、非控股收购的 PE 机构而言，无法把控目标企业业务与利润的增长，对企业上市节奏的影响力也较小；与此同时，PE 机构对目标企业业务与利润增长的判断，以及对未来上市的时间及可能性的判断，很大层面依赖于目标企业及其实际控制人的信心、分析与论证。于是，这种情形便很常见：目标企业及其实际控制人满怀信心，预测未来三年会按照 5 000 万元、7 000 万元、9 000 万元的利润实现增长，并有信心在第三年实现上市交易。基于这样的一种前提判断，PE 投资就有价值；但问题是，这样的一种预测不能够像数学逻辑那样可以通过很严谨的演算获得求证。一方面，企业方满怀信心的预测，并通常以此预测为基础确定企业估值；另一方面 PE 机构对确定性的疑虑又无法消除，估值调整协议便由此产生。

通常，估值调整协议是指收购方（投资方）与出让方（融资方）在达成并购（融资）协议时，对于未来不确定的情况进行的一种约定；如果约定的条件出现，投资方可以行使某种权利；如果约定的条件不出现，融资方则行使某种权利。

根据前面介绍可知，通常目标企业未来的业绩与上市时间是估值调整协议的主要内容，与此相对应的条款主要有估值调整条款、业绩补偿条款与股权回购条款。

（1）估值调整条款

PE机构对目标企业投资时，往往按市盈率法估值，以固定市盈率值与目标企业当年预测利润的乘积作为目标企业的最终估值，以此估值作为PE投资的定价基础。PE投资后，当年利润达不到约定的利润标准时，按照实际实现的利润对此前的估值进行调整，退还PE机构的投资或增加PE机构的持股份额。

（2）业绩补偿条款

投资时，目标企业或原有股东与PE机构就未来一段时间内目标企业的经营业绩进行约定，如目标企业未实现约定的业绩，则需按一定标准与方式对PE机构进行补偿。

（3）股权回购（又称回购）条款

投资时，目标企业或原有股东与PE机构就目标企业未来发展的特定事项进行约定，当约定条件成立时，PE机构有权要求目标企业或原有股东回购PE机构所持目标公司的股权。

此外，有观点认为，PE机构与目标企业及其原股东之间就关联交易的避免、大额负债的披露、竞业限制、股权转让限制、反稀释、优先分红权、优先购股权、优先清算权、共同售股权、强卖权、一票否决权等内容的约定，也应包含在估值调整协议中。本文认为，这些内容属于投资协议的内容，其拟解决的问题具有确定性，严格意义上讲，不能划归到该协议中。

2. 案例分析：俏江南与鼎晖投资的估值调整协议案例研究

2008年9月30日俏江南与鼎晖投资签署估值调整协议，约定俏江南必须在2012年12月31日前上市，否则张兰将付出高昂的价格回购鼎晖持有的俏江南股权。然而经过多次尝试，俏江南未能在协议中所限定的时间内上市，张兰最终失去俏江南控制权，黯然离场。

（1）协议双方简介

① 俏江南

1992年初，北京东四大街一间102平方米的粮店，被出身于知识分子家庭的张兰租下并改造成了“阿兰餐厅”。伴随着市场经济的发展，阿兰餐厅的生意逐渐红火。之后，张兰又相继在广安门开了一家“阿兰烤鸭大酒店”，在亚运村开了一家“百鸟园花园鱼翅海鲜大酒楼”，生意蒸蒸日上。

2000年4月，张兰毅然转让了所经营的三家大排档式酒楼，将创业近10年攒下的6 000万元投入中高端餐饮业。在北京国贸的高档写字楼里，张兰的第一家以川剧变脸脸谱为标志的“俏江南”餐厅应运而生。

2006年，张兰创建了兰会所。她直言创建兰会所“就是冲着2008年北京奥运会这个千载难逢的机会去的”。紧接着俏江南又中标了北京奥运会唯一中餐服务商，在奥运期间负责为8个竞赛场馆提供餐饮服务。

2008年7月，兰·上海正式创建，目标直指2010年上海世博会的商机。之后，俏江南旗下4家分店成功进驻世博会场馆，分别是两家俏江南餐厅，一家蒸steam以及一家兰咖啡。至此，俏江南的中高端餐饮形象可以说已经相当鲜明，并且在全国多个城市开了数十家分店。

② 鼎晖投资

鼎晖投资是目前专注于中国投资的最大投资基金，在投资过程中还与摩根士丹利亚洲投资、高盛投资等国际知名的投资机构进行联合投资。鼎晖所投资的知名企业主要有蒙牛乳业等。

(2) 俏江南引入私募股权投资的原因

① 内部原因

前期的发展成功让领导者认为市场的潜力巨大,要做中餐第一家,领导者开始谋划更高一层的发展,让企业能够去资本市场公开募集资金,把俏江南的分店开遍全国,甚至在世界各地都能吃到俏江南的中餐。要实现企业的发展目标,最好的融资方式就是采用私募股权融资,利用资本的力量帮助企业完成变革,借助资本来完成扩张,达到在资本市场上市的目的。

② 外部原因

餐饮业虽然市场总容量巨大,而且消费刚需属性特别强烈,但却是典型的“市场大、企业小”的行业,行业集中度异常低。散乱差、标准化不足等因素,使该行业长期以来难以得到资本的青睐,始终依靠自有资金滚动式发展。

2008 年全球金融危机的爆发成为餐饮业与资本结合的分水岭。资本为规避周期性行业的波动,开始成规模地投资餐饮业。

在这种既有规模优势又有高端标签,还有奥运供应商知名度的背景下,俏江南招来资本伸出的橄榄枝。2008 年下半年,俏江南与鼎晖投资开始接洽,达成合作意向。

(3) 私募股权投资进入俏江南的过程

确定鼎晖投资为俏江南股权融资的投资方后,接下来双方开始拟定详细的合作细节,俏江南用 10.256%的股权换得鼎晖投资价值约 2 亿元人民币的美元投资(股权分布如图 5-1 所示)。据此计算,俏江南的估值约为 19 亿元人民币。在张兰看来,俏江南是被低估的,而另一家曾有意投资俏江南的机构透露说,鼎晖的报价是他们报价的近 3 倍。相较而言,鼎晖显然又出了高价。无论实际情况如何,张兰认为公司被低估都是人之常情。

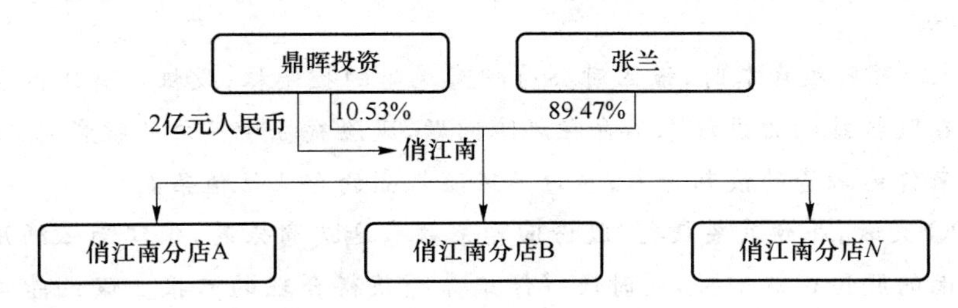

图 5-1　鼎晖入股俏江南股权分布图

既然是私募股权融资,融资方与投资方自然少不了要签署包含系列条款的投资协议,俏江南和鼎晖签订的第一个补充协议就是关于私募股权退出方式的条款。双方约定,在获得投资四年之后,俏江南的经营业绩要满足上市的条件,实现股权在公开市场可以进行交易。如果没有能够实现股权的公开自由转让,且不能上市的原因与鼎晖无关,那么俏江南就要按照每年 20%资本成本购回鼎晖所拥有的俏江南的股权。

双方签订的第二个补充协议是关于公司清算的条款。如果公司因经营不善发生了合并或被收购、公司实际控制人的股权下降到一半以下等丧失对公司控制权的事件,优先股股东可以在创始人之前获得初始投资额的双倍回报。

双方签订的第三个补充协议是如果公司没有能够实现在公开市场上市且俏江南无力用双

倍的价格来赎回鼎晖手中的股份，鼎晖可以将手中的股份转让给第三方。在转让给第三方的股权价值无法偿还鼎晖和俏江南约定的回报的情况下，投资方有权出售创始人手中所拥有的俏江南更多的股权，来收回投资时所约定的回报金额。

(4) 俏江南引入私募股权投资后的状况

① 经营成果

实现融资的俏江南逐渐变得高调起来，曝光度也大幅增加。因为已经具备一定的资金实力，俏江南也明显加快了扩张速度，计划在2年内增加新店20家，到2010年年末分布于全国的店面总数超过50家。

② 上市失败

2011年3月，俏江南向证监会提交了A股上市申请。考虑到A股上市的排队企业数量以及A股上市审核流程，俏江南要实现2012年年底之前上市，时间已经相当紧迫了。但监管层冻结了餐饮企业的IPO申请。2012年1月30日，证监会例行披露的IPO申请终止审查名单中，俏江南赫然在列。

A股上市无门，俏江南不得不转战港股。2012年4月，来自瑞银证券的消息称，俏江南将于第二季度赴港IPO，融资规模预计为3亿～4亿美元。但此后大半年，再无关于俏江南赴港上市进展的消息。

2012年12月初，俏江南集团总裁安勇对外透露，俏江南赴港IPO已通过聆讯。在此之前，俏江南在投行的带领下拜会了香港市场的各路机构投资者，但在市场寒流面前，潜在投资者显然不可能给出高估值，投资人愿意出的价格与张兰的预期相差悬殊。张兰决定等待更好的股票发行时间窗口。然而市场形势每况愈下。即便鼎晖同意IPO的时间点延后半年，俏江南的赴港上市也没能实现。

上市风波告一段落，然而相对于股权变化来说，上市失败只是一个开始。

③ 股权结构

第一次引入私募股权资本时，张兰对公司拥有绝对的控制权，股权占有比例高达89.47%。此时的俏江南在股权结构的设计上不存在风险问题，风险存在于签订的投资补充协议条款，即用公司的业绩来作为融资的谈判资本，签订了风险较高的企业估值条款。

俏江南IPO失败，导致其要履行“股份回购条款”，这就意味着，俏江南必须用现金将鼎晖所持有的俏江南的股份回购回去，同时还得保证鼎晖获得合理的回报。假设鼎晖在协议中要求每年20%的内部回报率的话，那么鼎晖于2008年的约2亿元人民币的原始投资，在2013年要求的退出回报至少在4亿元以上。

处于经营困境中的俏江南，显然无法拿出这笔巨额现金来回购鼎晖手中的股份。鼎晖在俏江南的投资似乎退出无望了。其实不然，鼎晖依然还有后路可循。既然俏江南没钱回购，那鼎晖就可以设法将手中的股权转让给第三方。此时，当初签署的“领售权条款”就开始发挥作用了。

2013年10月30日，路透社曝出欧洲私募股权基金CVC计划收购俏江南的消息。

2014年4月，CVC发布公告宣布完成对俏江南的收购。根据媒体的报道，CVC最终以3亿美元的价格收购了俏江南82.7%的股权。由此可以推测，除了鼎晖出售的10.53%的股权，其余超过72%的部分即为张兰所出售。此时俏江南股权结构如图5-2所示。

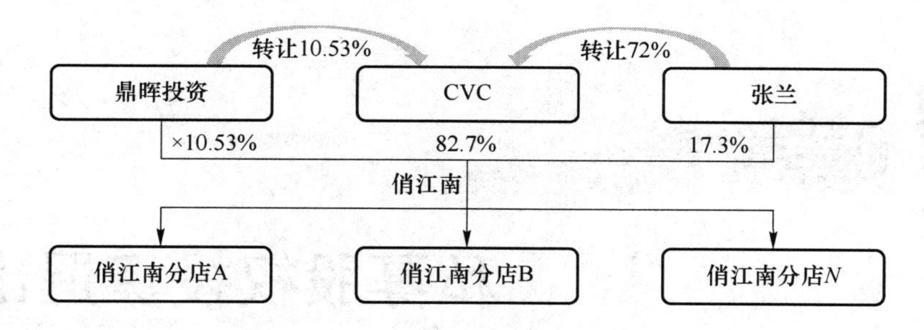

图 5-2 触发条款后俏江南股权分布图

(5) 俏江南与鼎晖签订估值调整协议风险分析

① 财务管理层面面临的风险

俏江南追求快速的增长模式,资金消耗巨大,加上营运成本上升导致资金严重不足。俏江南在引入鼎晖投资后,鼎晖向公司提供了股权激励的建议方案。根据相关资料显示,2010 年张兰以 1 508 万元人民币把俏江南 4.7%的股份转让给公司高管。以鼎晖进俏江南约 20 亿元的估值计算,让利了 8 000 万元人民币。

由于不能在港交所上市,俏江南处于严重的财务危机中,再加上与鼎晖沟通上存在的问题使双方矛盾激化,俏江南不能再次运用私募股权投资进行筹资。其次,按鼎晖当时投资俏江南的估值调整协议,俏江南没有在 2012 年成功上市,鼎晖有权通过由俏江南原股东高溢价回购股权的方式退出。俏江南不仅融资发展计划没有成功,还面临更大的财务压力。俏江南作为家族式企业,需要支付的资金是由大股东而非企业负责。所以张兰家族不得不卖掉大部分股份以支付这笔资金,进而丧失了企业的控制权。

② 经营管理层面面临的风险

俏江南一心扩大经营,走上了加盟扩张的道路。企业一旦走上可复制与快速扩张的道路则独特性就会丧失。况且,随着门店的增多,信息或者人事方面就会越复杂,容易给企业带来合同纠纷、管控不力、品牌受损等问题。加盟店先后曝出的"地沟油事件""死鱼上桌"等丑闻都对俏江南品牌声誉产生了影响。

【课后思考题】

1. 影响私募股权投资中的企业估值的因素有哪些?

2. 什么是经济性资产负债表?

3. 公司价值由哪些部分构成?

4. 什么是税盾?举例说明税盾价值的产生。

5. 什么是市场法?市场法的类型有哪些?试分析市场法在私募股权基金估值中的适用情况。

6. 什么是现金流折现法?现金流折现法的类型有哪些?试分析现金流折现法在私募股权基金估值中的适用情况。

7. 什么是成本法?成本法的主要类型有哪些?试分析成本法在私募股权基金估值中的适用情况。

第6章 私募股权投资退出

6.1 PE退出的含义及退出阶段

6.1.1 PE退出的含义

私募股权基金的退出也称蚀本，是指当所投企业达到预定条件时，私募股权基金将投资的资本及时收回的过程。

退出环节是私募股权基金运作最重要的环节，能否顺利退出不仅关系到前期的投资是否能收回，而且关系到后期的再投资和再筹资是否能顺利进行。因此，私募股权基金在企业需要的时候介入帮助其发展壮大，在合适的时机退出，投入到下一轮项目中，这样能够保证资金在空间上和时间上的循环，实现投资活动增值和良好的资本循环，让资金得到高效流通，实现预期目标。

此外，退出成果为评价私募股权基金管理人提供了客观标准。投资者将据此选择是否继续投资管理人发起的私募股权基金，而其他企业家也将据此选择是否接受该管理人管理的私募股权基金的投资。成功的退出能够提升基金管理人在业界的声誉，有助于基金未来的资金募集和发展壮大。对于基金所投资的企业来说，成功的退出能够发现其市场价值，给企业带来良好的声誉，为其经营扩张和品牌的建立带来机遇。黑石掌门人苏世民在与复星集团董事长郭广昌谈话时分享了黑石30年的成功秘诀，他认为核心就是必须关注结果。据传，KKR集团的创始人也说过，“不要在投资的时候庆贺我，在我成功退出时再庆贺”。这既表明私募投资者极其谨慎的行事风格，也反映出退出效果在私募投资基金行业的重要性。

6.1.2 PE退出阶段

一般来说，对退出时间起止认识不同会导致对PE退出认知的差异，进而造成对PE退出阶段划分的不同。因此，在探讨PE退出阶段之前有必要明确退出起止时间。

1. PE退出起止时间之争

在私募股权基金发展早期，大量学者就开始探究其退出起止问题。当时，大部分学者认为退出阶段应当始于退出方案实施，止于现金流收回。然而，随着实践的发展，这一退出观受到一些学者的质疑，他们认为退出方案设计也应该属于退出阶段的内容，因为方案设计是否合理直接关系到退出过程是否顺利。在此基础上更进一步，他们认为在做出投资决定之前，如果私募股权基金的管理人能够预见其顺利实现退出，才会做出投资决定，否则不会进行投资，因此他们认为私募股权基金退出阶段从投资决策时就开始了，即退出阶段始于投资决策。这一观点有其合理性。一方面，从发达国家PE发展情况来看，私募股权基金在对项目进行筛选和评估时，已经将退出问题视为重要的考虑因素，能否顺利实现退出，决定着PE投资与否；另一方面，由于退出决定着投资收益的获取以及成功与否，在PE投资过程中，PE管理者一般会与企业管理者就退出时机以及退出渠道选择等重要问题进行商议，安排退出相关事宜。从这个角度看，退出活动从投资项目的评估和筛选时就开始了。

对于退出过程终结，起初学者们认为投资现金流收回就代表退出结束，投资成功。但是，随着PE实践的发展，越来越多的私募股权基金通过上市方式退出，采用该方式通常会有一定的持股锁定期。因此，学者们认为退出活动应该在投资全部收回时才结束。从实际操作看，成熟的私募股权基金在退出收回投资时都会对退出环节进行总结评价，为下次退出提供经验。因此，也有学者指出，PE退出阶段还应包括退出后的评价阶段。

综上所述，笔者认为PE退出阶段起于做出投资决策之时，止于退出后总结评价。退出是一个时期概念，而不是时刻概念，它是一个时期和过程，而不是一个时点和结果。

2. PE退出阶段划分

从私募股权基金退出的实际操作过程来看，可将PE退出环节划分为五个阶段，分别是投资机会识别与评估阶段、退出过程设计与商议阶段、退出准备与实施阶段、退出报价评估阶段和退出完成及评价阶段。

(1) 投资机会识别与评估阶段

退出活动开始于投资机会识别与评估阶段，在选择投资项目时，投资者就要开始考虑退出环节以及相关退出实施条件是否具备。同时，投资者要对项目环境进行评估，考虑其对退出活动的相关影响。

(2) 退出过程设计与商议阶段

选定了投资项目，接下来最要紧的就是设计退出的具体过程并进行相关准备。此环节中，基金经理一般会聘请专业的人员或者中介机构，如委托专业投资顾问、律师事务所、会计师事务所、投资银行等，进行相关咨询及评估活动，并协助进行相关工作。结合所选择退出途径的特点，制订详细的退出计划，包括退出过程中需要考虑的因素、退出时机以及具体退出渠道的选择，提交给董事会商讨决定。有学者指出，详尽的、切合实际的、具有预见性的退出计划对最终成功退出具有重大意义。

(3) 退出准备与实施阶段

在退出方案具体实施前，PE要进行大量的准备工作，包括市场环境资料的创建，与退出相关的法律法规、企业人员退休金安排、历年财务报告、可行性研究报告、相关受让人资料等材料的整理与分析，这些构成了对企业价值进行评估的基础。

经过一段时间的准备和对潜在受让人的分析，退出过程可以开始实施。基金管理人会将已经准备好的信息提供给潜在的受让人，确保受让人能够获得相关信息且能保持与公司管理层的接触。当然，在退出实施过程中，保密协议的签订非常重要，这体现了信息的价值。由于在退出实施过程中，潜在的受让人需要对公司产品进行调查，因此需要准备运行设备的说明性材料。这一过程可能持续几周或超过半年，具体时间取决于公司的规模、范围和复杂程度以及现存的文件资料。

(4) 退出报价评估阶段

收到不同潜在受让人的报价后，私募股权基金与其顾问会对不同退出渠道和报价进行综合评估。这一过程允许潜在受让人对报价进行修改,该阶段通常需要持续几周的时间。

(5) 退出完成及评价阶段

投资机构与被投企业谈判达成一致意见后,进行股权转移,交易最终达成,PE 原始投资得以收回。在完成相关程序后,对于整个过程进行事后评价,对以后的退出实施具有重要指导意义。事后评价最主要的依据就是投资回报,PE 的投资具有高风险、高收益的特点,因此以收益最大化为目标。

虽然将退出过程划分为五个阶段,但在实践中,各阶段间的具体界限还很模糊,持续时间受各种因素的影响而长短不一。总体而言,退出阶段的划分贯穿整个 PE 投资的过程。

6.2 PE 退出渠道

6.2.1 PE 退出渠道的主要种类

私募股权基金投资的主要目的不是获得企业的利润,而是通过所持有的股份增值并成功退出而获得高额收益,合理有效的退出渠道就成为整个投资环节的重中之重。私募股权基金的成功退出可以为投资基金赢得良好的市场口碑,为下一轮投资赢得更多的资金和信心,为创造"筹资—投资—退出—再投资"的良性循环奠定基础。由于被投企业内部成长过程和结果的多样性以及所依赖外部环境与条件的差异性,PE 的退出渠道也呈现出多样化的特点。而退出渠道的选择应根据被投企业自身的经营状况和所面临的市场环境加以确定。同时,这种选择不是固定不变的,应依具体情形加以最终确定。

在我国,私募股权基金主要的退出渠道有公开上市、股权转让、兼并与收购、股份回购、清算几种,而每种渠道都有其独特性和适用情形,没有优劣之分,需要依据不同的情形做出最合适的选择。

1. 公开上市退出

通过公开上市方式实现退出,是 PE 最期待的退出渠道,同时也是评判私募投资成败与否的重要途径。通过公开上市方式实现退出即通过将被投企业的股份权益,等额进行细分,公开在市场上交易流通,并组织企业上市,一次性或逐步减持其股份,以此实现退出。在美国,大约有 30%的风险资本通过被投企业公开发行上市而退出投资,并取得丰厚回报。PE 通过公开上市退出有两种途径:一是直接的 IPO,二是间接的借壳上市。

(1) IPO 退出

IPO 一般在私募股权基金所投资的企业处于成熟期且经营状况达到良好的情况下进行。当被投企业公开上市后,私募股权资本以货币或股票的形式退出,再通过私募股权基金内部损益分配的方式转移到资本投资者手中。IPO 方式可以使投资者所持有的非流动股权转变成可交易的上市公司股票,获得资本增值和股权自由流通交易,实现资本的盈利性和流动性。IPO 方式通常是私募股权投资退出的最佳选择。Bygrave 和 Timmons 研究发现,在私募股权基金的退出方式中,以 IPO 方式退出带来的价值最大,收益程度最高,投资回报率往往大幅度超出预期。

① IPO 退出的途径

从发行的场所及地点上划分,IPO 可分为境内 IPO 与境外 IPO。

境内IPO。境内IPO主要分为主板上市、中小板上市、创业板上市和科创板上市。主板市场即一板市场，是一个国家或地区证券发行、上市及交易的主要场所，境内的主板市场包括深交所和上交所。主板市场服务于比较成熟、在国民经济中有一定主导地位的企业。主板市场的进入门槛高，上市条件十分严格，它要求企业最近三个会计年度净利润均为正且累计超过人民币3 000万元。中小板指中小企业板，是相对于主板市场而言的。有些企业的条件达不到主板市场的要求，只能在中小板市场上市。中小板市场是创业板的一种过渡，要求企业为"两高五新"企业，属于深交所。中小板主要是为中小企业进行融资、发行股票而推出的。创业板市场又称二板市场，是与主板市场不同的证券市场，它是专为暂时无法在主板上市的创业型企业、中小企业和高科技产业企业等需要进行融资和发展的企业提供融资途径和成长空间的证券交易市场。在创业板市场上市的公司大多从事高科技业务，具有较高的成长性，但往往成立时间较短，规模较小，业绩也不突出。创业板市场门槛低但是风险大，是一个需要严格监管的股票市场，也是一个孵化科技型、成长型企业的摇篮，有助于有潜力的中小企业获得融资机会促进企业的发展壮大。科创板由国家主席习近平于2018年11月5日在首届中国国际进口博览会开幕式上宣布设立，并于2019年6月13日正式开板，独立于现有主板市场的新设板块。科创板主要服务于符合国家战略、突破关键核心技术、市场认可度高的科技创新企业，重点支持新一代信息技术、高端装备、新材料、新能源、节能环保以及生物医药等高新技术产业和战略性新兴产业，推动互联网、大数据、云计算、人工智能和制造业深度融合。

境外IPO。境外IPO即直接以境内公司的名义向境外证券主管部门提出登记注册、发行股票的申请，并向当地证券交易所申请挂牌上市交易。

由于境内IPO存在门槛高、程序复杂、等待时间长、结果不确定性高等因素，而境外证券市场大多采用注册制，上市条件相对宽松，因此大量民营企业选择境外IPO。但境外IPO必须符合我国对于境内企业境外上市的管理要求和境外上市所在国家或地区的法律规定，筹集的资金用途要符合我国的产业政策，因此企业要完成境外IPO，也并非易事。

② IPO退出的优缺点

IPO退出的优点主要有以下几点。第一，投资回报率高。一般来说，IPO退出较其他退出方式具有更高的内部平均收益率，许多被投企业的首次公开发行让其投资者一夜暴富。如苹果公司首次公开发行股票就获得了235倍的投资收益。第二，通过IPO成功退出投资，会为私募股权投资机构带来良好声誉，有利于继续融资。由于PE运作的项目并不能够全部实现盈利，一旦成功上市便能足以证明该PE在企业投资和管理运作上的不俗实力，进而为其树立专业、优质的形象，有利于其进行下一轮融资，开始新的投资周期。同时，所投企业中有几家企业上市已成为评价一个私募股权投资机构优劣的标准。第三，为被投企业带来声誉和新的融资渠道。企业上市意味着企业得到了市场的认可，企业从此成为公众化的企业。而股票市场给企业提供了进一步融资的平台，有利于企业的长期发展。

当然，IPO退出方式也有其不足之处。第一，成本高昂，耗费时间长。对被投企业而言，企业在上市前一两年需要准备大量资料，涉及承销商、会计师事务所、律师事务所等专业机构；需要经过股份制改造，保荐机构辅导、申报、审核等烦琐步骤。第二，受法规限制，不能立即退出。为了稳定股票价格，保护中小股票投资者的利益，各国证券监管机构都规定了一定时间的禁售期。根据2018年新修订的《上海证券交易所股票上市规则》，股票持有人不是控股股东或实际控制人的，锁定期为一年。在中国，多数私募股权投资机构都参与企业管理，都是上市企业的控股股东或实际控制人，因此锁定期为三年。这就意味着私募股权投资机构在企业IPO后仍需持有一段时间的股票，不能立即退出变现。第三，面临风险。一方面，企业首次公开发行与否不仅取决于企业自身状况，在很大程度上还受该阶段股票市场活跃程度的影响；另一方面，企业公开发行也因政府宏观政策的波动和证券监管机构的调控而增加了不确定性。

(2) 借壳上市退出

借壳上市，是指被投企业借助现有的已上市的“壳公司”而实现该企业在资本市场的公开融资的过程。广义的借壳上市包括买壳上市，此处的借壳上市是广义上的。狭义的借壳上市是指上市公司的母公司通过将主要资产注入上市的子公司中，来实现母公司上市的过程。而买壳上市即非上市公司通过证券市场，购买一家已经上市的公司一定比例的股权来取得上市的地位，然后通过反向收购的方式注入自己有关业务及资产，实现间接上市的目的。借壳上市通常由两步完成：首先投资机构要寻找相应的“壳资源”，并采用并购方式实现对该壳公司的控制；其次是投资机构将自有主要资本投入壳公司，完成上市。

被投企业如果能够通过借壳的方式上市，作为其股东的基金一样能够享受与IPO退出渠道类似的高收益，这是由非上市企业与上市企业巨大的盈利差以及壳资源的增值空间所决定的。因此，在2016年年底IPO审批加速前，借壳上市为众多投资机构所追捧。相比IPO，借壳上市的优势主要在上市的不确定性因素大大降低以及借壳上市的时间成本较为固定，很少受到法律政策及宏观经济环境等不确定因素的影响，而且在2016年证监会修订有关规定前还有一些制度漏洞为投资人规避监管、炒作壳资源提供了机会。但《上市公司重大资产重组管理办法(2016年修订)》出台后，有关借壳上市的审批规定趋于严格，之前绕过借壳上市审批标准的做法基本失灵。在证监会一方面对壳炒作进行施压，另一方面加大IPO审批力度的双重作用下，基金已不再急于通过借壳上市退出。

借壳上市目前也面临着一些不利因素，主要表现在以下几方面。①“壳公司”资源稀缺。上市公司本来就少，而可以作为壳资源的上市公司还必须同时满足经营情况较差、自身资质较好两个条件，因此这类上市公司数量更加稀少。②现金流要求高。借壳上市需要先将壳资源购买下来，因此需要大量的现金流来支付高昂的购买费用。③企业文化不易整合。由于两家公司在企业文化、管理模式、业务领域等诸多方面存在差异，借壳完成后，如何使其完美融合并最终实现企业资本运作，是一个艰苦且长期的过程。

2. 股权转让退出

股权转让退出是指PE公司将其所拥有的标的公司的股东权益有偿转让给其他机构或个人(不包括与标的公司相关的人员)以收回资本的行为，进而实现资产的变现，实现从标的公司退出的一种方式。广义上的股权转让包括并购，但并购以外的股权转让与并购的审核程序有很大不同，此处的股权转让不包括并购。

股权转让是股东行使股权经常而普遍的方式，《中华人民共和国公司法》规定股东有权通过法定方式转让其全部出资或者部分出资。股权转让具有流动性好、适用范围广、操作简单、成本低、效率高等特点，而且证监会对此种退出方式呈鼓励态度，只要交易双方能够达成协议，交易便能够达成。对于持股较多的私募机构来说，可以转让部分出资，如果能够找到合适的股权转让对象，商定出合适的价格，那么便可部分退出被投企业，实现部分收益，根据被投企业的后续发展状况，决定剩余股权的处置情况。对于持股较少的私募机构，可以转让全部出资，但是却不必经过并购这样烦琐的审核程序。从一定程度上说，股权转让属于一种不完全的退出方式，实现的收益有限，对于私募机构来说，是一种退而求其次的选择。

常见的股权转让退出方式包括协议转让退出、新三板挂牌退出、产权交易所挂牌退出等。

(1) 协议转让退出

协议转让是指股权的转让由交易双方通过洽谈、协商后签订交易协议，一方支付价款，另一方转移股权的交易方式。协议转让一般是面向第三方企业进行转让，包括向其他私募股权基金的转让。在我国现行的公司法体制下，有限责任公司的股权转让称为"股东出资转让"，股份有限公司的股权转让称为"股份转让"。

(2) 新三板挂牌退出

新三板正式名称为全国中小企业股份转让系统，是2013年在承接原两网公司和退市公司股份转让的股权代办转让系统的基础上建立起来的全国性的非上市股份有限公司股权交易平台。它的挂牌门槛非常低，是对主板和创业板市场的补充。新三板挂牌退出是指通过新三板股权交易平台进行股权转让的退出方式。

目前，越来越多由私募基金支持的中小企业实现了在新三板的挂牌，新三板在私募资本退出中扮演着越来越重要的角色。新三板退出是近几年刚出现并兴起的退出方式，其优势在于灵活、宽松的市场，良好的发展前景和国家政策的支持。新三板已逐步成为非上市股份公司股权顺畅流转的平台、创投和私募股权基金的聚集中心、多层次资本市场上市资源的"孵化器"和"蓄水池"。

根据我国交易制度的顶层设计，新三板企业如果符合上市条件，无须再按照普通的IPO流程进行审核，可以直接转入场内实现首次公开发行，但目前考虑到我国市场的环境和条件，转板制度尚未运行。而且新三板市场还处于成长期的现状决定了其各方面的制度还不够完善，流动性不足严重限制了新三板的退出。

(3) 产权交易所挂牌退出

在我国，产权市场与股票市场平行发展而又功能互补。产权交易所挂牌上市实质上就是拍卖，静待第三方询价转让。私募股权基金通过产权交易市场转让所持有的企业股权来收回投资的方式通常被称为"卖青苗"，即将所投企业的整体或部分出售给另一家企业继续"孵化"。在产权交易所挂牌，可以很快找到交易对手，此外，通过交易所的集中竞价交易，可以最大限度地提高卖价。对于基金数量多、投资项目多、投资规模相对较小、以人数参与分配、采取周期运作、多数达不到上市条件就需要流转退出的私募股权基金而言，产权交易所是适应私募股权投资发展需要的新型资本市场。

经过几十年的发展，我国产权交易市场逐步规范化，区域性的产权交易市场有上海联合交易所、北京产权交易中心等，陕西、河南、辽宁等省的地方性产权市场则具有更大的开放性和包容性。产权交易可以在全球范围内配置资源，无论国有或非国有、境外或境内，只要产权清晰，都可以进场交易，入市门槛很低。对于私募股权而言，产权市场大量的优质产权项目资源大大降低了其搜索成本，而产权市场所具有的非公开上市企业股权登记托管、企业并购和股权交易、股权回购、管理层回购、企业清算等功能都可以为私募股权提供畅通的退出渠道。

3. 兼并与收购退出

兼并与收购退出合称并购(M&A，Merge and Acquisition)退出。它以财务回报为首要目的，私募股权投资者在时机成熟时通过并购将自己在被投企业中的股份转让，从而实现资本的退出。兼并是指被投企业被其他实力较强的企业合并，组成新的公司。收购是指私募股权投资机构将股份转让给其他实力较强的企业，这些企业通过收购股份达到控制目标公司的目的。并购一般发生在行业内部，目标公司的发展引起了行业的关注，最终被行业内的其他企业吸收合并。

通过这种方式，标的公司资产可实现出售变现，私募股权基金实现退出获利；同时买方还可以通过这种方式整合资产、资源和人才，扩大自身的市场占有率。

当被投企业无法达到上市要求或投资机构认为企业未来发展潜力不大时，投资机构倾向于通过并购的方式退出资本。私募资本的投资策略决定了其不可能长期持有被投企业的股权，通过并购，出售企业的股权可以立即收回现金或有价证券，使投资人可以从企业中全身而退。在私募资本入股后，被投企业若未能呈现预期的高增长，或者企业虽然具有高成长性但暂时无法实现上市目标，通过并购退出，私募股权基金就可以选择在较短时间内收回成本并继续寻找有前景的投资项目进行投资。

私募股权投资通过并购的方式退出有以下优点。①退出速度快，可全额退出，并可以获取一定的溢价回报。通过并购退出，私募股权基金可以实现从项目企业的一次性完全退出，而且并购退出在创业企业的任何发展阶段都可以实现且机制灵活，可控性较强，可省去许多不必要的中间环节，一般只需4～6个月。②相对于IPO方式，成本费用少。并购面对的是少数的潜在买方，谈判交易成本相对较小，手续简单。中介费用不超过并购总价款的千分之七。在英国，中介费用占并购交易总额的1%～1.5%。③并购可以带来协同效应。协同效应是指并购后企业的产出大于并购前两家企业的产出之和，因为存在效率的改进。体现为合并后，两家企业合并为一家，企业整体规模扩大，边际成本降低，产生规模经济可以共用市场资源和先进技术，将外部成本内部化，外部融资能力也会有所提高。

当然，并购退出也有缺点。①相对于IPO方式，收益少。其收益为首次公开发行股票的20%。②企业易失去自主权，并购活动可能遭到管理层的反对。将企业的股份卖给其他企业后，会影响原企业的自主权和独立性，影响原股东和管理层对企业的控制，因此易遭到他们的反对。③并购后，并购双方会有一个磨合期，这也是所有并购企业都会面临的问题。业务、管理方面的磨合需要时间和精力，在一定程度上会影响经济效益。

4. 股份回购退出

股权回购(Buy-Back)退出是指被投企业股东或管理层通过一定程序，按照约定的价格向私募股权投资机构回购企业股份，进而使其退出的方式。股权回购一般分为以下两种情况：一是被投企业经营情况良好，企业的股东或管理层看好公司未来前景，为提高企业控制权选择向私募股权投资机构回购股份；二是私募股权投资机构在投资之初就同被投企业签订回购协议，规定了触发回购的一系列业绩条件，一旦经营管理及外部条件等因素触发了回购条件，私募股权投资机构有权要求被投企业以约定的价格回购股权，同时私募股权投资机构还与企业约定了补偿条款以便正常退出。

通常情况下，股份回购是一种不理想的退出渠道，它是为确保PE投入资本的安全性而设计的备选退出渠道。一般而言投资双方在签订投资协议时会附带股份回购条款，包括回购条件、回购价格和回购时间等。20世纪90年代以前，在美国风险投资的退出渠道中，股份回购退出占比达到20%左右，总量超过IPO方式退出。

(1) 回购条款的种类

投资协议的回购条款属于广义估值调整条款。一般约定在被投企业的业绩未达到设定的标准时由控股股东或实际控制人负责按照一定的价格收购基金所持股份，以确保基金按照一定的收益率回收资本。这种情况属于被动回购，是在发生双方均不愿见到的情况后，为维护投资人的利益而设定的保护性措施。其合理性在于投资人(基金)投资时通常给予企业高额估值，原股东会因此受益，那么对等的是，股东应当承担其估值缩水带来的风险，因此由股东自愿按一定价格回购并不能称为显失公平。也可能同时约定，在被投企业的业绩达到某一设定标准时控股股东或实际控制人有权按照一定的价格收购基金所持部分或全部股份。这种情况属于主动回购，是在被投企业经营超预期时，基金通过转让一定股份对控股股东予以奖赏，甚至转让全部股份并使股东彻底摆脱基金的制约。主动回购的价格通常比被动回购的价格要高，体现出利益共享的原则。

(2) 股份回购退出的优劣势分析

股份回购退出的优势体现在以下几方面。①当事人主体较少，权利和责任主体一般都非常清晰明确，产权交易的过程和程序相对简单。②资金退出稳妥而迅速。PE往往在投资之初便与被投企业签订回购协议，约定回购情形甚至价格，并在满足条件时启动回购程序，从而可以安全迅速地回笼资本进行下一轮投资。③对于控股股东而言，由自己回购股份，可以避免陌生人介入企业管理，有利于原股东继续保持对被投企业的控制。

当然，股份回购退出也有明显的局限性。①较低的投资回报率。股权回购的价格往往低于并购出售的价格，由此导致PE的投资收益率进一步降低。②较高的资金要求。股权回购通常以现金、票据及可转债等可流动证券支付，而PE会倾向选择流动性更强的支付方式，从而对被投企业形成资金压力，在被投企业经营困难的情况下，基金的回购要求还可能遭到拒绝，最终形成诉讼。③股份回购法律障碍较多。许多国家均对企业股份回购加以严格的限制与监管，无法满足法定条件或规避法律障碍的回购退出将无从开展。如在我国，回购交易必须符合我国公司法第一百四十九条和第一百八十条的相关规定，同时也必须符合公司法有关股权结构、股份减持及资产权益的相关规定。

5. 清算退出

清算退出(Liq,Liquidation)，是指被投企业的技术不能达到预期水平或由于其他原因不能继续维持经营，采取清算的方式解散企业，私募股权基金根据清算规则获得部分资金的退出渠道。此时，企业无法体现其作为整体的转让价值，而是不经济地退回到各单项财产的变价计算，因此对于PE而言是最无奈的退出方式，往往只能收回部分投资。

清算退出有两种情况，破产清算和非破产清算。破产清算是指公司资不抵债而致使其解散所进行的清算，它是私募股权投资机构和被投企业都不愿意接受的结果。此时，PE处于完全被动的地位，其作为股东享有的剩余财产分配权往往无法避免血本无归的结果。PE机构通过破产清算方式退出往往代表投资的失败，可能会引起外界对基金投资能力及市场判断力的质疑。非破产清算是指公司资产可以清偿债务而解散公司所进行的清算。在这种情形下，企业的负债往往小于或等于资产，PE在其中尚有一定的主动性，得以取回部分剩余资产。

在高风险的私募股权投资产业中，清算退出的案例并不少见。如蓝山中国(Blue Ridge China)在2006年11月和2007年3月的两轮融资中，对港资国际品牌服装连锁经营企业ITAT集团累计投资8 000万美元，支持其在中国的业务扩张。2008年，ITAT因企业持续盈利能力受到质疑，未能通过香港联交所上市聆讯，蓝山中国通过IPO渠道退出无法实现。之后，ITAT持续遭遇商业模式转型失败，并被爆出内控不力、财务造假、资金断流、大幅裁员、劳资纠纷等负面消息，背负巨额债务而濒临破产。蓝山中国最终只得以清算的方式结束此次投资，8 000万美元投资全部亏损。

6.2.2 PE退出渠道选择

1. 私募股权基金退出渠道选择的基本原则

(1) 投资收益最大化原则

依据价值投资理论，为了使获取的超额收益最大化，PE选择退出渠道时，也应该以利益最大化为原则。因此，投资收益最大化是PE投资追求的终极目标，也是PE退出决策的关键原则。PE投资应该在高成长的企业发展初期阶段投资企业股权，在企业成长发展的合适阶段退出投资企业，获取最大收益。

实现投资收益最大化必须把握以下两种方式。第一，绝对比较方式，即净现值(NPV)最大化。当企业的预期收益远远大于持有企业的成本，净现值呈变大趋势时，应当选择继续持有；当企业的成本大于企业预期收益，净现值呈变小趋势时，应当选择退出。第二，相对比较方式，即内部收益(IRR)最大化。内部收益最大化可以通过三个主要指标来评估。①投资回报率。投资回报率是衡量PE收益的重要标准，它可以参照资本资产定价模型，通过退出价格、退出成本和退出收益之间的相互联系计算确定。②流动性。Brennan通过实证研究证明流动性对股权定价的影响，如果PE投资后被投企业的股权流动性强，潜在的买家就愿意支付高价格，PE退出的收益就会越高，同时流动性也可以通过PE决策者的现金偏好和退出时效性来评定。③风险偏好。PE的决策者风险承受力低，则更倾向于在较早的时间以并购和股份回购的方式退出，如果PE的决策者风险承受力高，则更倾向于以IPO的方式在较晚的时间退出投资项目，获取更大收益。通过以上两种方式所得到的投资收益最大化的结果可能存在差异，PE应该根据被投企业的具体情况以及自身的风格和偏好选择一种方式作为退出决策的准则。

(2) 动态选择决策原则

从PE退出利益最大化角度分析，IPO无疑是最理想的退出渠道，资本市场对于企业未来发展的高估值可以使PE基金实现投资收益的最大化，然而实际操作却并不总是这样。学者通过研究1980—2003年美国、欧洲、澳大利亚的样本，发现IPO退出渠道占比在16%～34%，如表6-1所示。

表6-1 不同国家或地区IPO退出占比分析

研究国家或地区	研究学者	样本时间	IPO退出占比
美国	Giot, Schwienbacher	1980—2003年	16%
欧洲	Schwienbacher	1990—2001年	25%
澳大利亚	Cumming	1989—2001年	34%

由于市场环境千变万化，被投企业本身的发展存在着诸多的风险因素和不确定性，经济环境的周期变化对于发展型企业的成长影响非常显著。PE的投资周期一般较长，在整个投资周期内很难对于被投企业的发展趋势、经营状况、市场规模等决定企业价值的因素精准地把握，所以PE必须根据经济环境的大背景和被投企业的发展情况，不断地调整退出思路，针对不同的情况、具体的时机采用灵活的退出策略，选择合理有效的退出渠道。

2. 私募股权基金退出渠道选择的影响因素

通常情况下，私募股权投资机构在选定投资项目后，会根据融资企业的行业特征及未来发展趋势等因素事先确定一种退出渠道。但由于现实情况复杂多变，在涉及具体退出操作时，影响PE退出渠道的因素涉及诸多方面。欧洲学者Stenfan Povaly调查了欧洲具有代表性的48个PE投资的退出渠道，对影响私募股权投资退出渠道选择的因素进行了深入的研究，结果显示九种因素对其退出渠道的选择存在较大影响，按照影响程度从小到大依次为：PE机构专业能力、交易成本、募集资金要求、投资组合结构、融资企业规模、融资企业经营绩效、融资企业产业特征、退出执行的确定性、资本市场环境。

笔者在Stenfan Povaly研究的九种影响因素的基础上，结合我国私募股权投资的行业背景及发展情况，分别从宏观影响因素和微观影响因素两方面分析其对私募股权投资退出渠道选择的影响。

(1) 宏观影响因素

① 经济周期

经济周期是指在经济运行的过程中，经济繁荣与经济萧条交替出现循环往复的一种经济周期性现象。一个完整的经济周期通常包括衰退、萧条、复苏、繁荣四个阶段。反映在股市上，其周期一般指熊市和牛市交替出现的现象。当宏观经济处于上升阶段，上市公司的良好表现及业绩增长预期会吸引众多投资者，市场流动性充裕，投资热情高涨，有利于私募股权投资机构以 IPO 的方式退出。反之，当宏观经济处于衰退期或萧条期时，公司业绩往往会出现滑坡，谨慎的投资者通常会选择持币观望，市场流动性减少，交投清淡，新股发行速率也会降低，这时 IPO 难度会增加，即使成功上市也会极大影响投资收益。

宏观经济状况不仅会影响 IPO 退出，而且对于并购活动也会产生影响。根据经验，并购活动一般呈浪潮式发展，与经济周期呈现出一定相关性，并且是顺周期的。美国经历了典型的在经济周期影响下的五次并购浪潮：19 世纪末至 20 世纪初的横向整合浪潮、20 世纪 20 年代的纵向整合浪潮、1954—1969 年的混合多元化并购浪潮、1981—1989 年的杠杆收购浪潮和 1994 年延续至今的战略性并购浪潮。这五次并购浪潮的高峰期都有几轮世界经济周期高涨期与之对应，不过都存在 1～2 年的时间偏差。在经济衰退期，国内外需求大幅下降、库存增加、企业减产，导致企业价值开始缩水，市场流动性明显趋紧。此时并购活动也往往呈下降趋势，这导致大量私募股权投资机构难以从被投企业中退出。同时，很多被投企业会受到经济下滑的影响而难以为继，因此 PE 机构通过破产清算退出的比例会加大。当经济周期由衰退进入萧条的时候，受到系统性风险的影响，一些优质的企业也会出现价值缩水现象，而价值低估有时则会引发公司回购股票的行为。反之，当经济进入复苏期，市场上会出现新一轮的需求和投资，这时企业的生产水平、开工率大大提高，企业价值增长预期增加，会使并购市场趋于活跃。总体来说，宏观经济的运行周期通常会与私募股权投资的退出呈顺周期关系。

② 资本市场环境

良好的资本市场环境有助于改善退出渠道集中于一种方式的情况，能够使退出过程更加顺畅。

资本市场环境主要是指多层次资本市场体系的建立、证券市场成熟度、法律法规的建设、政府宏观指导政策等方面，完善的资本市场环境可以有效降低 PE 退出的系统风险，保障 PE 的良性发展，为 PE 提供更加可行的退出渠道。学者 Kaplan 和 Stromberg 通过研究 1998—2001 年 23 个国家 145 个投资项目的退出渠道，发现各国的资本市场环境不同，退出渠道存在较大差异，并认为资本市场环境对于 PE 的退出渠道影响较大。

第一，多层次资本市场体系。它包含两个方面的含义：一是指针对质量、规模、风险程度不同的企业，为满足多样化市场主体的资本要求而建立起来分层次的市场体系，包括主板市场、二板市场(创业板市场)、三板市场(场外市场)、债权市场等；二是指金字塔式的多层次架构，由上到下可以划分为全国性的场内交易市场、集中的场外市场、地方性或区域性的产权交易市场等多个层次。完善的多层次资本市场体系为企业的发展提供一个公平竞争、促进创新的市场环境，使不适合市场发展的企业难以在资本市场上生存。完善的多层次资本市场体系能够不断提高资本市场的投资价值，实现资本资源的优化配置，降低 IPO 退出的难度，为并购提供场所，为股份回购提供便利条件，为破产清算提供法律通道。

经验证明,多层次的资本市场有力支撑和促进了发达国家私募股权市场的繁荣,也为PE的退出提供了广阔的选择。我国的PE退出渠道以IPO为主,而欧美成熟经济体的IPO退出只占很小一部分,更多的是通过并购退出。以美国为例,其多层次资本市场建立得非常完善,可分为三个部分:首先是全国性的证券交易市场,也是全球最大的交易所——纽约证券交易所(NYSE),主要为大型企业提供上市服务。其次是场外交易(OTC,Over-the-counter)市场。最具代表性的就是纳斯达克市场。它又分为两个层次,第一个层次属于全国市场,主要向经过小型资本市场发展起来的规模较大的公司提供服务,其上市的标准也比较严格;第二个层次是1992年才设立的小盘股市场,即小型资本市场,具有较低的上市门槛。OTC市场是连通纳斯达克市场和更低层次的“粉红单市场”的链条,粉红单市场属于更低层次的资本市场。最后是地方性市场,包括各种区域性证券交易所和“未经注册的交易所”。如费城证券交易所、太平洋证券交易所等,这些市场主要服务于当地的中小型企业,为区域经济发展提供直接融资的平台。这种多层次、广覆盖的证券交易市场的存在,使不同类型和发展阶段的企业都可以找到适合自己退出的渠道。

第二,证券市场成熟度。证券市场成熟度是综合考核市场发育程度的重要指标。证券市场成熟度主要通过市场竞争度、市场有序度和市场运行机制的灵活度,以及市场的操作成本等方面来反映。成熟的证券市场会大大降低私募股权投资机构的退出风险。每个国家证券市场建立时间不同,市场机制的完善程度以及市场参与者的成熟度都有很大的差别。而证券市场成熟度对私募股权投资机构退出战略影响很大。通常一个缺乏完善制度和成熟投资者的市场会增加个股甚至整个市场的波动幅度和频率,而基本上每个国家为保护证券市场投资者的利益,都规定了IPO前的股东在企业上市后不能及时或者一次性退出(即所谓的锁定期),在这期间市场非理性的大幅波动则会大大增加私募股权投资机构实现收益的风险。

第三,政府政策与法律法规。私募股权基金本身的特点是高回报、高风险,通常对法律制度环境的要求比较高。因此,健全的法律法规是私募股权基金顺利退出的现实保证。一个国家是否拥有健全的法律法规体系将会成为投资者是否进行投资的重要原因。美国、欧洲和日本关于私募股权基金在退出方面的法律制定得都很明确。关于企业IPO、股份回购、并购以及破产清算方面都有明确而详细的规定。在多层次的资本市场中,证券市场和产权交易市场对私募股权基金退出影响最大。一般被私募股权投资的企业都属于中小型企业,而传统证券市场的上市要求又很高,这就需要有针对性的法律法规为私募股权基金以IPO方式退出创造良好的制度环境。产权交易市场则主要支撑着产权交易和破产清算两种方式。产权交易市场是非公开权益资本市场的一部分,只有制定与市场发展相匹配的法律法规,才能促使高流动性的产权交易市场的建立。关于股份回购,很多国家的公司法中都对股份回购不鼓励甚至禁止,但是股份回购又是私募股权基金退出的重要方式之一,这就对相关法律法规提出了需求。而健全又有效率的破产清算法律法规对私募股权基金的无奈退出也是非常重要的。

然而,我国资本市场起步晚,证券市场准入门槛高,而且上市后有锁定期,企业并购及产权交易法律体系不完善,现行法律对私募股权基金退出有相当大的制约因素,这在一定程度上影响了私募股权投资机构对退出渠道的选择。例如,锁定期不仅延长了私募股权基金退出的时间,而且影响了私募股权投资的投资收益。另外,在并购和股权回购的退出渠道中,许多条文又规定模糊,标准不够统一,这样可能使现阶段并购等退出渠道受到限制较少,但是没有统一的退出标准,又在一定程度上扰乱了市场,影响了其他私募基金的顺利退出。此外,现行法律对目标企业也有约束,从而影响私募股权基金的退出。例如,我国法律从资金和其他方面对企业 IPO 都要求很多，这样尽管加强了上市企业的质量，但是却制约了那些发展较好，但现阶段收益不是很高的企业，所以现行法律对目标企业的约束是影响私募股权基金退出的原因之一。

第四，中介组织的有效性。中介服务机构是私募股权基金退出环节中的重要参与者，他们为私募股权基金退出的顺利实现提供了多样化、专业化的服务，是私募股权市场得以健康发展的重要条件。发达国家的私募股权市场经过了多年的发展都比较成熟，整个市场中存在着大量的专门面向私募股权基金退出服务的中介机构，这些机构在极具竞争的市场环境下，不断地积累和进步，已经建立起了良好的声誉和服务能力，为私募股权基金的顺利退出起到了润滑剂和催化剂的作用。虽然这一点并不是私募股权基金退出的决定性因素，但是大量且有效的中介服务机构却可以大大提高私募股权基金退出的效率，其重要性值得关注。

（2）微观影响因素

① 私募股权投资机构自身因素

私募股权投资机构在选择退出渠道时，往往会受到其自身偏好、风险敏感性及成熟度等的影响。

第一，私募股权投资机构自身偏好。基金管理人最关心的是投资回报率，IPO 退出渠道回报率最高，所以是最受欢迎的退出渠道。当目标企业发展良好，满足上市条件，私募股权投资机构会鼓励企业上市，但是私募股权基金并不是一味追求上市。虽然 IPO 退出渠道大都收益较高，但是目标企业前期上市的准备还是后期股权的锁定期在很大程度上都降低了对风险资本的利用率，将风险资本的机会成本加大，所以，对于那些偏好现金的私募股权投资机构可能更愿意选择并购或管理层回购的退出渠道，以便更好地将资金投入下一个项目中，实现更大的收益。

第二，私募股权投资机构自身的风险敏感性。不同的私募股权投资机构对风险的敏感性是不同的，一些较为保守的私募机构宁愿选择相对稳妥的退出渠道，取得较低的投资收益也不去选择高收益高风险的退出渠道，而另一些私募机构可能正好相反。

第三，私募股权投资机构对声誉的关注。私募股权投资机构拥有良好的声誉，一方面可以使投资家对其信任，将更多的资金投入项目中；另一方面可以使被投企业更积极地接受投资，方便私募股权投资机构对目标企业进行更有效的管理，从而影响项目的投资收益。建立时间较短的私募股权投资机构，通常会缺乏相关的成功经验和理性的投资理念，他们通常更加偏向于选择那些能够增加自身知名度或高额收益的退出渠道——IPO。但在有些情况下，IPO 并非最优选择。相反，那些在市场上已经建立了良好声誉的有经验的私募股权投资机构，通常也具有更加合理稳定的资金结构，不会受到声誉等条件的限制，因而会比较有耐心地等待最优退出时机并选择最优退出渠道。

第四，私募股权投资机构成熟度。通常私募股权投资机构的成熟度决定了其增值服务的能力。私募股权投资采取的是“资金＋服务”的运作模式，其中更加重要的是服务，这也是融资企业在选择投资机构时最看重的一点。良好的增值服务能够有效推动企业的发展和价值增值，能够为投资退出提供更多的选择和更高的回报。此外，私募股权投资机构的成熟度也决定了其资金募集能力。成熟的私募股权投资机构往往有着丰富的投资经验和理性的投资理念，从而可以吸引长期而稳定的资金。这些优势使这类私募股权投资机构在退出时机上有充分的等待资本，可以选择利润最优的退出渠道。

② 目标企业自身因素

目标企业在整个私募股权投资过程中，是被投资的对象，其经营绩效、资本结构、所处生命周期、管理水平、产业特征都会影响私募股权投资机构退出渠道的选择。

第一,经营绩效。当被投企业自身的经营状况不好,急需现金流时,私募股权投资机构应当首要考虑尽快退出以收回现金,而在退出渠道选择上的考虑就显得较少。而当被投企业自身的经营状况健康顺利时,私募股权投资机构在退出时遭受的压力就会相对较小,因而退出不急于一时。机构有时间制定完善的退出机制,选择正确的退出渠道,实现投资收益最大化。

第二,资本结构。首先,目标企业的资本结构是指企业中长期资本的构成和比例。一个企业拥有股东、债权人和高管三大主体。各方都会就企业的相关事项提出自己的决策,从而最大化自己的收益,而私募股权投资的退出实际上是产权的重新分配,这必将对以上三大主体的利益产生影响,而各方由于利益分歧和实力的不同,必然对私募股权基金的退出渠道影响也不同。

第三,生命周期。按照企业自身发展的顺序,企业的生命周期一般分为初创期、成长期、成熟期和衰退期。在此发展过程中企业的市场份额、经营利润、企业估值都会发生变化,私募股权投资机构一般会根据企业所处的不同时期,选择不同的退出渠道,从而保证项目能够到达预期的目标。在初创期,企业在产品研发、市场检测、渠道开发等方面都需大量投入,企业很难获得收入,创业失败概率大,创业失败意味着企业破产,故私募股权基金在此阶段发生破产清算退出的可能性也较大。在成长期,企业闯过了萌芽期和初创期的种种难关,处于稳步增长的阶段,经营业绩不断提高,但是往往达不到我国上市的标准,此时,私募机构大多选择以并购或股权回购的方式退出。而当企业到达成熟期时,企业的市场价值明显会增加,发展已经趋于平稳,如果满足了上市的要求,此时私募机构可选择多种退出渠道。有关研究显示,我国创业投资公司将退出时机选择在创业企业处于成熟期的占 43%,后成熟期的占 17%,高速增长期的占 10%,后高速增长期的占 23%,衰退期的占 7%。由此可以看出,目标企业所处不同的生命周期,会在一定程度上导致私募股权投资机构选择不同的退出渠道,从而获得最大收益。

第四,管理水平。理想的目标企业的管理层应该具有专业的管理素质且能够对宏观市场的变化适时地做出相应的政策调整,并且具有财务、技术、市场运营和相应的企业管理等方面的知识储备。这样的管理层才能为企业做出正确的选择,提升企业的价值。

第五,产业特征。目标企业所处的产业状况对私募股权基金退出渠道的选择有较大的影响。投中集团数据库的资料显示,我国在 2003—2010 年间,各个产业的私募股权基金退出渠道差别非常显著,IPO 退出渠道在制造业中占比最高,并购退出渠道在 IT 行业中占比最高,破产清算退出渠道中互联网占比最高。制造业中 IPO 退出渠道比例最高这一现象非常符合我国近年来的产业结构调整方向和经济发展趋势,粗放型和劳动密集型的产业正在逐步转向现代化、高科技的产业,国家政策鼓励和支持制造业的转型升级,反映到资本市场上就是 IPO 的成功率更高。IT 行业的技术含量高,产业创新的进程非常快,专利技术等无形资产在公司的价值体现上占比较大,技术信息保密程度高,对外信息披露较少,就会对 IPO 退出形成障碍,但业内的同行会很容易发现企业的价值,并购退出的概率相比之下就更大。互联网目前在我国属于高速发展的产业,模式容易被复制,行业竞争非常激烈,企业面对的不确定风险较大,故破产清算退出的概率较大。

学者 Akhigbe 研究了目标企业产业特征与私募股权基金退出渠道的关联,认为 IPO 退出渠道在各行业内比例差别很大,高增长行业 IPO 可能性更大,服务零售等存在规模效应的行业,因为协同效应的优势,并购概率更大。一般来说,如果目标企业处于高速发展的新兴产业,企业发展势头较好,在行业内处于领先地位,市场潜力大,在资本市场估值就会很高,选择 IPO

退出的概率就会很大；反之，目标企业发展不利，新兴产业市场上同属性的企业较少，并购的概率就会较小，破产清算的可能性就会较大。如果目标企业处于竞争激烈的产业，上下游产业中垄断现象明显，并购的概率更大，通过并购可以快速壮大企业实力，形成市场规模效应。

③ 交易成本。交易成本是通过影响私募股权投资回报率进而影响私募股权基金退出渠道选择的另一重要因素。交易成本可以分为显性成本和隐形成本。

第一，显性成本。它主要包括交易双方买卖过程中发生的费用，交易双方谈判过程中发生的费用，交易后涉及控制权归属费用、管理层激励费用和公司治理结构调整的费用等。以 IPO 为例，显性成本主要包括支付给会计师事务所、律师事务所、承销商等中介机构的费用。此外，上市后必须按照监管部门的要求设定相关部门及岗位，诸如监事会、独立董事等，进而又产生上市后续成本，具体如图 6-1 所示。

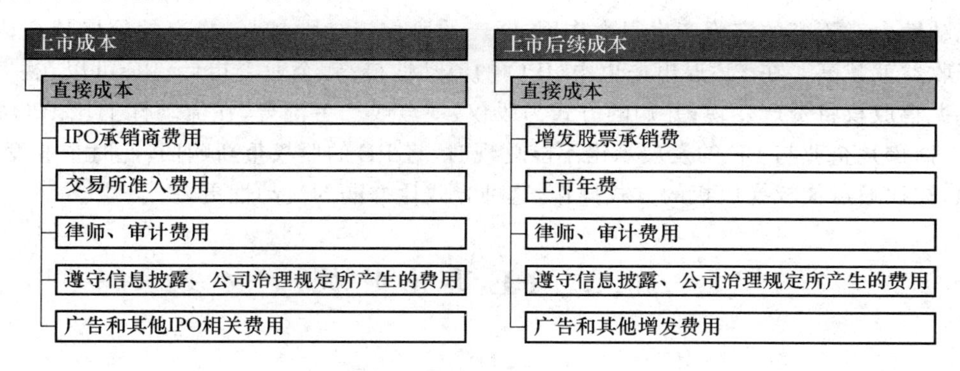

图 6-1　上市成本及上市后续成本

需要注意的是，不同地区 IPO 的成本相差较大。根据《上市与上市后——关于成本对上市决策影响的全球比较分析报告》，六个主要市场 IPO 总发行成本占总发行额的比重区间相差很大，其中，中国香港交易所最高，泛欧交易所最低，如图 6-2 所示。因此选择 IPO 退出渠道还必须考虑上市地点。

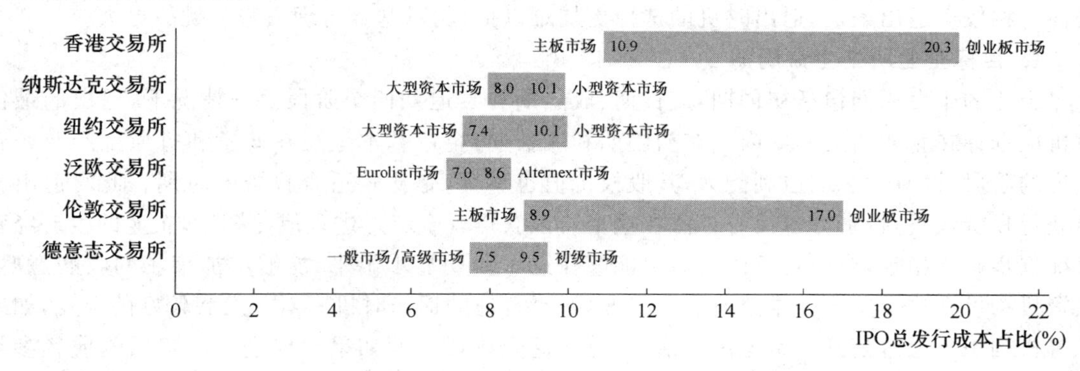

图 6-2　六个主要市场 IPO 总发行成本占比

相比较而言，并购和股份回购就会省去为了满足监管部门的要求而产生的大量费用，此外破产清算所产生的成本少之又少，但却是私募股权投资机构最不想看到的结果。

总之，从显性成本角度考虑，IPO 退出的成本明显高于其他退出渠道，并购和股份回购更有优势。

第二，隐性成本。相对于显性成本，隐性成本在交易成本中也占有一定地位，其主要体现在信息不对称成本和流动性成本。

信息不对称成本是指私募股权基金退出时买卖双方对于交易企业的经营、市场情况存在着严重的信息不对称,以致降低买卖双方的成交价格,影响私募股权基金的投资收益,而引起的隐性成本。不同的私募股权基金退出渠道解决信息不对称问题的差异较大,私募股权基金会倾向于选择能够更好地解决信息不对称问题的退出渠道,从而使交易成本降低。IPO上市后股权较为分散,中小股东在对上市公司的信息处理分析上处于劣势,很难对上市企业进行合理的估值;并购以战略投资者居多,他们往往与并购企业处于上下游产业链中,能够很好地掌握和分析企业的市场前景和企业估值,对于企业的估值能力最强;以股份回购方式退出可以完全掌握企业的运营情况和财务数据,但相对战略投资者而言缺乏战略眼光和商业运营意识,对于企业估值存在不足。

流动性会对资产的定价产生很大作用,资产的股权流动性越强,成交的价格越高,私募股权投资收益就越高。在PE退出渠道中,IPO的流动性最高,企业上市后,PE可以在一定期限内全部抛售股权将资产变现;并购的方式为股权、现金或二者混合,在流动性上比IPO略显弱势;股份回购是企业与PE的发展承诺不能兑现时,将PE的股权重新购回,此时企业发展一般不理想,往往通过债权换股权的方式操作,这种方式比并购的流动性更差。

6.3 PE退出时机

6.3.1 PE退出时机选择的影响因素

股权投资不是一个静态的活动,适合某个项目的退出渠道也不是一成不变的,在决定退出方式的同时,私募股权基金能否获得良好收益还需要考虑退出的时机。如果退出时机过早,可能无法获得理想的投资回报。但是如果退出太晚,也可能出现不可预料的风险,并且会降低流动性。相较于退出渠道,退出时机的选择更加难以把握,对基金管理人来说挑战更大。

1. 目标企业所处生命周期

企业的生命周期包括初创期、成长期、成熟期和衰退期四个阶段。一情况下,退出的最佳时机应选择在企业的成熟期内。在初创期和成长期,企业基本上还在研发和打通生产及经营渠道的阶段,没有太多的盈利能力,其股权价值也不高,是比较适合投资的时期。此时退出不会获得投资收益,投资方也没有办法在这个阶段获得现金流。进入成熟期后,企业的生产经营状况逐步趋于稳定,企业自身的潜力也能够在这个时期显示出来,能够增加市场的收购意愿。投资机构可在这个阶段根据企业盈利状况,选择合适的退出时机。对于发展较好的企业,如果私募机构想要通过公开上市退出的话,也是在这个阶段。而如果想要进行股权回购或者参与并购,这也是较好的时机。

2. 私募股权基金及其管理者因素

私募股权基金是个循环运作的过程,而且有时同时运作几个项目,因此收益最大化不是单个投资项目的收益最大化,而是全过程的整体收益最大化。因此,私募股权基金及其管理者在选择何时退出时,会考虑退出时间的选择对再筹集和再投资的影响。一般来讲,当私募股权基金资金实力较弱,其他项目资金较紧张时,会选择快速退出当前项目以回笼资金;而当为了降低筹资成本和投资搜寻成本时,私募股权基金会选择提前退出以建立声誉。

3. 企业家因素

企业由企业家和私募股权基金共同投资，所以企业家和私募股权基金需要对退出时间的选择达成一致。由于退出时间的选择不仅影响私募股权基金的利益，也会影响企业家的利益，且对两者的影响并不一样，企业家希望私募股权基金在企业得到充分培育并能充分抵御市场风险时退出，这比寻求高风险高收益的私募股权基金希望的退出时间晚。也就是说，双方眼中的最优退出时间并不一致。大量的研究表明，退出时间的选择在很大程度上取决于私募股权基金的谈判能力以及在投资企业时通过谈判所取得的退出控制权。

4. 行业政策因素

行业政策对行业的发展具有重要影响，如果目标企业所在行业属于政策支持行业，那么该企业可以获得比较稳定的快速增长。投资机构便可适当延长投资持续时间，以期获得更加理想的投资回报。相反，如果所投资的企业处于国家政策限制或者管控的行业，则对该行业的投资前景较为暗淡，投资机构应该着手研究合适的退出方式选择在合适的时机退出，此时投资机构优先考虑的不是追求收益而是避免未来遭受投资损失。

6.3.2　退出时间选择异象

在对私募股权基金退出时间的研究中，学术界发现了两类异常现象：过早退出现象和技术冲击现象。其中过早退出现象被学术界称为退出之谜，它是指私募股权基金支持的企业上市过早，而无经验的私募股权基金支持的企业上市更早的现象；技术冲击现象是指当技术进步较快时，私募股权基金退出加速。

1. 退出之谜

Barry 等研究者的早期研究表明，与普通企业相比，私募股权基金投资支持的企业上市时折价较低。在对这一结论进行实证检验的过程中，Lee 和 Wahal 发现了退出之谜。他们搜集了 1980 年到 2000 年间的 6 413 条企业上市记录，其中有私募股权基金投资支持的企业记录 2 383 条，占总样本的 37%，并得出研究结论，即私募股权基金支持的企业（风险企业）在上市时不仅折价更高，而且普遍存在过早退出现象。例如，风险企业上市时平均成立年限为 7 年，而其他企业（普通企业）上市时的平均成立年限为 14.7 年。除此之外，风险企业账面价值、资产规模都比较小。Lee 和 Wahal 的统计结果如表 6-2 所示。

表 6-2　风险企业和普通企业上市参数比较

参数	风险企业		普通企业		T 统计量
	平均值	统计样本数	平均值	统计样本数	
成立年限	7.00	1 159	14.70	1 446	12.12
账面价值	0.76	1 961	6.63	3 253	11.28
收益率	19.90	1 732	52.10	2 759	3.16
市盈率	49.70	806	76.50	1 358	12.71
总资产	104.40	1 719	543.20	2 628	3.91
净收益	40.50	2 286	58.30	3 782	5.44
首日回报率	26.82	2 208	19.36	4 030	5.99
承销商级别	7.80	2 382	6.79	4 030	21.02
毛利	7.09	2 285	7.36	3 781	1.76

比较表 6-2 中的平均值和相应的 T 值可知，风险企业上市时平均成立年限、账面价值、收益率、市盈率、总资产、净收益等指标都明显低于普通企业，而首日回报率和承销商的级别都高于普通企业。这表明私募股权基金支持的企业不仅折价严重，而且上市较早，私募股权基金都存在过早退出现象。

2. 技术冲击现象

Gompers 等研究者的研究表明，技术进步与私募股权基金资金筹集活动的活跃度正相关。Jovanovic 等人发现技术进步会加快私募股权基金支持的企业上市，并认为这是导致资本市场活跃的重要原因。一些学者的研究表明技术冲击造成资本市场活跃从而导致退出加速，但在因果关系上与前述学者的观点正好相反。技术冲击现象的发现表明学术界已开始从宏观层面考察私募股权基金最优退出时间的选择了。

6.4 PE 退出的外部效应

在经济学中，外部效应是指一个经济主体的经济活动对另一个经济主体所产生的有害或有益的影响，即由市场活动而给无辜的第三方造成的成本。

PE 作为专业化的融资中介，利用自身专业优势缓解了投资方与融资方的信息不对称问题，降低了融资成本，极大地提高了企业融资市场效率，促进了中小型企业的快速成长。PE 具有价值发现功能，将优质公司推荐给公众或其他投资者，产生正的外部性，如通过 PE 掘金，促进企业成长。但也存在着投资行为的极端化、职业道德的退步等负外部性行为，如 PE“传销”。

【阅读材料】

中国市场 VC/PE 退出到底有多难？退出数仅为投资数的五分之一

2019 年 9 月 4 日，清科研究中心发布了《2019 年中国 VC/PE 项目退出收益研究报告》(以下简称“报告”)。报告显示，截至 2019 年上半年，我国股权投资市场资本管理量超过 10 万亿元，已成为全球第二大股权投资市场。

然而，与发展较快的投资市场相比，因受政策环境、经济环境、市场成熟度等因素影响，我国股权投资机构的退出情况并不乐观。据统计，中国股权投资市场的退出案例数量仅为投资案例数量的 1/5，退出难已逐渐成为股权投资机构的共识。

1. 上市政策改革、并购重组政策松绑

一方面，科技创新作为推动实体经济转型升级的重要力量，对经济有显著的带动作用，因而愈发成为各国政策的重点扶持方向。在 A 股市场，监管层先后出台“存托凭证(CDR，Chinese Depository Receipt)新规”与“科创板新规”，允许尚未盈利或存在累计未弥补亏损的企业上市，有条件接纳红筹企业、“同股不同权”企业上市。而港股市场也于 2018 年开展上市制度改革——2018 年 4 月生效的上市新规对不同投票权架构、不符合主板财务标准的生物科技公司放宽条件，吸引新经济公司赴港上市。此外，纽约证券交易所推出直接上市路径，为无公开募资需求的“独角兽”企业提供各项成本更节省的选择。

另一方面，我国并购重组政策自 2017 年下半年起逐渐进入“宽松期”，2018 年第三季度起，监管层先后发布关于并购重组的八项政策使市场活跃度得到有效提升。此外，创投企业税收优惠政策陆续落地，企业税负将有所减轻，这将利于降低创投企业成本并在退出中获得更高的回报，进而促进股权投资市场资金回流。

尽管如此，全球经济未来发展前景仍是相关机构在退出路径设计时考量的重要因素。

2. 退出收益：2012 年后整体退出的内部收益率（IRR）中位数约为 20%

报告还显示，不同类型的机构，其退出方式也不尽相同。

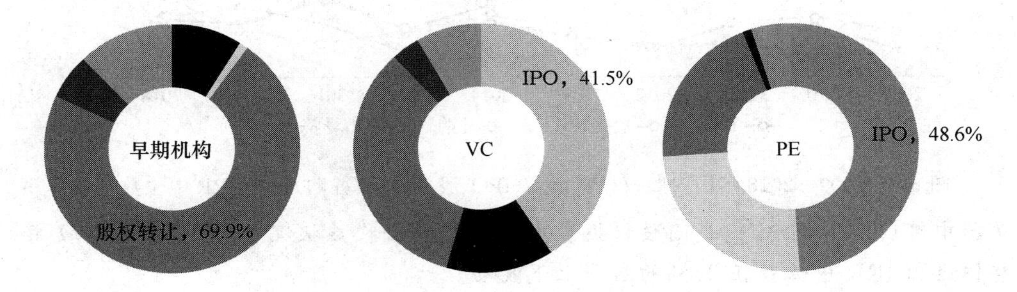

图 6-3　2018 年国内股权投资机构项目退出方式分布（按比例）

从统计结果来看，早期机构以股权转让退出为主，退出回报水平高于市场整体。VC 机构主要通过 IPO 方式退出，股权转让及并购退出方式也较高。与 VC 机构类似，PE 机构也以 IPO 方式退出为主。

而在退出 IRR 方面，报告也给出了一个中位数的比较。

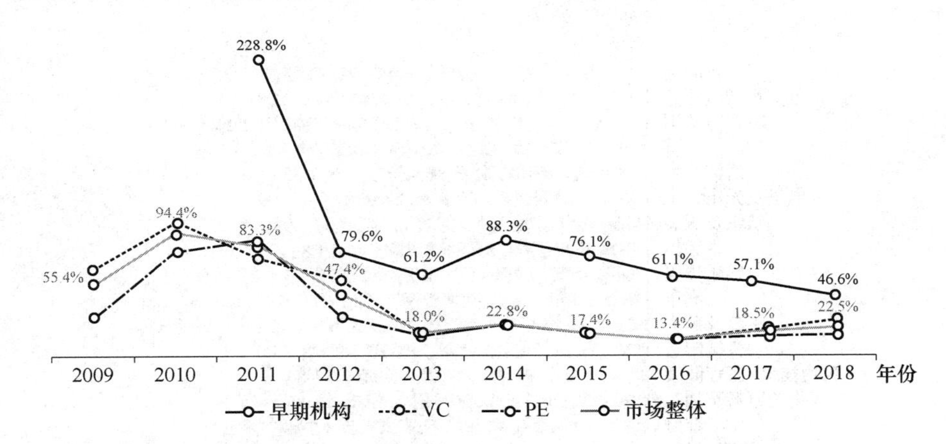

图 6-4　2009—2018 年国内股权投资市场（早期机构/VC/PE）退出 IRR 中位数比较

早期机构由于投资阶段相对较早，被投企业从萌芽到发展成熟后上市需要较长的成长周期，因此早期机构往往通过股权转让的方式退出项目以获得资金回流，开启新一轮投资。

VC 机构的退出 IRR 中位数变动趋势与市场整体基本相同，2010 年达到高位后开始下滑，2016 年开始回升。近年来，VC 机构在募资、退出压力增长的市场大环境下，逐渐倾向通过相对灵活的并购方式退出，来确认收益，回流资金。

PE 机构的退出回报略低于其他类型机构，且下滑趋势较显著，主要是由于 PE 机构股权投资成本偏高，而一、二级市场价差回归理性，以往通过投资 Pre-IPO 项目套利的方式不再通行，因此 PE 机构的退出收益下滑较显著。

如果按不同退出方式来看，则 IRR 中位数情况如图 6-5 所示。

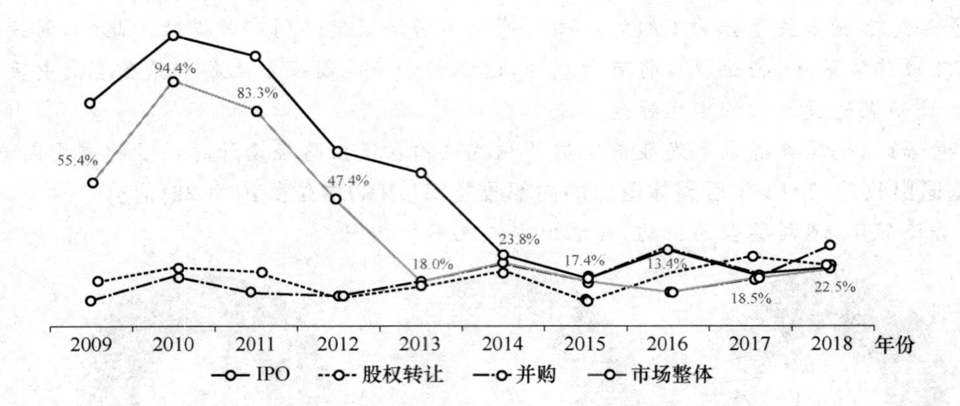

图 6-5　2009—2018 年国内股权投资市场(IPO/股权转让/并购)退出 IRR 中位数比较

从图中可以清晰地看到,我国股权投资市场整体退出收益状况在 2012 年之前较高,之后市场整体退出 IRR 中位数在 20%的水平上下波动。

总体说来,IPO 上市整体回报高于其他退出方式,但下滑趋势比较明显。并购退出收益整体呈波动上升趋势,在 2016 年达到峰值,一度超过 IPO 及股权转让退出收益。

3. TMT、清洁技术、半导体等领域退出 IRR 高于整体水平

报告显示,截至 2018 年年底,市场整体退出 IRR 中位数达到 23.4%。按不同行业的退出收益来看,TMT、清洁技术、半导体以及消费升级等主要的新兴产业领域,退出 IRR 高于市场整体水平。

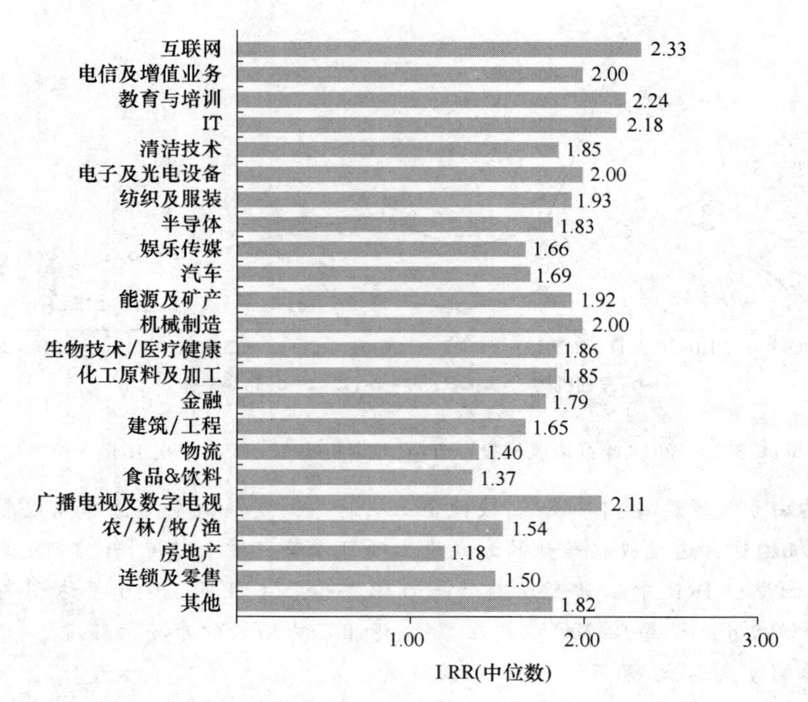

图 6-6　截至 2018 年,各行业股权投资基金项目退出回报倍数及 IRR 中位值统计

从退出趋势来看,2018 年前后,境内外市场监管层通过出台多项政策疏通退出渠道,并反向引导股权市场增加对科技创新型企业的支持。我国并购市场政策自 2017 年下半年起逐渐

"解绑",2018年陆续出台八项政策法规鼓励上市公司通过并购重组的方式整合资源,进行产业结构优化升级。从这个角度来看,退出市场环境在逐步优化,助力VC/PE缓解退出压力。

另外,一、二级市场价差回归理性,不同退出方式回报差距缩小。而最新出台的科创板通过引入估值指标,推动市场估值体系的完善,促进企业估值合理化。

未来,随着我国股权投资市场发展成熟,股权投资机构将会有包括二手份额转让在内的更多退出方式可供选择。

资料来源:本文转载自微信公众号清科研究,作者:张诗佳。

案例阅读与分析

科创板创新药第一股

2019年8月12日,微芯生物正式在科创板挂牌上市,开盘大涨500%。数据显示,二十余家投资过微芯生物的VC/PE都获得了丰厚的回报,第一轮投资者回报已经超过300倍。

实际上,微芯生物此前未出现在科创板第一批上市企业当中,曾让业界大感意外。因为有港交所开辟的生物科技公司绿色通道在前,创新药被认为是科创板重点关照的行业之一,而微芯生物是"头号选手"。

微芯生物短短几个月的IPO历程一波三折。2019年6月5日科创板第一批过会企业出炉,微芯生物就是其中之一,但始终未进入注册程序。有小道消息称微芯生物在最后一刻被否,券商已经建议撤材料。好在有惊无险,7月17日微芯生物终于获准注册,赶上了科创板第二批上市。

作为科创板第一家创新药研发公司,微芯生物的上市有着风向标的意义。发行价20.43元/股,对应的市盈率高达467倍,微芯生物是目前为止所有科创板挂牌企业中最"贵"的。顶着最贵的称号,网下机构超额认购505倍,可见投资者对微芯生物的看好。

467倍市盈率贵不贵?

投资者追捧微芯生物并非没有道理,作为中国创新药的"拓荒者",微芯生物头上有诸多光环。微芯生物的主要投资方之一,倚锋资本董事长朱晋桥向投中网表示,微芯生物研发的西达本胺,是我国迄今为止上市的第一个真正"first-in-class"原创新药。

所谓"first-in-class",在创新药领域是同类最优的意思,意味着研发出全新的化合物,技术门槛极高。与此相对的是"me too drug",即对现有化合物的改良。微芯生物是中国不多的有"first-in-class"研发能力的创新药企。

微芯生物研发的西达本胺在2015年获批上市,西达本胺的上市在当时国内创新药圈引起了轰动,被认为是我国新药研发技术能力取得了核心突破的标志。西达本胺是全球首个亚型选择性组蛋白去乙酰化酶口服抑制剂,用于治疗外周T细胞淋巴瘤。在临床效果更优的情况下,服用西达本胺的治疗费用仅是国外同类产品的十分之一左右。西达本胺的问世让国内的外周T细胞淋巴瘤患者能够看得起病。

自2015年上市销售以来,西达本胺的销售规模保持着高速增长。西达本胺目前贡献了微芯生物绝大部分收入。2018年,西达本胺的销售收入为1.38亿元,占微芯生物总收入的92.57%。

不过由于外周T细胞淋巴瘤是一种罕见病,西达本胺目前的市场空间是有限的。根据国家癌症中心发布的统计数据、临床统计数据并根据我国人口总数估算,我国外周T细胞淋巴瘤每年新增患者人数仅为1.31万～1.57万人。因此,仅凭这一款产品,微芯生物肯定是无法撑起"科创板最贵新股"的估值的。

表6-3所示为微芯生物2016—2018年的营业收入和净利润数据。然而对微芯生物而言，目前的营业收入和净利润数据参考价值有限,它的更大价值存在研发管线当中。

表6-3 微芯生物财务数据 单位:元

	2018年	2017年	2016年
营业收入	1.48亿	111亿	85亿
净利润	3 116万	2 407万	524万

一方面是为现有产品开发新的适应症,例如西达本胺的第二个适应症为激素受体阳性晚期乳腺癌,微芯生物已于2018年11月向国家药监局申报增加适应症的上市申请,预计2019年将能获批上市。另一方面就是还在研发阶段的其他新药。微芯生物的第二个原创新药西格列他钠已完成治疗2型糖尿病的Ⅲ期临床试验,即将提交新药上市申请。微芯生物还拥有已开展多个适应症Ⅱ期临床试验的国家1类原创新药西奥罗尼,以及正在进行临床前与早期探索性研究的一系列独家发现的新分子实体候选药物,包括CS12192、CS17919、CS24123、CS17938、CS27186等。

对这些尚未上市销售的在研药物进行估值,需要综合分析适应症人群规模、支付能力、相对于竞争性药物的优势以及研发失败的风险等多种因素。这些正是对创新药企业估值的难点,考验科创板投资者的专业能力。

创业18年融资超10亿元人民币,A轮投资者回报超300倍

新药研发周期长、投入大,在18年的发展历程中,微芯生物背后有二十余家VC和PE提供"粮草"。如今微芯生物终于上市,这些投资机构等来了收获之时,部分机构已经陪跑了18年之久。

微芯生物成立于2001年,初始投资为6 538万港元,这其中包括清华控股旗下博奥生物2 288万港元的技术出资。在参与的VC/PE中,祥峰投资旗下基金出资750万港元,北京科投、泰达科投均出资500万港元。这笔融资在2005年前后就花完了,但此时距离微芯生物的第一个原创新药西达本胺获批上市还有整整十年时间。这是微芯生物最困难的时期,创始团队两位主要成员在这一年离开。为了渡过难关,当时的微芯生物将已经在国内完成临床前评价的西达本胺的国际专利作价2 800万美元,授权给美国沪亚公司。西达本胺也成为我国医药史上首个授权给跨国企业的创新药。微芯生物创始人、总裁鲁先平后来回忆道,这笔交易是无奈的选择,等到产品进入临床试验阶段后再授权会更加有利,但当时只能为了生存而妥协。

此后随着产品研发取得阶段性进展,微芯生物不断地得到融资输血,最终在2015年迎来了西达本胺的上市。表6-4所示为微芯生物部分融资情况。

表6-4 微芯生物部分融资情况

时间	轮次	金额	投资方
2000年	天使轮	500万元	海达投资
2001年	A轮	600万元	祥峰投资、北京科技风投、泰达科投
2009年	B轮	500万元	礼来亚洲基金
2013年	C轮	1 000万元	富坤创投

续表

时间	轮次	金额	投资方
2014年	D轮	1.7亿元	德同资本 倚锋创投 上海建信资本
2015年	E轮	未披露	深创投、同创伟业
2017年	股权融资	未披露	合江投资 招银国际
2018年	股权融资	2亿元	倚锋资本、德同资本、招银国际、深创投

粗略计算,微芯生物在上市前融资规模超过10亿元人民币,礼来亚洲基金、倚锋资本、深创投等二十余家VC/PE接力参与投资。可见创新药投资圈内“十年时间、十亿投入”所言非虚。

当然,微芯生物IPO给投资方们带来的回报也极为丰厚。按发行价计,A轮投资者祥峰投资在2001年投入的750万港元,如今价值近5亿元人民币,回报在70倍以上。上市前的最后一轮投资者也获得了接近翻倍的回报。若考虑上市后的涨幅,A轮投资者的回报倍数已经超过300倍。

因为多轮融资,微芯生物的股权结构变得非常分散。到上市前,微芯生物创始人、总裁鲁先平仅直接持有6%的股份,公司董事会多数成员由投资方指派。2018年,为了更有利于微芯生物的上市,倚锋资本董事长朱晋桥主动建议优化董事会结构,并率先代表投资人退出董事席位。改组后,微芯生物董事会中由鲁先平推荐的人数与资方代表保持相等。谈到这一决定,鲁先平表示,董事席位应该留给那些微芯里真正懂公司所做事情的人,只有这样,才能提高公司效率,更有利于公司的长远发展。

科创板还是港股?

港交所在2018年的上市制度改革中,专门开辟生物科技企业绿色通道,允许未盈利甚至无收入的生物科技公司上市。此举让港交所成了中国生物医药企业的“收割机”,也在一级市场掀起一阵泡沫。

科创板虽未专门为生物医药企业单独开辟通道,但其第五套上市标准与港股的绿色通道颇有相似之处,一直被市场认为是为生物医药企业量身定制的:“预计市值不低于人民币40亿元,主要业务或产品需经国家有关部门批准,市场空间大,目前已取得阶段性成果,并获得知名投资机构一定金额的投资。医药行业企业需取得至少一项一类新药二期临床试验批件,其他符合科创板定位的企业需具备明显的技术优势并满足相应条件。”只要估值达标,不对收入、盈利做硬性要求,此标准一推出立刻吸引了一批生物医药企业改投科创板。与港股相比,科创板在估值和流动性上优势明显。

2019年6月10日,科创板出现了首家选择第五套上市标准的申报企业泽璟制药。泽璟制药过去三个完整年度累计亏损7.16亿元,2018年收入仅131万元,尚无任何药品上市销售。

7月8日,科创板出现了首家真正“零收入”的申报企业百奥泰。2018年百奥泰的营业收入是0元,2016—2018年,百奥泰分别亏损了1.4亿元、2.4亿元、5.5亿元。

泽璟制药已经在7月31日完成了科创板首轮问询,盈利问题被重点关照。与已经取得收入且盈利的微芯生物相比，这些动辄亏损数亿元、较长时间内看不到盈利的生物医药企业更加考验科创板的包容性。有专注于投生物医药的VC机构合伙人向投中网表示观望：创新药研发企业产生现金流非常慢，相比之下，相对更稳健的器械企业可能更适合科创板。实际上类似的观点并不稀有，一位生物医药企业创始人表达了另一担忧：相比于海外资本市场，A股融资的不确定性较大，而新药研发对资金要求很高，如果融资不及时可能耽误企业发展。

科创板和港股怎么选，成了生物医药公司幸福的烦恼。此前接受IPO辅导备战科创板的启明医疗，于2019年8月6日向港交所提交了IPO招股书。也有港股上市的生物医药公司，如复旦张江，已经宣布登陆科创板。

倚锋资本董事长朱晋桥表示，倚锋资本坚信，未来几年内，国内创新药发展这一棒已具备天时、地利、人和，创新将成为医药行业发展的主旋律。而科创板的推出正当其时，科创板是有核心技术和创新精神的医药企业理想的上市地点，未来一定会诞生中国的辉瑞、强生。

同创伟业董事长郑伟鹤也表示，中国的生物医药的春天才刚刚到来，相信下一个BAT或者下一个首富，有可能就出现在生物医药领域。

资料来源：陶辉东. 科创板创新药第一股出炉[EB/OL]. (2019-08-17)[2020-02-10]. https://www.chinaventure.com.cn.

【课后思考题】

1. 谈谈你对PE退出起止的看法。
2. PE退出阶段是如何划分的？
3. PE退出渠道的主要种类有哪些？
4. 公开上市退出的种类有哪些？
5. 简述IPO退出的途径及优缺点。
6. 常见的股权转让退出有哪些？
7. 简述股份回购退出的优劣势。
8. 简述PE退出渠道选择的影响因素。
9. 简述PE退出时机选择的影响因素。

私募股权投资委托-代理关系

私募股权基金起源于美国并迅速扩展到欧洲大陆、英国以及亚洲地区。不少美国学者以美国和欧洲大陆的私募股权基金产业为研究对象，从多种视角研究了私募股权基金融资活动中的相关风险管理理论问题。各国制度、文化和政治等因素导致了各国综合环境的差异，使各国所面临的风险以及采用的风险控制模式也会不同。而风险资本投资中最大的风险莫过于委托人-代理人风险，很多学术研究成果指出，委托人-代理人问题实际上是由基金管理人和企业经理人之间缺乏透明度和信息不对称所致，为了解决这个问题，基金管理人选择最优契约以保证代理人和委托人利益的一致性。

在私募股权基金融资过程中存在双重委托代理问题：一是投资者和私募股权基金管理人之间的委托代理问题；二是基金管理人和被投企业经理人之间的委托代理问题。目前，大部分学者主要研究了基金管理人和企业经理人之间的委托代理风险，少数学者探讨到投资者和私募股权基金管理人的委托代理问题。

7.1 委托代理理论

7.1.1 委托代理理论的基本内容

委托代理理论是过去 30 多年中契约理论最重要的发展之一。它是由 20 世纪 60 年代末一些经济学家深入研究企业内部信息不对称和激励问题发展起来的。委托代理理论的中心任务是研究在利益相冲突和信息不对称的环境下，委托人如何设计最优契约激励代理人。

产权经济学认为委托代理理论主要研究的是委托代理关系、委托人与代理人之间约束与激励机制问题，他们认为这是委托代理理论研究的最为核心的议题。委托代理关系是指一个或多个行为主体根据一种明示或隐含的契约，指定、雇用另一些行为主体为其服务，同时授予后者一定的决策权利，并根据后者提供的服务数量和质量对其支付相应的报酬的关系。授权者就是委托人，被授权者就是代理人。委托代理关系的实质是一种内部授权关系，是一种决策权的授予，这种权利授予的核心要素是契约，因此，委托代理关系是委托人与代理人之间基于契约而进行的一种决策权的授予关系。

委托代理理论的主要观点认为委托代理关系是随着生产力大发展和规模化大生产的出现而产生的。一方面，生产力发展使分工进一步细化，权利的所有者由于知识、能力和精力的原因不能行使所有的权利了；另一方面，专业化分工产生了一大批具有专业知识的代理人，他们有精力、有能力代理行使好被委托的权利。但在委托代理关系中，委托人与代理人的效用函数不一样，委托人追求的是自己的财富更大化，而代理人追求的是自己的工资津贴收入、奢侈消费和闲暇时间最大化，这必然导致两者的利益冲突。在没有有效的制度安排下代理人的行为很可能最终损害委托人的利益。不管是经济领域还是社会领域都普遍存在委托代理关系，股东与经理、经理与员工、选民与人民代表、公民与政府官员、原(被)告与律师，甚至债权人与债务人的关系都可以归结为委托人与代理人的关系。所以为了预防和惩治代理人的败德行为，委托人有必要采取“胡萝卜与大棒”政策：一方面对其代理人进行激励，力求实现激励相容；另一方面对代理的过程实行监督，充分发挥“经理人市场”的作用。这样使代理人的行为符合委托人的效用函数。

7.1.2　委托代理理论分析框架

委托代理理论最先是在经济领域出现并运用的，通过一系列前提假设，包括“理性经济人”假设、双方信息不对称假设以及双方存在利益关系假设，可以判断委托人与代理人之间是否有委托代理关系。一旦这个关系存在，在委托人与代理人之间就会建立合作契约。虽然这个契约秉承公平、合作的精神构建，但是在具体的委托代理过程中，由于合作者都是“理性经济人”，所以合作者都有自利性的倾向，都会朝着自己目标最大化的方向前进。代理人可能会利用自己的信息优势和市场上不完全的监管优势，不完全履行契约，导致委托人的效益受损。为了避免此类情况，双方就会设计出一系列的解决方案，即利用选择性的激励、契约精神的构建以及合理的约束机制等行为来规范代理人的行为，从而使双方交易更加平等、透明。图 7-1 所示为委托代理理论分析框架。

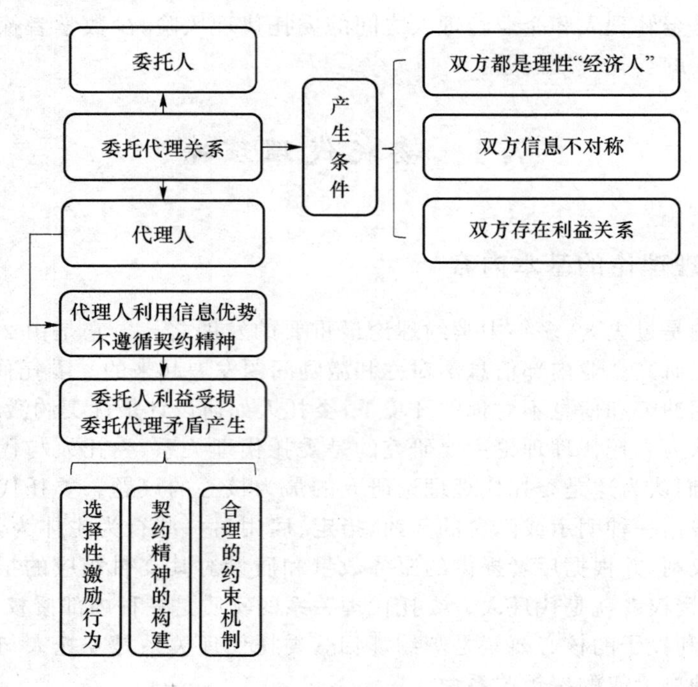

图 7-1　委托代理理论分析框架

7.1.3　委托代理理论的模型

1. 委托代理理论的基本模型

由于委托人和代理人之间存在着信息不对称，委托人无法直接观测到代理人的行动选择，仅仅能够观测到代理人的一些变量，这些变量则主要由代理人的行动和外生随机因素决定，委托人需要根据观察到的这些变量来设计有效的激励合同让代理人选择有利于委托人利益的行为。自 20 世纪六七十年代以来，委托代理理论的模型方法得到迅速发展。目前，委托代理模型化方法主要有以下三种：一种是由威尔逊（Wilson，1969）、斯宾塞和泽克豪森（Spence and Zeckhauser，1971）、罗斯（Ross，1973）最初使用的“状态空间模型化方法”（State-space formulation）；一种是由莫里斯（Mirrlees，1974，1976）最初使用，霍姆斯特姆（Holmstrom，1979）进一步发展的“分布函数的参数化方法”（Parameterized distribution formulation），这种方法可以说已成为标准化方法；一种是“一般分布方法”（General distribution formulation），这种方法最抽象，它虽然对代理人的行动及发生的成本没有很清晰的解释，但是它让我们得到非常简练的一般化模型。

标准的委托代理模型抓住委托人与代理人之间的信息不对称这一基本前提。即委托人不能直接观测到代理人的行动，而只能观测到其行动的结果，但结果受到行动和其他因素的共同影响。e 表示代理人的某一特定的努力程度，θ 表示不受代理人控制的外生变量（自然状态），e 和 θ 共同决定一个成果 π（如利润），即 $\pi=\pi(e,\theta)$。e、θ 和 π 中，只有 π 可以准确观察到。S 是委托人付给代理人的报酬，其大小同利润的多少有关，即其为 π 的函数 $S=S(\pi)$。C 是代理人努力程度带来的负效用，为 e 的函数 $C=C(e)$。则委托人和代理人的效用函数分别是 $V=V(\pi-S(\pi))$ 和 $U=U(S(\pi)-C(e))$。

委托人在最优化其期望效用函数时，必须面对来自代理人的两个约束。第一个约束是参与约束，即代理人在接受该委托事务时期待的效用至少不低于其从事其他任何事务的效用；第二个约束是代理人的激励相容约束，即委托人为实现自身效用最大化而要求代理人的努力程度必须也使代理人自身的效用最大化。

简而言之，基本模型的框架就是在“参与约束”和“激励相容”两个条件下考虑委托人如何选择激励计划，让代理人的行为符合委托人的利益。这一模型有两个基本的结论：①在任何满足代理人参与约束及激励相容条件下而使委托人的预期效用最大化的激励机制或契约中，代理人必须承担部分风险；②如果代理人是一个风险中立者，可通过使代理人承受完全风险的方法达到最优激励的结果。

2. 委托代理理论的动态模型

委托代理理论的基本模型仅仅是研究一次性的委托代理关系的模式，属于静态模型。而如果将基本模型扩展到多阶段动态模型将会得到新的结论。在基本静态模型中，委托人为了激励代理人选择委托人所希望的行动，只能根据可观测的结果来奖惩代理人。这样的激励机制称为“显性激励机制”。但是当委托人与代理人之间的委托代理关系发生多次时，不仅显性激励机制会发生作用，而且隐性激励机制也会发生作用。隐性激励是指在显性的激励之外，以隐性合约（包括某些外部因素，如市场机制、企业组织等）来影响代理人的行为方式的竞争性激励方式。隐性激励的优势在于激励效果长久和激励成本低。下面将介绍委托代理关系的三种动态模型：重复博弈的委托代理模型、声誉模型和棘轮效应模型。

（1）重复博弈的委托代理模型

罗宾斯泰英（Rubbinstein，1979）和伦德纳（Radner，1981）证明了在重复博弈的委托代理关系下，如果委托人和代理人双方有足够的信心保持长期的合作关系，那么，帕累托一阶最优风险分担和激励是可以实现的。这是因为在长期的委托代理关系中：其一，由于大数定理，外生随机变量可以剔除，委托人可以较为准确地根据观测到的变量来推断代理人的努力水平，代理人不可能用偷懒的办法提高自己的福利；其二，出于声誉的考虑，代理人在与委托人的长期合作中，会尽量尽自己的义务更好地完成工作，因为这关系到他未来的市场价值和就业情况。在这之后，Rogerson、Lambert 以及 Roberts、Townsend 等人也同样证明了长期的委托代理关系比一次性委托代理关系可以更加有效地发挥激励效果，最优长期合同与一系列的短期合同不同。

(2) 声誉模型

法玛(Fama，1980)提出了委托代理关系中的声誉问题。他认为，显性激励机制的激励效果在委托代理关系中被放大了。在现实中，由于代理人市场对代理人的约束作用，“时间”可以解决问题。与伦德纳和罗宾斯泰英的解释不同，法玛强调代理人市场对代理人行为的约束作用。他为代理人市场价值的自动机制创造了“事后清付”这一概念。他认为，在竞争的代理人市场上，代理人市场价值取决于其过去的经营业绩，代理人为了能够获得委托人多次委托任务来提高未来的收入，即使在没有显性的激励合同的情况下，也会积极工作，以维持自己在代理人市场上良好的声誉。霍姆斯特姆(Holmstrom，1982)模型化了法玛的思想。虽然该模型是在一些特殊情况(代理人是风险中性，不存在未来收益贴现)下建立起来的，但它证明了声誉效应在一定程度上可以解决代理人问题。并且，它还说明努力随年龄的增长而递减，因为随年龄的增长努力的声誉效应变小。这就解释了为什么越是年轻的代理人越努力。声誉模型告诉我们，隐性激励机制可以达到与显性激励机制相同的效果。

根据信息经济学的观点，市场声誉是在信息不对称的情况下代理人向委托人所传递的一种“市场信号”，这种“市场信号”能够展示代理人的正面信息，是代理人向委托人传递的部分承诺。声誉是维持多次委托代理关系的一种不可或缺的机制，它能够降低在签订契约之前由于信息不对称带来的逆向选择问题，同时也能减少委托人与代理人之间的信息不对称性。

(3) 棘轮效应模型

“棘轮效应”一词最初来源于对苏联式计划经济制度的研究。在计划经济体制下，企业的本年度生产指标根据其上年度生产绩效确定，上年度的好业绩会带来更高的“标准”。这种标准随业绩上升的趋向被称为“棘轮效应”。其实，这种现象普遍存在于经济、管理等领域中。

在棘轮效应中，代理人的表现水平在一定程度上影响了委托人对他的表现期望，而且这种期望值跟委托人对代理人的要求成正比。代理人通过以往业绩的表现向委托人展示自己的能力信息，代理人的核心生产能力越高，委托人对代理人的期望值就越大，从而对其要求也就越高。在委托人比较高的期望与要求下，代理人完成代理工作所面临的压力变大，工作难度系数变高，而且在后续阶段继续合作的压力和难度也会增加。因此，当代理人意识到自己努力带来的高收益的结果是提高对自己的标准时，其努力的积极性就会降低，并会在很长一段时间内不轻易将自己的真实水平展露给委托人，从而使自己下一阶段的工作可以更轻松地驾驭。可见，在长期过程中，棘轮效应会弱化激励机制。

7.2 私募股权基金中的委托代理关系与问题

7.2.1 私募股权基金中的双重委托代理关系

PE 通常以股权投资的方式，投资于发展相对成熟的、接近上市条件的企业。一般而言，这类企业成长迅速，有较高的增长潜力，借外来增量资本转动存量资源，把握外在的成长机会。私募股权基金通过提供资金支持与管理服务参与目标企业的经营管理活动中，经过重整运作，最后以股权转让的方式实现资本增值。由于私募股权的投资标的为未上市公司股权，同时参与企业运作管理，因此其投资期限通常较长，往往可达到 3～6 年甚至更长。投资期的漫长提升了投资者的投资风险，同时也提高了投资者的投资门槛，其资金来源应为具有一定风险识别能力与风险承受能力的个人或机构，同时对经营管理团队的专业素质与敬业精神的要求往往也很高。由此可以看出，PE 不仅是产融一体化的产物，同时也是投资与管理的结合体。

私募股权基金因这种独特的运营模式，而在基金层面和企业层面形成了特殊的双重委托代理关系，即存在于基金管理人与基金投资者之间的第一层委托代理关系和存在于基金管理人与目标企业管理者之间的第二层委托代理关系，如图 7-2 所示。

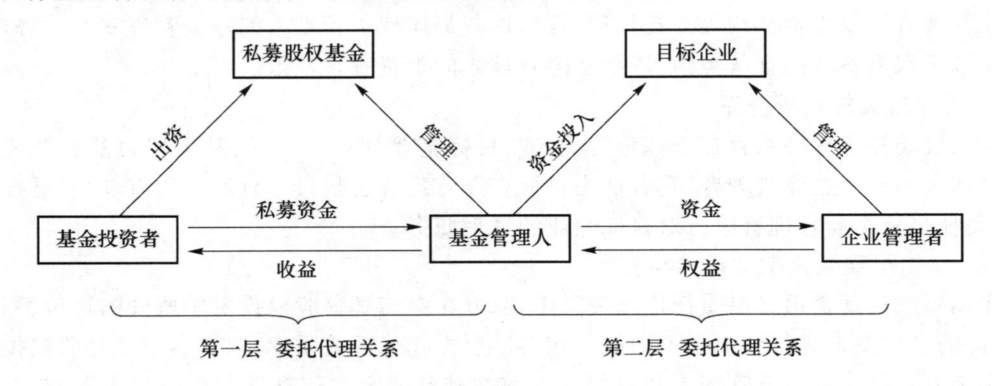

图 7-2　私募股权基金委托代理关系图

1. 第一层委托代理关系

第一层委托代理关系存在于投资者与基金管理人之间，其表现为投资者与基金管理人建立合伙契约，并委托基金管理人进行私募基金的投资管理运作，基金管理人从而将投资者的出资集合而成基金产品并投向目标企业。

(1) 第一层委托代理关系参与要素

在私募股权基金第一层委托代理关系中，双方在参与私募股权投资中所处的法律地位、利益指向、获得信息以及最优行动都是不同的。在第一层委托代理关系中，双方参与私募股权投资要素如表 7-1 所示。在这样一个存在利益冲突和信息不对称的状态下，双方要达成委托代理的目的只能通过设定合伙契约，这是私募股权投资中投资者利益保护的第一层契约架构，也体现了投资者与基金管理人之间的委托代理法律关系。

表 7-1　第一层委托代理各方的参与要素

序号	基本要素	投资者	基金管理人
1	契约关系	委托人	代理人
2	利益指向	投资回报	管理报酬、投资收益分成、管理人信誉
3	信息	少量投资信息	私募基金运作及投资信息、目标企业信息
4	最优行动	出资	勤勉地进行基金管理

(2) 投资者与基金管理人的基础法律关系

私募股权投资的投资者享有资金优势，通过认缴出资从而设立私募股权基金，无论是机构投资者还是个人投资者都碍于基金管理业务开展的局限性，不一定有足够的知识储备或者专业能力去管理基金的运作，恰好基金管理人具备基金投资管理和运作的专业优势，于是各方通过签署合伙契约建立委托代理关系，私募股权投资者可委托授权基金管理人负责私募基金的投资管理，而投资者的委托授权行为总是产生于基金管理人和投资者之间存在的某种法律关系的基础之上，这层法律关系被称为基础法律关系。

（3）私募基金管理的授权行为

投资者与基金管理人依据合伙契约建立起的基础法律关系，授权基金管理人进行私募股权投资，而基金管理人则通过投资渠道将投资者的资金投向目标企业，完成作为代理人身份的投资任务。投资收益最终归投资者，基金的管理费用和超额收益分红则属于投资者给管理人的报酬。整个投资过程中涉及目标企业的筛选、对目标企业的尽职调查、设定交易结构、与目标企业管理者达成投资契约等委托代理事项，这些都体现了管理人的基金管理专业优势，投资者因而基于双方签署的合伙契约，授予基金管理人的投资管理权限。

2. 第二层委托代理关系

第二层委托代理关系存在于基金管理人与目标企业管理者之间，其表现为基金管理人代表私募基金与目标企业管理者（笔者认为目标企业管理者也是目标企业原所有者）签署投资契约，并委托目标企业管理者履行对目标企业的管理职责。

（1）第二层委托代理关系参与要素

在私募股权基金第二层委托代理关系中，双方在参与私募股权投资中所处的地位、利益指向、获得信息以及最优行动都是不同的。在第二层委托代理关系中，双方参与私募股权投资要素如表 7-2 所示。在基金管理人与目标企业存在利益冲突和信息不对称的状态下，双方通过在投资契约中设定特殊利益保护条款，如优先分红与优先清算条款、估值调整条款、回购条款等，来保障投资利益。

表 7-2　第二层委托代理各方的参与要素

序号	基本要素	基金管理人	目标企业管理者
1	契约关系	委托人	代理人
2	利益指向	投资收益、实现投资退出	获取资本需求、规范企业治理、企业成长
3	信息	少许目标企业的经营管理信息	企业治理过程中方方面面的信息
4	最优行动	出资到位、对目标企业的经营进行监督	勤勉尽责地履行企业管理义务

（2）基金管理人与目标企业管理者的基础法律关系

私募基金通过受让目标企业股权或者目标企业的增资扩股进而成为目标企业的所有者，目标企业的经营权与管理权的分离使目标企业管理者拥有掌管企业经营的权利。因此，私募股权投资中第二层委托代理关系中的基础法律关系为基金管理人代表的私募基金与管理者代表的目标企业所签署的投资契约。

（3）目标企业管理者的经营授权

正如投资者不具备基金投资能力那样，基金管理人可能也不具备对所投企业的治理能力，基金管理人欠缺目标企业治理能力可能来源于多种因素。一是基金管理人更愿作为财务投资的角色，对目标企业的治理仍由原管理层负责；二是基金管理人掌管多只股权基金，没法有足够的精力去掌控目标企业的管理；三是目标企业所处行业特性使基金管理人无法胜任投后管理任务等。这些因素使基金管理人需通过与目标企业管理层签署投资契约，委托目标企业管理层进行公司治理。

7.2.2　私募股权基金中的委托代理问题

私募股权投资的委托代理行为总是在利益冲突和信息不对称的状态下进行，在经济生活中，参与各方的地位不同而导致利益指向不一致的情形是普遍存在的。由于目标不完全相同，委托人和代理人对风险的态度也不尽相同。代理人可能尽量避免风险，而委托人则希望代理人能够敢于冒风险并承担风险，以实现其最大收益。事实上，信息不对称和信息不完全普遍存在，即在委托人无法观察或无法准确观察到其所监督的代理人的特征或行为的情况下，就会产生委托代理问题，这也是交易双方设计和签订契约（合同）的最根本原因。通常按照信息不对称发生的时间区分，发生在合同订立之前的，被称为事前非对称，相对应的问题称为逆向选择问题；而发生在合同订立之后的，称为事后非对称，相对应的问题称为道德风险问题。

1. 私募股权基金双重委托代理关系中的逆向选择

逆向选择是指代理人拥有不为委托人所知的私人信息，如能力、生产成本、利润、努力程度等，并据此进行决策，委托人处于信息不对称的地位，在做出选择的时候往往受一些虚假信息的蒙蔽从而选择那些敢于造假或者隐藏真实信息的代理人。

（1）私募股权基金第一层委托代理关系中的逆向选择

在私募股权基金第一层委托代理关系中，在投资者与私募股权基金之间，身为委托人的投资者往往要求私募股权基金管理人具有甄选高质量投资项目的能力及后续为项目提供增值服务的能力，但在基金管理人是否具备足够能力方面的信息获得上，基金管理人是信息优势方，是私人信息的占有者，投资者是信息劣势方，无法事前准确判别代理人的真实经营能力。基金管理人的能力是一种人力资本，它是隐形的、难以辨认的。基金投资者在选择基金管理人时，只能根据基金管理人过去的业绩和管理团队所表述的素质来做决定。但基金管理人在向基金投资者宣扬其管理业绩和能力时，往往以其最好的业绩和能力示人，而隐藏其不好的业绩与能力，甚至欺骗基金投资者。

由于信息不对称，素质较低的基金管理人有机会隐藏其管理能力和管理业绩而获得基金投资者的青睐，这就会使一些真正有管理能力、素质较高的基金管理人无法获得基金投资者的青睐。而且，如果这样的情况出现多次，就会让投资者因无法识别基金管理人的能力而失去信心，进而退出基金市场选择自己投资，基金管理人就有可能无法募集到资金，而最终使这个市场不复存在。

当然，如果基金投资者一味追求稳健透明的投资收益，而不愿意冒风险，就会使一些真正有管理能力、能创造高回报的基金管理人退出市场，从而使从事于信息透明度较低的创业企业投资前期阶段的管理人减少，而从事于创业企业后期阶段和上市前融资阶段的管理人增多，这是融资市场逆向选择的一个结果。

（2）私募股权基金第二层委托代理关系中的逆向选择

在私募股权基金第二层委托代理关系中，处于信息劣势的是私募股权基金管理人，处于信息优势的是目标企业股东和其管理者。

根据企业融资优先次序理论，融资企业的偏好次序是内部权益融资、债权融资与外部权益融资。融资企业很可能大多只拥有专利、专有技术等无形资产，并未建立起自己的经营记录以及相关信誉信息，其市场价值难以评估。由于其可抵押资产较少，又没有足够的信用记录，或者已经陷入财务困境，因此这类企业几乎没有机会进行债权融资，那么偏好次序就变为内部权益融资、外部权益融资。这种融资的优先次序也与融资企业内部人员和关联人员在企业质量信息上有优势直接相关。如果企业质量好，具有很好的投资价值，首先获得这个信息的是内部人员，其次是关联人员，只有在内部人员与关联人员的资本实力无法满足企业发展的需求时，才开始寻找外部的私募股权资本。

一方面，从融资企业的宏观角度看，势必有一部分最优质的企业被内部人员与关联人员过滤掉，私募股权基金无法获得投资于最优秀的需要股权融资的企业的机会，从而使寻求私募股权基金进行外部融资的企业的整体质量低于需要私募股权融资的企业的质量，这是私募股权基金所面临的独特的逆向选择问题。

另一方面，融资企业的研发团队和管理者比私募股权基金管理人更了解自己研发的技术的先进性和产品的性能，更熟悉项目的市场前景及本企业的经营管理水平，为了得到私募股权基金的投资，他们可能会向私募股权基金传递虚假信息，夸大自身的优势，隐瞒对自己不利的信息；私募股权基金管理人对潜在投资对象的了解主要依靠自己的调研和对方提供的信息，而任何一个理性的企业都不会毫无保留地呈现全部真实的内部信息给基金管理人。在该种情况下，私募股权基金难以区分信息的质量和真伪，为保护自己的利益，可能会使用比较高的贴现率，使投资对象获得资金的成本提高，结果可能更加加剧了信息的不对称，低质量企业为得到投资使用虚假信息，而高投资价值的企业很有可能因为融资成本太高而放弃私募股权基金投资，转向其他的融资方式或者放弃项目。最终在私募股权投资市场中只有低素质的风险项目与其匹配，市场就会趋于“柠檬化”。在极端的情况下，市场甚至会消失，投资的真正意义也就无从体现。

2. 私募股权基金双重委托代理关系中的道德风险

道德风险是代理人在签订契约后利用信息优势采取的有损于委托人利益的行为，是由委托人和代理人利益最大化目标的不一致而引起的。

(1) 私募股权基金第一层委托代理关系中的道德风险

私募股权基金投资者与基金管理人签署投资协议，并将资金交给基金管理人后，基金管理人道德风险的高低就成为基金能否在较低风险下取得较高回报的基础。信息不对称和相关的法律规定使私募股权融资出现事实上和法律上的内部人控制。事实上的内部人控制形成于股权投资高度专业化带来的信息不对称。这使投资者了解的信息具有很大的局限性，投资者几乎不可能观察到管理人的全部行为，也不可能全面、细致地了解基金运作的全过程，况且市场瞬息万变，投资者不可能全面、及时、准确地了解外部市场环境的变化，也很难辨别出基金的经营结果究竟主要是由客观因素变化所致，还是由管理人本身的行为所致。如果管理人的职业道德不良、过分追求自身利益，他在经营基金过程中就有动机利用信息优势和职权之便，谋求自身利益的最大化，并把由此造成的投资者权益损失归咎为客观因素的作用，将风险外化，损害投资者利益。相关研究表明，对高科技风险企业的投资增加了基金管理人采取机会主义行为的可能性，因为通常会计资料很难反映企业的真实状况，评价高技术企业也需要对企业技术状况及竞争对手情况有一个全面了解。这就给投资者监控基金管理人行为带来很大困难。另外，根据相关法律规定，在有限合伙制基金中作为有限合伙人的投资者只承担有限责任，按权利与义务相匹配原则，投资者不能干预基金的日常经营活动。投资者对基金投资的干预限定于事前的合约规定，由于股权投资的极大不确定性，这样的合约规定并不完全，难以对基金管理人真正形成约束。无论是事实上还是法律上的内部人控制，都可能使投资者利益受到侵害，尤其是在投资者不能向 PE 赎回其本金如封闭式基金的情况下，基金管理人把基金完全控制在自己手上,这就给基金管理人的机会主义提供了便利。

基金管理人的道德风险主要表现在以下两个方面。第一,运用高杠杆,投资高风险项目。私募股权基金一般会约定一定比例的业绩奖励给基金管理人,如合伙型基金一般约定为 20%。由于基金管理人占合伙型基金的份额一般只有 1%～2%,基金损失对他们而言相对小得多。因此他们就有可能会为了获得高额业绩激励,通过提高举债比例,投资高风险项目来增加基金投资回报率,但这样会大大增加投资风险,可能会使基金投资者资产全部损失。第二,基金管理人工作偷懒或不作为。这种情况主要出现在业绩激励少,主要以管理费为收入的私募股权基金中。如果投资回报好坏与基金管理人收入没有直接关系,那么基金管理人就不会努力去搜寻回报高、风险低的投资项目,因为要搜寻到这些投资项目势必要花更多精力和费用,所以他们倾向于投资收益回报稳定或前景明朗的项目,这对提升私募股权基金的回报率是不利的。

(2) 私募股权基金第二层委托代理关系中的道德风险

私募股权基金选定了目标企业后,在私募股权基金管理人与目标企业管理者之间就产生了委托代理关系,这是私募股权基金运作中最重要、对投资绩效影响最大的一层委托代理关系。

私募股权基金在投资后一般不会直接参与目标企业的日常经营活动,无法全程监督目标企业的管理者的行为,目标企业的大股东及其管理者可能会为了自己的利益而隐藏损害私募股权基金的行为,这就构成了私募股权基金投资过程中的道德风险。其具体表现为以下四个方面。第一,享受豪华办公场所、庞大职务消费和高昂薪资水平。这种现象主要在规模较大,股权较分散或产权代表人不明晰,经营管理层有较大自主权的目标企业中。由于经营管理层有较大自主权,在缺乏有效激励机制的情况下,他们会为了自身利益最大化而采取上述行为,从而给股权持有人造成损失。第二,工作偷懒或不作为。这种行为在创业企业中表现较突出。创业企业在创业投资家的帮助下得到了良好发展,企业经营效益不断好转,此时有些创业企业家的创业热情开始降低,工作中的偷懒或不作为现象就出现了,从而降低了创业企业持续发展的动力。第三,追求自由现金流。自由现金流就是企业产生的,在满足了再投资需要之后剩余的现金流量,这部分现金流往往被企业管理层用来为自己牟利。需要私募股权融资的目标企业为了尽可能多地获得可支配的自由现金流,在股权融资时,往往会尽量夸大企业价值,夸大项目投资需求额。在融资成功后,随着私募股权资本金的注入和产品经营成功后创造出来的现金流的增加,企业家开始使用其中的自由现金流为自己牟利,出现挪用、关联交易、股票或房地产投资等现象,这无疑会损害私募股权基金的利益。第四,投资高风险项目。投资高风险项目是创业企业家道德风险主要表现之一。随着私募股权资本的注入,创业企业家手中可控制的资金数量大大增加,创业企业家在满足了企业技术水平的同时,可能会将资金投到与企业现有技术相关性不大而他们认为更有发展前途的其他新技术开发中。

7.3　私募股权基金中双重委托代理问题的治理机制

在信息不对称条件下,为了减轻代理人对委托人利益的损害,必须要对代理人采取激励或约束措施,以克服逆向选择和道德风险问题。

在私募股权投资的两层委托代理关系中伴随着投资人货币资本、基金管理人人力资本、企业经营者人力资本、企业实物资本的价值流转和价值转化过程,私募股权投资正是通过科学合理的组织机制设计和投资制度安排克服了两层委托代理关系所带来的不利影响,并利用人力资本的特殊性在每个层次的契约安排中设计了激励机制和约束机制，从而保证了私募股权投资的顺畅运转。

7.3.1 基金投资者与基金管理人间委托代理问题的治理机制

第一层委托代理关系中，私募股权投资主要是通过私募股权基金管理运作机制的设计和科学的合约安排来克服委托代理问题的。为了实现私募股权投资过程中基金管理人人力资本和投资者货币资本的有机结合，并解决委托代理的信息不对称问题，许多私募股权投资采取了有限合伙公司的组织形式，并将合伙人划分为有限合伙人（LP）和普通合伙人（GP）。投资者作为有限合伙人，提供了大部分资金但不能参与基金的投资活动。基金管理人作为普通合伙人有权处理私募基金的所有交易活动并对私募基金进行日常管理。

1. 基金投资者与基金管理人间委托代理问题的激励机制

（1）报酬激励机制

一般而言，固定的薪酬对于代理人没有吸引力，不能有效激发代理人的积极性，而单纯基于业绩的薪酬也会让代理人有很大的顾虑，考虑到万一没有业绩或业绩很不理想的可能性，代理人必然不能投入全部的精力。因此，委托人为了实现其资本最大化增值，需要以固定报酬和依据收益提成的变动报酬相结合的报酬结构来实现对代理人的有效激励。即对代理人的报酬激励应包含固定管理费和业绩报酬。

实践中，有限合伙契约恰恰为普通合伙人设计了包括固定报酬和变动报酬两个部分的高强度的激励机制。普通合伙人要为有限合伙人提供最佳的投资机会，这就需要花费大量的精力和财力，因此，有限合伙基金一般需向有限合伙人每年收取相当于投资总额2%～3%的管理费。但这只是固定性的成本补偿，管理费收入所占份额很小。普通合伙人的收入主要来自契约制定时就已确定的对投资收益按一定比例提取的变动报酬部分，通常是基金总收益的20%左右，而作为有限合伙人的管理者投资只占到基金总资产的1%左右。很显然这是一种高强度激励机制。从另一方面考虑，这种机制也为普通合伙人知识资本的投入提供了合理的评价和回报机制，激励普通合伙人更大限度地实现个人价值。因此，有限合伙制的激励机制能促使基金管理人竭尽全力发掘高潜质的投资机会并兢兢业业地管理好基金，努力提高基金收益，而不是将管理费作为主要的收入来源。

（2）权力激励机制

在权力激励方面，有限合伙制的治理结构非常独特，有限合伙人作为纯粹的投资者不参与合伙企业运营，而且我国合伙企业法对有限合伙人参与企业事务做出了明确禁止，否则有限合伙人将丧失有限责任的保护。普通合伙人作为管理者在合伙企业的管理中占据绝对主导地位，可以充分发挥其知识与能力，享有投资管理控制权。这种机制充分保障了基金管理人的积极性和独立性，有利于调动其创造性。

（3）声誉机制

基金管理人在投资初始阶段，经常愿意接受比较低的报酬收入，为的是建立良好的市场声誉，以便在将来提高报酬收入并获得更便利的筹资机会。在具有竞争性的市场中，基金管理人的收入主要取决于以前的经营绩效。从长远来看，即使没有对基金管理人进行各种显性的激励，他们也会出于为自己利益的考虑而努力工作，提高基金投资收益率，进而改善他的市场声誉，帮助他在未来签订契约的时候获得更高报酬。基金管理人越看重市场声誉，那么声誉机制在激励方面就越能发挥作用。固定期限的机制在实践中是个很好的激励办法，基金管理人无法永远保管资金，如果基金管理人发生不端行为，他以后的筹资会面临很大困难。

有限合伙契约机制通过基金寿命的有限期设计和有限期合作过程的多阶段处理，运用声誉机制实现对普通合伙人较低的激励成本。有限合伙型基金的寿命是有限的，一般在7～10年，期限结束后，基金管理人不再拥有对所管理的资金运作的权力。基金管理人要在行业内站住脚并得到发展，必须不停地筹集新基金，而市场信誉是决定筹资成本和筹资难度最重要的因素。建立一个有限合伙型基金需要基金管理人付出大量的劳动。有良好记录的基金管理人可大大节省筹资时间和所付出的劳动，因为良好的记录说明基金管理人的经验和能力，也说明基金管理人能有效地保护投资者的利益。基金管理人为了在后续融资过程中尽可能降低筹资成本，减少筹资难度，必须在前一个合伙期限内努力实现较高的投资回报率来获得良好的信誉。有限合伙制具有的由声誉带来的无激励成本的激励效果，是无限期寿命的公司型组织无法达到的。在同样原理的指导下，对有限期内合伙过程的分阶段投入也会达到类似的激励效果。

2. 基金投资者与基金管理人间委托代理问题的约束机制

有限合伙契约中设计了相当数量的限制条款，对双方偏离基金运作目标的行为加以约束，以降低投资者资金的风险水平。

根据私募股权基金的实践情况，有限合伙型的私募基金，有限合伙人对普通合伙人的限制性条款主要包括三类：第一类是与基金管理相关的限制条款，包括对投资规模的限制、对借入资金的限制、对后续基金的限制、对收益再投资的限制等；第二类是对普通合伙人行为的限制，包括对普通合伙人个人投资的限制、对普通合伙人出售附带权益的限制、对普通合伙人筹资的限制、对有限合伙人外部行为的限制、对新的有限合伙人加入的限制等；第三类是对投资类型的限制，包括对投资资产中种类的限制、对投资所涉及行业的限制等。

7.3.2　基金管理人与目标企业间委托代理问题的治理机制

激励约束机制是私募股权基金最大限度地激发目标企业管理者的管理积极性和创造性，最大限度地减少信息不对称带来的风险问题而保障其自身利益的一种重要手段。有效的激励约束机制，可以在保证较低成本的前提下，促使目标企业管理者以有利于私募股权基金的利益行事，从而降低投资风险。

1. 基金管理人与目标企业间委托代理问题的激励机制

通常情况下，目标企业管理者对目标企业拥有一部分控制权，根据剩余索取权与企业控制权相契合的准则，目标企业管理者需要被给予一定的剩余索取权，从而使其与基金管理人的利益存在部分一致性，实现激励相容。基金管理人对目标企业管理者的激励机制，一般由以下三部分构成。

(1) 目标企业管理者合理的薪酬制度

合理的薪酬制度对处理基金投资者、基金管理人、企业家和普通职工之间的利益关系有着十分重要的作用。一般而言，合理的薪酬制度包含四个方面的内容：职务工资（阶梯式薪酬结构），与业绩相关的奖励制度，内部报酬（优秀企业文化所具有的荣誉感、成就感、认同感），福利制度（薪酬制度的补充）。良好的薪酬制度对委托代理问题的解决具有激励作用。

(2) 目标企业管理者的股权激励

通过收入机制可以激励代理人为委托人服务，而在收入机制中采用股权激励是一种行之有效的做法。在实行股权激励时，目标企业管理者的报酬一般由两部分构成：一是管理创业企业的固定薪酬收入部分，二是股权收入部分。目标企业管理者的收入中，固定薪酬收入只是其中很少的一部分，而其收入中很大一部分来自股权的增值，股权部分使目标企业管理者可参与企业经营利润的分配。这样的收入结构可以把管理者的个人利益与企业的价值增值密切地联系在一起，激励企业管理者努力工作以实现企业价值的最大化，同时他个人也能从中实现自身利益的最优化。

（3）目标企业管理者的股票期权激励

股票期权，是指在未来某一规定的期限内，基金管理人给予目标企业管理者按约定的较低价格购买本企业一定数量的股票的权利。股票期权的激励使目标企业管理者更加努力工作，促使自己所管理的企业经营效率提高，实现企业价值最大化，进而企业股票价格随之上涨，目标企业管理者通过行使约定的期权来获得高额收益。可见，股票期权这种工具可以把目标企业管理者和私募股权基金紧密联系在一起。目标企业管理者能够享受公司股票增值所带来的利益增长并且能够承担相应的风险，实现委托人与代理人利益的一致性。

2. 基金管理人与目标企业间委托代理问题的约束机制

在私募股权基金架构下，基金管理人除应在协议中对激励制度予以精心设计之外，还应设计一套措施对目标企业管理者进行约束。基金管理人常用的约束机制包括融资工具的设计、分期投资、估值调整机制和控制管理权条款。

（1）融资工具的设计

目标企业管理者是信息优势方，而基金管理人在投资之初对管理者的能力不甚了解，要获得关于管理者素质能力的真实信息需要花费一定的时间，此外，基金管理人不可能对目标企业管理者的所有经营活动进行监控，因此可以通过融资工具的设计对管理者的行为进行有效约束。在私募股权投资实践中，基金管理人在设计融资工具时较多地用到了可转换证券，包括可转换优先股和可转换公司债券。

私募股权基金如果以可转换优先股的形式进行投资，可享受优先股股东优先分配利润和优先分配剩余财产的特别权利。此外，还具有可以转换的权利，即当目标企业发展良好时，私募股权基金有权行使转换权，获得普通股，从而分享企业的价值成长，获取利润分配。同时，还可以就目标企业发展中的重要经营活动行使投票表决权，以实现对目标企业的监督控制。

私募股权基金如果以可转换债券的形式进行投资，它对目标企业只承担有限责任，在目标企业的股票价格上涨时，私募股权基金有权利在协议规定的转换期内，以约定的价格转换成若干数量的普通股，从而可以分享企业价值成长的好处，还能就企业发展问题行使投票权。如果企业经营管理不善，股票价格较低，则私募股权基金可以不实行转换，将其持有至到期，要求公司还本付息。目标企业在发行可转换债券时，通常还设计了含有回售（卖出）期权的附加条款，它有利于保护投资者利益，因为如果企业发展不佳，没有上市的可能，或者虽然能上市但企业股价一直都较低，低于转股价格，此种情况下，私募股权基金可以按照附加条款约定的价格把持有的可转换债券卖给目标企业，而后者必须接受。该项条款保护了私募股权基金的利益，同时也对目标企业管理者形成一定的约束。

通常来说，对于私募股权基金而言，可转换债券较可转换优先股有更大的保险系数，在公司初创期，债券持有人比优先股股东更具有获得利息收入与投资回报的可能，当公司进入成长期，经营稳定、盈利增强时，可转换债券行使转换权，可以获得比利息更多的股利回报。

（2）分期投资

分期资本投入机制可以使私募股权基金根据上阶段企业的经营情况随时停止对低效率企业的投资。在实践中，私募股权基金可以根据收集的信息对目标企业的业绩和状况进行经常性地评估，发展前景看好、运作良好的企业将得到新的融资。由于分期投资每个阶段投入的资金有限，这将降低对目标企业的股权稀释，并且当企业运作成功时，管理者收入提高，这种收入激励也会有助于企业运营；如果目标企业发展情况不好，私募股权基金有权停止对其进行投资。为了避免这种情况的发生，保证私募股权基金在后续阶段能持续对目标企业进行投资，目标企业的管理者也会积极工作，努力提高企业经营水平。私募股权基金停止对目标企业进行投资的行为在市场上会起到信号传递的作用，别的投资者会认为目标企业存在严重问题，这样会给目标企业从其他渠道融资带来严重的负面影响。可见，分期投资能对目标企业管理者形成强有力的约束。

私募股权基金分期投资的操作方式主要有以下三种。第一，股权比例重新分配权。分期投资的形式可以保证私募股权基金在股权的持有比例上获得重新分配的权利。在每一个阶段进行投资前，私募股权基金都要利用最新获得的信息重新审核评估所投资的项目，如果当期评估价值高于初期，私募股权基金可以按照原来的股权比例继续进行后续的投资。如果当期评估价值低于初期，私募股权基金可以重新分配股权比例，在相同的投资数额下，通过提高股权比例来保障投资者利益。此时，目标企业管理者的股权被稀释，他们便会在压力下积极工作，努力实现更高的经营管理水平，保证项目在不同阶段都可以不断增值。第二，增资权。私募股权基金投资后，如果目标企业发展非常顺利，上市可能性很大，股票价值有较大的升值潜力，目标企业管理者为进一步实现扩张，会产生新的资金需求，此时，私募股权基金有权以事先约定的低于市场价格的价格追加投资。第三，清算价值放弃权。在项目周期的任何时间，只要外部环境发生改变导致项目入不敷出，私募股权基金就有权停止项目，并变卖项目固定资产，当私募股权基金与目标企业管理者在项目前景的预测上难以达成一致看法时，私募股权基金也可以停止投资，以控制损失的扩大。

(3) 估值调整机制

估值调整机制，就是收购方（包括投资方）与出让方（包括融资方）在达成并购（或者融资）协议时，对于未来不确定的情况进行的一种约定。如果约定的条件出现，融资方可以行使一种权利；如果约定的条件不出现，投资方则行使一种权利。估值调整机制实际上就是期权的一种形式。在私募股权基金与目标企业管理者都掌握企业一定股权的情况下，实施估值调整协议，双方谈判协商好一个股权转让的优惠价格，并约定企业在未来要达到的经营绩效标准，如果将来企业实现了这个目标，私募股权基金必须按照事先约定好的优惠价格把一部分股权出售给目标企业的管理者；如果将来企业没实现预定的经营目标，则由目标企业管理者按照约定的优惠价格把一部分股权出售给私募股权基金。

目标企业管理者与私募股权基金管理人相比，总是具有更多的企业经营内部信息。在获得投资前，目标企业管理者为了获得更高的企业估值，极有可能会夸大未来盈利；在获得投资后，他们可能会疏于管理甚至把企业盈利转移出去一些，使得私募股权基金无法参与价值分享。估值调整协议的使用能很好地解决这些问题。使用此方法可以实现不同方面的作用：第一，防止目标企业管理者在引资时虚报未来盈利；第二，对企业管理者起到激励作用，使他们积极工作争取企业业绩达标，从而享受优惠的价格得到股权奖励；第三，如果企业没达到约定业绩水平，投资者可以按优惠的价格购买管理层的股权，以此弥补投资损失。

(4) 控制管理权条款

私募股权基金对目标企业投入资金后，作为股东享有参与公司管理的基本权利，包括委派董事、股东投票权等。但基金管理人显然不满足于此，他们希望对企业拥有更多的控制权，于是双方不断博弈，公司控制权不断被竞取。

私募股权基金虽然不参加投资对象的具体经营，但是为了更好地为投资对象提供高水平的增值服务，促进企业成长，它通常会要求在目标企业中基于公司董事会席位的多寡占有一个或一个以上董事会席位。虽然对目标企业享有绝对控制权并不是私募股权基金投资的最终目的，但这是控制目标企业管理者委托代理风险的有力手段。

一般地，作为目标企业的外部董事，私募股权基金管理人都是非常有影响力并且执行能力也很强的人士，他们有能力实现对目标企业的监控，作为董事会成员，他们可以利用尽职调查获取企业必要的信息。在目标企业管理经营效率低下，尤其是与预期目标相比发展太差时，私募股权基金可通过董事会替换掉已有的管理者。

7.4 私募股权基金GP和LP的收益与分配

7.4.1 私募股权基金GP和LP的收入来源

私募股权基金GP的收入主要通过收益提成获得，而不是管理费。正如ILPA(机构有限合伙人协会)《私募股权投资原则》所言，如果满足LP的回报要求之后GP获得一定比例的收益，并且GP的财富增长主要源自业绩提成和投资基金份额的回报收益，那么GP和LP之间的利益一致目标就得以实现。在收益提成模式下，管理人会恪尽职守直至边际努力收益等于边际努力成本，在最大化其预期效用的同时也使投资者感到满意。从产权经济学的角度来看，收益提成模式可以给基金管理人提供有效的激励。但尴尬的现实是，国内私募股权基金GP的收入大部分还是来源于管理费，《中国私募基金投资年度报告2016》在分析私募股权基金机构收入结构时发现，近70%～80%的赢利来源于向LP收取的基金管理费，业绩提成以及项目投资收入的比例普遍偏低。

本章以下内容的论述均是基于有限合伙型私募股权基金的论述。

尽管如此，收益分配的内容作为合伙协议的核心条款，仍然是LP和GP谈判的主要议题，LP和GP孰强孰弱，于此条款可窥一斑。GP往往利用其专业知识及管理人地位在合伙协议的收益分配条款中为自身谋取更大更多的利益，LP往往利用其资金优势或政策优势迫使GP调整收益分配条款，各方实力对比将决定具体条款内容，在实践中虽然业界均遵循源自西方国家的收益分配模式，但很难找到内容完全相同的收益分配条款。

7.4.2 收益分配相关名词解释

1. 优先回报

优先回报又称门槛收益，门槛收益＝投资本金×门槛收益率。门槛收益率是基金投资者与基金管理人之间自由约定的一个固定值，一般在6%～12%之间，大额资金的门槛收益率低于小额资金，基础资产风险高的项目的门槛收益率高于风险低的项目。门槛收益率一般与内部收益率有关。

2. 内部收益率

内部收益率(IRR，Internal Rate of Return)就是资金流入现值总额与资金流出现值总额相等、净现值等于零时的折现率。它是一项投资渴望达到的报酬率，该指标越大越好。一般情况下，内部收益率大于等于基准收益率时，该项目是可行的。投资项目各年现金流量的折现值之和为项目的净现值，净现值为零时的折现率就是项目的内部收益率。

3. 基准收益率

基准收益率(benchmark yield)也称基准折现率，是投资决策者对项目资金时间价值的估值。基准收益率的确定既受到客观条件的限制，又有投资者的主观愿望。基准收益率表明投资决策者对项目资金时间价值的估价，是投资资金应当获得的最低盈利水平，是评价和判断投资方案在经济上是否可行的依据，是一个重要的经济参数。

4. 超额收益

超额收益是扣除了门槛收益后的剩余收益，俗称CARRY。一般而言，超额收益中的20%将分配给私募基金管理人，剩下的80%将按照投资人各自所占比例进行分配。这一机制意在鼓励私募基金管理人获取更高的收益。私募基金管理人获得20%的超额收益的基础是其投资及管理能力，而非基于其出资，如果私募基金管理人也参与了出资，则该部分出资与普通合伙人一同参与80%部分的分配。20%的比例可以根据意思自治进行调整，该比例往往体现私募基金管理人与投资人间的力量对比。

7.4.3　可分配收益

基金的可分配收益一般是指合伙企业获得的收入减去合伙企业运营成本后的净收益。可分配收益的财产类型一般为现金，如果合伙企业获得的是非现金财产，如股权、不动产等，在分配的时候需要变现或分割产权。合伙企业的收入包括投资收益、理财收益、咨询服务收入、其他收入等。投资收益是基金收入的主要来源，基金投入融资企业后可能会获得股权分红款，但分红款通常体量不大，股权转让(包括上市后转让股票)或退出被投企业以及融资企业清算才是基金投资收益的主要实现方式。

理财收益发生在基金账户上有闲置资金且在短期内未找到投资项目时。基金购买的理财产品一般是风险低、流动性强的金融产品，如银行存款、国债、地方政府债、政策性金融债和政府支持债券等固定收益类资产。

GP的咨询服务收入是否属于合伙企业的收入存在一定争议。ILPA发布的《私募股权投资原则》认为，GP收取的交易费、监管费、董事费、咨询费及退出费等所有收费均应计入基金收益。而国内有GP主张仅以一定比例如50%计入，剩下的50%则可以直接归属GP，具体的比例在业务实践中各有不同。一般而言，国外大型并购基金，在进行投资的过程中会涉及复杂的财务顾问工作，会较多地收取此类相关的顾问或咨询费用，国内目前收取此类费用的情况仍然较少，多数合伙协议对此缺乏约定。除此之外，合伙企业可能还会有一些其他收入，如合伙人缴纳的违约金以及政府补贴或奖励等。

7.4.4　收益分配相关法律规定

合伙型私募基金属于合伙企业，其收益分配应遵守《合伙企业法》关于利润分配的规定。《合伙企业法》第三十三条规定："合伙企业的利润分配、亏损分担，按照合伙协议的约定办理；合伙协议未约定或者约定不明确的，由合伙人协商决定；协商不成的，由合伙人按照实缴出资比例分配、分担；无法确定出资比例的，由合伙人平均分配、分担。合伙协议不得约定将全部利润分配给部分合伙人或者由部分合伙人承担全部亏损。"

7.4.5　收益分配模式

国外私募股权基金在收益分配上通行的模式有两种：一是欧式，即本金优先返还模式(All

Capital First, or Europe Waterfall Model)；二是美式，即项目分配模式（Deal-by-deal, or American Waterfall Model)。本金优先返还模式就是确保 LP 收回全部投资本金后，剩余收益在 GP 和 LP 之间分配的模式，该模式对 LP 较为有利；项目分配模式则是在单个项目退出后在 LP 与 GP 之间分配的模式，该模式对 GP 较为有利。每种模式还有具体不同的做法，主要由 LP 和 GP 谈判确定。

国内私募股权基金的收益分配也大致类似于国际上的这两类模式，但如前所述，收益分配条款是 LP 与 GP 博弈的结果，其分配顺序并不完全固定，以下介绍的收益分配模式仅是合伙型私募基金收益分配的一般示例，实践中可能并不完全相同，国内传统采用的有本金优先返还模式和项目分配模式。目前，在实践操作层面，私募基金产生的投资收益，在扣除费用后的净收益将按约定进行分配。本章所述收益分配是指“净收益”，即：净收益＝投资收益－费用。费用主要包括认购费、管理费、托管及投资顾问等外包服务费。下列费用由合伙型私募基金承担：

- 开办费，即与基金设立相关的费用；
- 向 GP 支付的管理费；
- 向托管行支付的托管费用；
- 基金作为当事一方的且依法应由基金承担的诉讼或仲裁相关费用；
- 基金召开合伙人大会产生的费用；
- 基金的清算费用；
- 基金自身的审计费用、律师费用、年检费、评估费等费用；
- 基金因其存续、日常管理、向相关政府部门申请备案而发生的相关费用及其他法律、法规、规章规定的应由基金承担的费用；
- 管理、运用或处分基金资产的过程中发生的税费和其他政府规费性质的交易费用。

目前，常见的合伙型私募基金收益分配模式有以下几种，如图 7-3 所示。

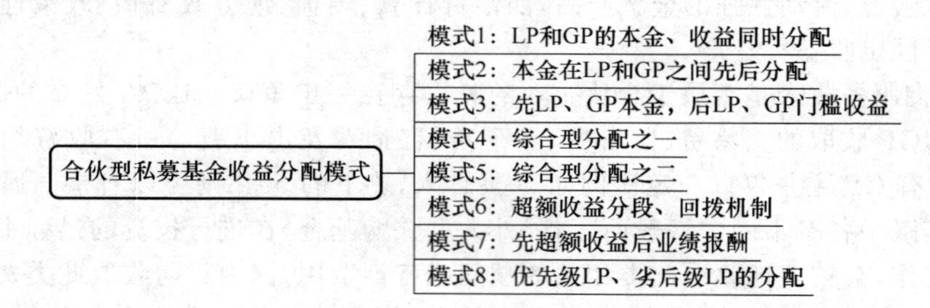

图 7-3　合伙型私募基金收益分配模式

（资料来源：清科研究中心，下同）

1. LP 和 GP 的本金、收益同时分配

本金、收益在全体合伙人分配的次序及比例分析，如图 7-4 所示。

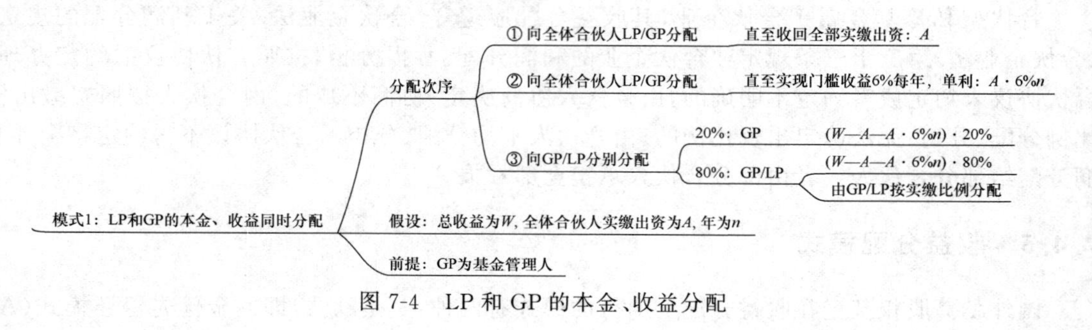

图 7-4　LP 和 GP 的本金、收益分配

① 向全体合伙人进行分配，直至全体合伙人从投资项目中获得的所有累计收益分配总额达到截至分配时合伙人的累计实缴出资。

② 向全体合伙人进行分配，直至全体合伙人依照上述第①项所收回的合伙人实缴出资，获得 6%的年均收益率。

③ 若可分配收入在满足上述第②项分配后仍有余额，则剩余金额的 80%及 20%应分别分配给全体 LP 和 GP。就剩余金额中的 80%，由全体合伙人按照实缴出资比例进行分配。

2. 本金在 LP 和 GP 之间先后分配

本金在 LP 和 GP 之间先后分配的次序及比例分析，如图 7-5 所示。

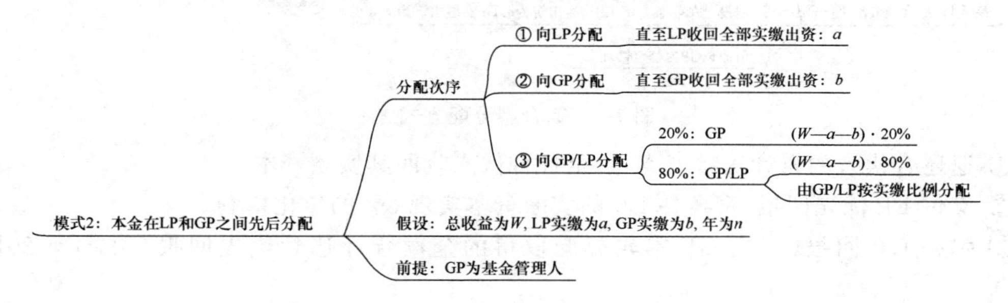

图 7-5　本金在 LP 和 GP 之间的分配

① 向 LP 分配直至其收回实缴出资额本金。

② 向 GP 分配直至其收回实缴出资额本金。

③ 剩余收益的 20%分配给 GP，剩余收益的 80%在所有合伙人（有的限定为"LP"）之间按照权益比例进行分配。

3. 先分配 LP、GP 本金，后分配 LP、GP 门槛收益

LP 和 GP 本金与门槛收益分配的次序及比例分析，如图 7-6 所示。

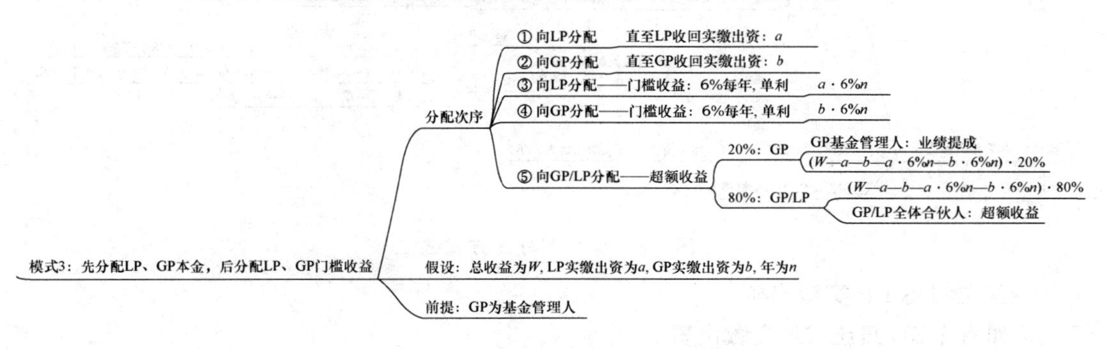

图 7-6　LP 和 GP 本金与门槛收益的分配

① LP 按原始出资额取回出资。

② GP 按出资额取回出资。

③ LP 按原始出资额取回每年 6%的门槛收益。

④ GP 按原始出资额取回每年 6%的门槛收益。

⑤ 本合伙企业收益率超过了每年 6%时，GP 可以按照基金总收益的 20%提取收益分成，剩余 80%的收益由所有合伙人按照权益比例分配。

4. 综合型分配之一

综合型分配方式一中 LP 和 GP 的分配次序及比例分析，如图 7-7 所示。

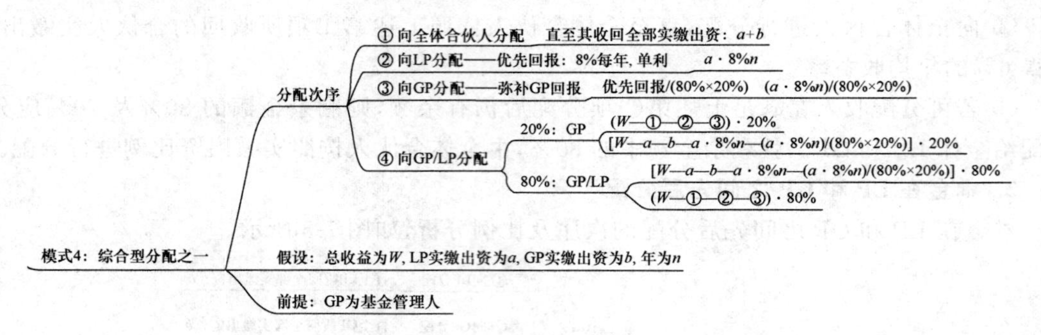

图 7-7　综合型分配方式之一

① 返还合伙人的累计实缴资本，直至各合伙人收回其实缴资本。

② 支付 LP 优先回报，直至各 LP 的实缴资本实现 8％的年化单利。

③ 弥补 GP 回报，直至 GP 本轮分配取得的金额合计达到优先回报/(80％×20％)的金额。

④ 80％/20％分配：以上分配之后余额的 80％归所有合伙人，在所有合伙人之间按照其实缴资本比例进行分配；20％归 GP。

5. 综合型分配之二

综合型分配方式之二中 LP 和 GP 的分配次序及比例分析，如图 7-8 所示。

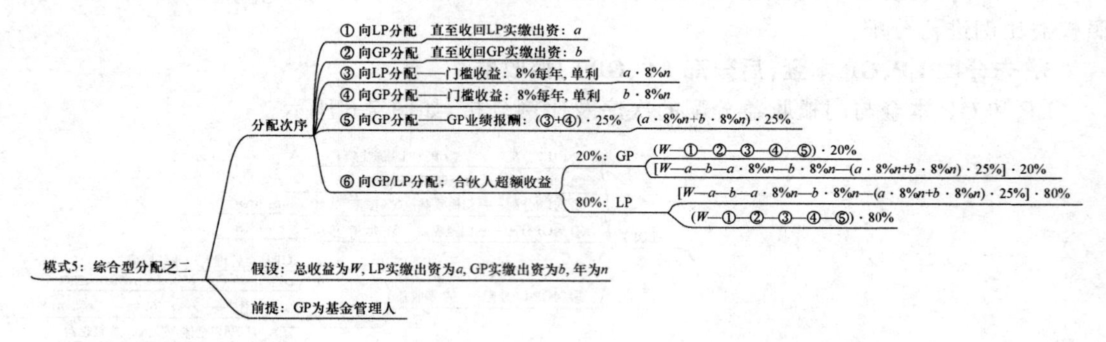

图 7-8　综合型分配方式之二

① 首先归还 LP 实缴出资。

② 如有余额，归还 GP 实缴出资。

③ 如有余额，继续向 LP 分配，直至 LP 收到的分配金额按其在本有限合伙的实缴出资额计算的年平均单利收益率达到 8％。

④ 如有余额，继续向 GP 分配，直至 GP 收到的分配金额按其在本有限合伙的实缴出资额计算的年平均单利收益率达到 8％。

⑤ 如有余额，向 GP 分配业绩报酬，直至 GP 所获业绩报酬额达到本条第③项与第④项中 LP 优先回报与 GP 优先回报之和的 25％。

⑥ 如有余额，按照各合伙人的实缴出资比例进行分配，分配给合伙人的部分按 LP 80％、GP 20％的比例分配。

6. 超额收益分段、回拨机制

向 LP 和 GP 分配超额收益的次序、比例及回拨机制的路径，如图 7-9 所示。

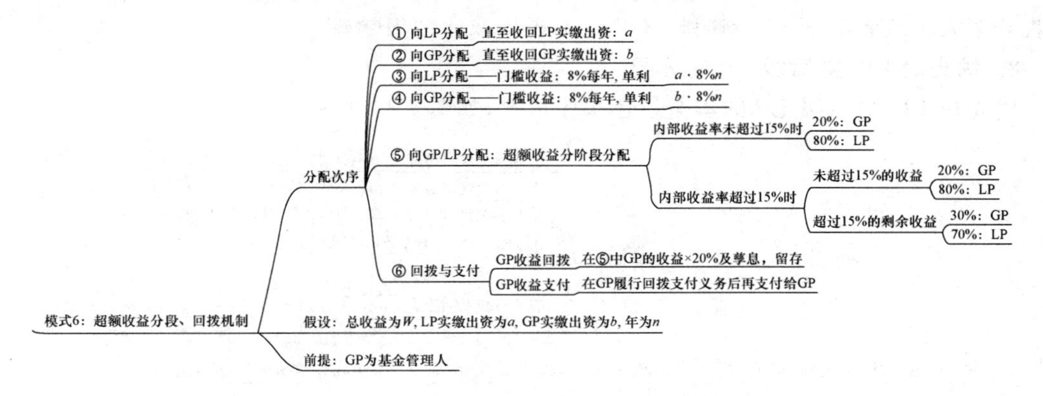

图 7-9　LP 和 GP 超额收益分配及回拨机制

① 返还各 LP 在本投资项目中的投资成本。

② 返还 GP 在本投资项目中的投资成本。

③ 向 LP 支付 8%的门槛收益。

④ 向 GP 支付 8%的门槛收益。

⑤ 超额收益分配：内部收益率未超过 15%时，超额收益的 20%向 GP 分配，其余 80%向 LP 分配；内部收益率超过 15%时，就内部收益率 15%以内的超额收益首先在支付完毕前款金额后，超过内部收益率 15%后的剩余收益的 30%向 GP 分配，其余 70%向 LP 分配。

⑥ GP 根据本条第⑤项所获得收益的 20%及其孳息应留存在合伙企业账户，用以保证 GP 向 LP 按照合伙协议"回拨机制"的约定履行回拨支付义务。从 GP 依据"回拨机制"履行完回拨支付义务(如适用)之日起的 3 个工作日内，合伙企业将收益支付至 GP 指定的账户。

7. 先超额收益后业绩报酬

投资超额收益分配给 LP 和 GP 的分配次序及比例以及年化收益率与业绩报酬的分配情况，如图 7-10 所示。

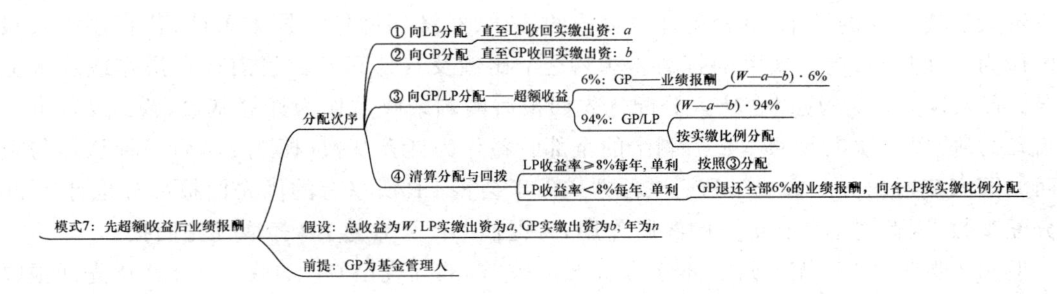

图 7-10　LP 和 GP 先超额收益后业绩报酬的分配方式

① 按实缴出资比例分配给 LP 直至其收回实缴出资本金。

② 分配给 GP 直至其收回实缴出资本金。

③ 超额收益的 94%在全体合伙人之间按其各自实缴出资比例进行分配，超额收益的 6%分配给 GP 作为业绩报酬。

④ 在本基金最终清算时：若 LP 的年化收益率大于或等于 8%(单利)，则 GP 针对全部超

额收益按照6%提取业绩报酬;若LP的年化收益率小于8%(单利),则GP不收取任何业绩报酬。GP退还已提取的业绩报酬,并向各LP按照实缴出资比例分配,如退还以后使得LP的年化收益率大于或者等于8%(单利),GP也不再提取业绩报酬。

8. 优先级LP、劣后级LP的分配

优先级LP、劣后级LP的本金返还次序情况,如图7-11所示。

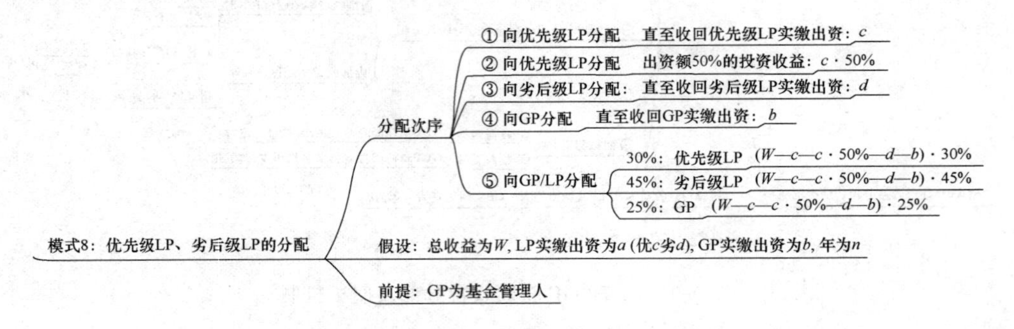

图7-11 合伙型基金对优劣级LP的分配方式

① 先返还优先级LP本金。

② 优先级LP本金收回后,继续对该类LP分配其出资额50%的投资收益。

③ 返还劣后级LP本金。

④ 返还GP本金。

⑤ 上述分配完毕后,如有剩余投资收益,优先级、劣后级LP和GP分别按30%、45%、25%分配。

7.4.6 追补与回拨

1. 追补(Catch-up)条款

美国等西方国家在长期的私募股权基金实践中,逐步演化出将基金收益中的20%(即附带权益,Carried Interest或Carry)作为奖励付给GP的行业惯例,这应当是美国的基金管理人与投资人反复博弈的结果,其合理性以美国的法律、经济环境作为约束条件,若直接将其搬回国内作为行业规矩,尚欠实践的打磨。20%这个比例及其计算基数目前存在操作或理解上的差异。有人认为,20%应以合伙人分配优先回报后的剩余收益作为计算基数(模式1),也有人认为,20%应以合伙人收回本金后剩余的全部收益作为计算基数(模式2),后一种认识与美国等西方国家流行的分配方式一致。该种方式由于会将LP所享有的优先回报部分也计入20%的分配基数,因此对GP有更大的激励作用,将促使GP努力为LP挣取优先回报。

但GP要获得LP优先回报部分的25%的收益(准确说是GP的收益与LP优先回报收益之比为20∶80),必须先为LP获得优先回报,LP全部获得优先回报后才能向GP支付这一25%的收益,这就涉及"追补"问题,举例说,当项目存在收益时,首先分配合伙人的本金,本金分配完毕后尚有剩余的,应先向LP支付8%的优先回报,当全部LP的优先回报得到偿付后,应当向GP支付收益直至GP获得的收益与LP所得的优先回报之比为20:80为止,这种方式被称为"追补"。追补的效果是,GP有权在基金本金以上的收益中与LP按20:80分成。

2. 回拨(Claw-back)机制

20%的超额收益一般应在返还了LP的全部本金和优先回报后才付给GP,但在项目分配模式下，可能部分项目有超额收益，GP 由此获得了 20%的额外奖励，而其他项目可能亏损，若此时不采取任何措施，则 GP 可能不是在 LP 的全部本金和优先回报获得清偿后才获得奖励，两者的收益之比实际上不能达到 20:80 的效果，还可能造成 GP 只重视有高额回报的项目而怠于积极管理亏损项目的后果。

为此，美国机构投资者的做法是采取“回拨机制”来纠正这一失衡状态。“回拨机制”主要是暂扣 GP 获得的部分项目超额收益存入提存账户（Escrow accounts）中，作为对其他亏损项目的风险补偿（保证金），若其他项目发生风险，则预留的超额收益要先弥补损失，最终清算时预留的超额收益若有剩余才付给 GP。暂扣的超额收益比例由 LP 和 GP 双方谈判确定。此外，即便 GP 已经分配到超额收益，如果最终清算时基金不能在整体上达到 20:80 的比例，GP 还要把已得收益回吐给基金以重新分配，这对 GP 审慎对待亏损项目有很强的约束力，但此时可能存在已收取的收益缴纳的税费如何处理的问题。一个妥协的方案是，只以预留的超额收益弥补亏损，若仍不足弥补，则由 LP 承担有关损失。控制 LP 亏损风险的另一个常见措施是单个项目收益首先弥补之前项目的亏损，然后再按前述顺序分配，这样可以在更大程度上校正 GP 与 LP 收益比例不匹配的情况。

7.4.7　收益分配的结构化安排

1. 结构化分配的背景

近年来，我国本土新兴的私募股权机构为突破资金募集的困难局面，增强对机构投资者尤其是风险厌恶型投资者的吸引力，开始在基金投资收益模式上进行创新，出现了所谓的“结构化”或“分级”的概念，将 LP 分为优先级和劣后级两个级别，甚至分为优先级、中间级和劣后级三个级别。由劣后级 LP 和基金的 GP 为优先级 LP 提供“安全垫”，使其可以先行收回投入的本金，并获得相应投资回报。

事实上，结构化安排一直被用来满足投资者对不同风险和投资回报率产品的需求。金融产品最为常见的结构化设计方式即为分级设计，在信托计划、证券公司资管计划、基金子公司资管计划等金融产品中分级设计也被广泛采用，以满足投资者对风险和收益的不同偏好。

结构化安排除了有利于吸引投资者外，还隐含有风险与收益对等的商业逻辑，劣后级 LP 在剩余投资收益分配时将获得远大于自身出资份额的分配比例，而 GP 在剩余投资收益分配时也可能超过传统的 20%的超额收益。保本保收益或者名股实债的做法使投资人本金不受损失，且可以得到固定收益回报，如果基金收益无法满足要求，担保人必须补足差额部分，也就是说，投资人的收益（就本金和固定收益而言）与基金的收益并不挂钩，无法体现收益共享、风险共担的股权投资原则。结构化分级设计不能想当然地被认为类同于保本保收益，因为即便是优先级 LP，也不能得到本金不受损失或一定获得收益的保证，只不过相对于其他劣后级 LP 以及 GP，优先级 LP 有权先行获得分配而已。也就是说，投资人的收益与基金的收益仍然挂钩，收益共享、风险共担的原则尚未被彻底突破。

2. 结构化的限度

监管部门虽然严格禁止保本保收益，但却并未一概反对基金的结构化设计。从收益分配的角度看，遵照这一监管思路，基金收益分配的结构化设计也应有一定限度，即不得以结构化为名，行保本保收益之实。证监会于 2016 年 7 月公布的《证券期货经营机构私募资产管理业务运作管理暂行规定》（证监会公告〔2016〕13 号，以下简称《暂行规定》）中对证券期货私募资管产品的结构化做出了限制性规定，“证券期货经营机构设立结构化资产管理计划，不得违背利益共享、风险共担、风险与收益相匹配的原则,不得存在以下情形:(一)直接或者间接对优先级份额认购者提供保本保收益安排,包括但不限于在结构化资产管理计划合同中约定计提优先级份额收益、提前终止罚息、劣后级或第三方机构差额补足优先级收益、计提风险保证金补足优先级收益等”,证监会在其制定的说明中对该条做出了进一步阐释,回归资产管理业务“利益共享、风险共担”本源,禁止结构化资管产品直接或间接为优先级份额认购者提供保本保收益安排。

当前,部分结构化资管产品过度保护优先级投资者利益,脱离资管产品实际投资结果,通过复杂的合同约定保证优先级投资者获取固定收益,在一定程度上已经异化为“类借贷”产品,不符合资产管理业务本源。鉴于此,《暂行规定》对结构化资管产品提出了严格的要求,禁止违背“利益共享、风险共担”原则对结构化资管产品优先级提供保本保收益安排,并列举了对优先级保证收益的具体情形,如在合同中约定计提优先级份额收益、提前终止罚息、劣后级或第三方机构差额补足优先级收益、计提风险保证金补足优先级收益等情形。虽然《暂行规定》并不适用于私募股权基金,但监管层对结构化产品的认识可窥一斑。即便当前尚没有法律法规明确对私募股权基金的结构化安排做出禁止性规定,从风险预防角度考虑,私募股权基金的管理人在设计分级收益分配方案时仍应当把握限度,谨防落入保本保收益的境地。

【阅读材料】

合伙型私募股权基金的收益分配方案

1. 案例背景介绍

合伙型私募股权基金Y的出资情况如表7-3所示。

表7-3 Y的出资情况

合伙人	出资额/万元	出资比例	出资时间
A LP	5 000	20%	2013.12.31
B LP	5 000	20%	2013.12.31
C LP	5 000	20%	2013.12.31
D GP	3 000	12%	2013.12.31
E LP	3 000	12%	2013.12.31
F LP	2 000	8%	2013.12.31
G LP	2 000	8%	2013.12.31
总计	25 000	100%	2013.12.31

合伙型私募股权基金管理人(执行事务合伙人/普通合伙人)D的出资情况如表7-4所示。

表7-4 D的出资情况

合伙人	出资额/万元	出资比例	出资时间
a LP	2 970	99%	2013.11.30
b LP	15	0.5%	2013.11.30
c GP	15	0.5%	2013.11.30
总计	3 000	100%	2013.11.30

Y 与 D 的股权结构如图 7-12 所示。

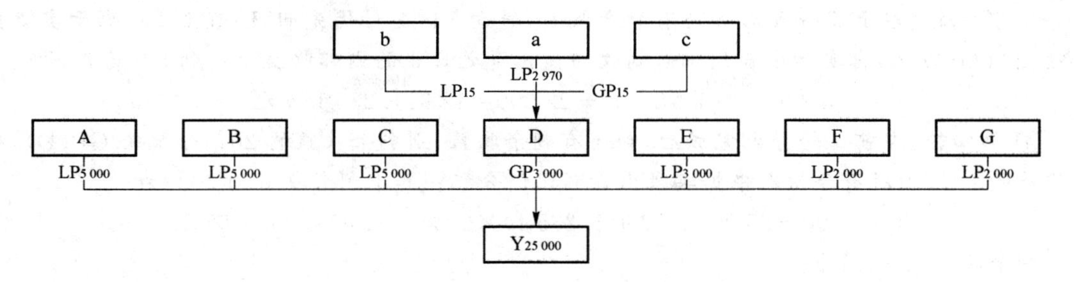

图 7-12　Y 与 D 的股权结构

2. 相关收益条款约定

(1) Y 的收益分配条款

有限合伙的投资收入，按下列原则和顺序进行分配。

① 向 LP 分配，直至 LP 收回其全部实缴出资额。

② 向 GP 分配，直至 GP 收回其全部实缴出资额。

③ 向 LP 支付优先回报，直至 LP 基于实缴出资额自实际出资到位起(以出资所依据的缴付通知书所记载出资日和实际缴付出资之日二者中较晚的一个为准)到收回该出资之日止的内部收益率达到 8% 为止。按前述计算的金额为 LP 的“优先回报”。

④ 对于 LP 收回其全部实缴出资额及优先回报与 GP 收回其全部实缴出资额后的投资收入，作为投资收益分配给 GP 和 LP，其中的 20%分配给 GP，剩余的 80% 由所有合伙人根据实缴出资额比例分配。

(2) D(来自 Y 的)收益分配条款(2013 年)

本合伙企业作为 Y 基金的管理方，按照《Y 有限合伙企业组建方案》《Y 有限合伙企业与 D 有限合伙企业之管理协议》等其他相关协议的约定，获得的 Y 基金投资收益总额的 20%，由管理团队分配 30%(b、c 各 5.5%…)，a 分配 40.6%，b 分配 21 %，c 分配 8.4%。本合伙企业获得的其他收益，由全体合伙人按照利润分配时各合伙人实缴的出资比例分配，或者以合伙人之间约定的方式进行分配。

(3) 2017 年 D 合伙人会议决议修改

a 通过 D 在 Y 基金中出资超过 470 万元部分的出资，即 2 500 万元，与 Y 基金其他 LP 享有同等权益，包括与其他 LP 享有同等的固定年化门槛收益和超额收益，D 扣除上述收益后的收益部分，合伙人分配 70%(a 为 40.6%、b 为 21%、c 为 8.4%)，管理团队分配 30%(b、c 各 5.5%，d、e、f、g 各 4%，h、i、j 各 1%)。

3. 收益

假设 Y 合伙人实缴出资均未收回，截至 2019 年 12 月 31 日 Y 的净收益为 100 000 万元。

4. 问题

按照 2013 年条款与 2017 年条款，计算 2019 年 a、b、c 各自分配的收益。

5. 收益条款分析

(1) Y 的收益分配

根据 Y 的收益分配条款，Y 的收益分配顺序如下。

① 第一轮：先向 Y 的 LP 分配直至其收回实缴出资 22 000 万元。

② 第二轮：在向 LP 分配直至其收回实缴出资后，还有剩余收益的，向 GP 分配直至其收

回实缴出资3 000万元；

③ 第三轮：在上述分配后如还有剩余收益，再向LP支付优先回报，直至LP基于实缴出资额(22 000万元)自实际出资到位起到收回该出资之日止的内部收益率达到8%为止，即

$$22\,000\times(1+8\%)^6-22\,000=12\,911.235\,1\text{ 万元}$$

④ 第四轮：在前三轮分配完成后，如还有剩余收益，则剩余收益的20%分配给GP(D)，剩余收益的80%由所有合伙人根据实缴出资额比例分配。其中剩余收益的20%为

$$(100\,000-25\,000-12\,911.235\,1)\times20\%=12\,417.753\,0\text{ 万元}$$

剩余收益的80%为

$$(100\,000-25\,000-12\,911.235\,1)\times80\%=49\,671.011\,9\text{ 万元}$$

剩余收益的80%由全体合伙人按实缴比例分配，则应分配给GP(D)的12%为

$$49\,671.011\,9\times12\%=5\,960.521\,4\text{ 万元}$$

综上，GP(D)从Y的全部收益中获得的收益总额为

$$12\,417.753\,0+5\,960.521\,4=18\,378.274\,4\text{ 万元}$$

(2) D的收益分配

如果按2013年分配条款分配，D从Y分配的20%超额收益12 417.753 0万元的分配方式如下。

① 30%由D的管理团队按b 5.5%、c 5.5%分配，则b的收益为

$$12\,417.753\,0\times5.5\%=682.976\,4\text{ 万元}$$

c的收益为

$$12\,417.753\,0\times5.5\%=682.976\,4\text{ 万元}$$

② 70%由D的合伙人按a 40.6%、b 21%、c 8.4%分配，则a的收益为

12 417.753 0×40.6%＝5 041.607 7万元

b的收益为12 417.753 0×21%＝2 607.728 1万元

c的收益为12 417.753 0×8.4%＝1 043.091 3万元

其中D的超额收益5 960.521 4万元的分配方式如下。

① a的收益为5 960.521 4×99%＝5 900.916 2万元

② b的收益为5 960.521 4×0.5%＝29.802 6万元

③ c的收益为5 960.521 4×0.5%＝29.802 6万元

综上，a、b、c的收益分别如下。

a的收益为5 041.607 7＋5 900.916 2＝10 942.523 9万元

b的收益为682.976 4＋2 607.728 1＋29.802 6＝3 320.507 1万元

c的收益为1 043.091 3＋682.976 4＋29.802 6＝1 755.870 3万元

如果按2017年分配条款分配，则收益分配方式如下。

① 第一轮：向a分配收益，门槛收益与超额收益分别如下。

门槛收益的计算方式与Y的LP的优先回报收益的计算方式相同，即按内部收益率8%，2013年12月31日至2019年12月31日共计6年复利计算，为

$$2\,500(1+8\%)^6-2\,500=1\,467.185\,8\text{ 万元}$$

超额收益的计算方式与Y的LP的超额收益的计算方式相同，a实缴出资为2 500万元，Y的实缴出资总额为25000万元，则a的超额收益为

$$(100\,000-25\,000-12\,911.235\,1)\times80\%\times(2\,500/25\,000)=4\,967.101\,2\text{ 万元}$$

② 第二轮：D 的总收益减去前述第一轮分配后，还有的剩余收益为

18 378.274 4－1 467.185 8－4 967.101 2＝11 943.987 4 万元

剩余收益的 70％由 D 的合伙人按 a 40.6％、b 21％、c 8.4％分配，则

a 的收益为 11 943.987 4×40.6％＝4 849.258 9 万元

b 的收益为 11 943.987 4×21％＝2 508.237 4 万元

c 的收益为 11 943.987 4×8.4％＝1 003.294 9 万元

剩余收益的 30％由 D 的管理团队按 b、c 各 5.5％分配，则

b 的收益为 11 943.987 4×5.5％＝656.919 3 万元

c 的收益：11 943.987 4×5.5％＝656.919 3 万元

综上，a、b、c 的收益分别如下。

a 的收益为 1 467.185 8＋4 967.101 2＋4 849.258 9＝11 283.545 9 万元

b 的收益为 2 508.237 4＋656.919 3＝3 165.156 7 万元

c 的收益为 1 003.294 9＋656.919 3＝1 660.214 2 万元

资料来源：何祥攀. 私募基金收益分配这笔账到底该如何算？以有限合伙型私募股权投资基金为例[EB/OL].（2019-12-22）[2020-02-11]. https://www.pedata.cn/report_do/index.html.

案例阅读与分析

LP 如何在不出钱的情况下，赢得 GP 的尊重？

投资界作为一个生态体系，LP 在地位上有着无可比拟的优势，国内市场在 2018 年后更是如此。任何一个“FOF”“家族办公室”只要敢于宣称能做 LP，很快就会被 GP 们的募资见面、行业会议的邀请所淹没。即便 GP 的资深人员知道 LP 们可能没有什么直投经验，抱着对方是“傻白甜”的心态，也会多少在募资的压力下分享自己积累多年的认知。这也无形中促进了中国机构 LP 的发展。

但是，如果 LP 们判断当下时点不适合出手，或者自身资金出现问题时，是否还能获得市场同样的尊重呢？再加上好不容易培养起来的掌握大量信息和投资经验的一线人员跳槽去了其他机构，LP 品牌的内在质量是否会出现断层？

1. 不能只看短期利益

所谓短期利益，指的是 LP 在市场上的交易行为。既然作为一个机构角色出现，与其他市场参与者进行交易自然无可厚非，但在基金运行中，团队在绝大部分时间用于处理交易则会带来隐患。

过于重视交易行为，具体表现在 LP 中层不停穿梭于与各种 GP 和二手资产的会面中，信息源则是卖方的直接推广行为，行动的主要目的却是为个人积累资源。而高层往往借用 LP 的身份，在各种场合与市场其他角色的“高层”进行社交，高朋满座；而当期资金见底后又急着通过各种渠道募资，同时缩小对 GP 投资的单笔投资规模（ticket size）来尽可能维持在市场上的存在感。如此循环，市场上就出现了一个怪现象——最活跃的母基金，通常其规模甚至没有他们准备投资的直投基金大。

LP 被短期利益所驱使，固然有中国机构投资者相对稚嫩的原因，但也与其自身的资金性质有很大关系，这一点在第三方财富机构旗下的 FOF 上体现得尤为明显。这类 LP 的投资团

队往往受到很大的销售导向压力,而针对高净值散户的销售难度主要取决于标的的知名程度。比如,某些 FOF 会试图向多个名牌一线机构获取主基金份额,加上一些他们认为的"独家明星项目"跟投机会,再打包销售给没有专业能力的散户,从而组成一只母基金。这种打法在上一个经济周期也许管用,但后面募资只会越发困难。当曾经到处募资的"黑马"跑出来并得到市场的认可后,只会不屑这种资金渠道,更不用谈双手奉上"优质"跟投机会,LP 获取信息的效率也会下降。

团队过于关注短期交易,机构的管理模型建设跟不上,其内部就会各自为战,信息不互通。加上激励和上升空间的不完善,一线人员在获取足够多的经验后,就会通过跳槽寻找出路,机构的能力积累也就无从谈起。所以,短视行为只会让 GP 把 LP 当作资金通道,并不会当作值得长期尊重、"共同进退"的合伙伙伴,本质上违反了 VC/PE 市场的专业合作精神。这就像一个底部在不停漏水的水桶,上面水量再大也不可能把桶装满。

2. 做 LP,要有最少做 20 年的心理准备

LP 作为资产管理市场的上游一环,其产品存续期最少也有 10 年之久,而 LP 品牌的存在年限则会达到 20～50 年,这种特性不受任何单独市场特色影响,全球通行。这就要求一个机构 LP 对自身的利益重心,至少是按照 20 年的尺度来分配。

简单来讲,LP 的中期利益,就是要在 3～5 年的时间内,利用交易所带来的海量信息,通过加强信息分解能力,对市场造成正面影响,从而降低交易成本,多元化投资组合,缩短回报周期,给出资人以信心。

LP 的长期利益,就是要堵住一切信息和经验的"漏水点",把自己变成另类投资市场上的"信息黑洞",做到只进不出。从而在其他短期资产管理人面前,用 10～20 年的时间形成一座无法被逾越的认知高峰,使试图进入这一市场的"新玩家",不得不到"老玩家"这里取经,进而获得管理更加大量、长期且稳定的资金的机会。

LP 对于敏感信息的掌握能力,就是 LP 长期利益的来源,这主要是由 LP 作为资产配置者的身份所决定的。LP 对 GP 保密信息的谨慎管理和跨周期分析纬度,让 LP 成为一个长期可信赖、可深度交流的合作伙伴。

3. 着眼中长期,LP 应该怎么做?

提到解决方案往往会从"术"和"道"两个层面来剖析。

① 首先是基础的"术"。我们所处的这个时代与以往时代最大的不同,就是有丰富的数字基础设施。所以机构投资人应该充分利用技术手段,尽可能消除信息盲区,用管理制度要求团队所有对外沟通皆无可隐瞒,防止假公济私的行为出现,以机构品牌而非个人名义统一对外交流,必要时可以诉诸法律。

机构投资者不仅需要建立公司对外沟通和开会流程的规则,同时也要有高效的方法和工具管理其所积累的信息,并谨慎与市场沟通。除了 eFront、Investran、Intralinks 等云协同信息技术已经在机构投资者之间广泛使用以外,带加密性质的移动办公场景"Mobile Device Management"也开始普及。

进阶的"术",则要在团队战略上着手。让每个团队成员代表机构而不是代表个人对外沟通,核心是要提高机构的"人均管理资产"这个指标。也就是说,团队人数在精不在多,需要的是专业人士,而不是"干活儿"的"小朋友"。相对于 GP,海外 LP 的 AUM(资产管理规模)值还要大上很多,往往 AUM 值近百亿美元的家族办公室,只有 3～4 个人在管理。这么做的目的则是尽可能地提高团队成员薪酬,提升机构对专业人士的吸引能力。一线从业人员只有在生计上没有后顾之忧时，才能花大量时间、精力在内部互通及中长期的战略任务上。全球某管理资产规模前三的养老基金，其团队总工作时间的 30%～40%用在升级内部工具系统、撰写战略计划书等非交易工作上。

② 至于让机构投资者可以专注于中长期利益的“道”，则是要构建与市场跟其他角色良性互动的“生态”，这样能在自身运营成本可控的情况下，实现资本管理能力质的提升。

对于主流机构 LP 来说，构建合理生态是安身立命的根本，对于小型 LP 来讲，故步自封则只会在短期利益中迷失。思考自己所擅长的领域，把不擅长的、成本高的工作与生态中的其他“物种”协作解决，才是上上之“道”。

资料来源：耿希玉，廖一帆. 不出钱，LP 如何赢得 GP 的尊重？[EB/OL].（2019.03.19）[2020.02.10]. https://news.pedaily.cn/201903/441377.shtml.

【课后思考题】

1. 简述私募股权基金中的双重委托代理关系。
2. 简述私募股权基金双重委托代理关系中的逆向选择。
3. 简述私募股权基金双重委托代理关系中的道德风险。
4. 简述基金投资者与基金管理人间委托代理问题的激励机制。
5. 简述基金投资者与基金管理人间委托代理问题的约束机制。
6. 简述基金管理人与目标企业间委托代理问题的激励机制。
7. 简述基金管理人与目标企业间委托代理问题的约束机制。

第8章 私募股权投资案例分析

私募股权交易固有的复杂性往往会让旁观者忽视其内在的成功机制，而且，私募股权投资实践性很强，其理论研究并不能涵盖私募股权投资现实世界的全貌。本章精选了一批具有代表性的实践案例，在前七章系统阐述私募股权投资理论的基础上，引领读者从理论表面深入PE基金的投资实践中，了解投资基金公司的复杂过程，即企业的成长历程，并了解PE模式的内在运作，这些案例都介绍了投资者为改造被投公司所采取的各种措施，案例的范围比较广。

案例1

3M和霍尼韦尔两大"口罩"巨头的创新与并购之路

3M和霍尼韦尔的口罩在国内一直享有良好的声誉。但其实，口罩只是3M和霍尼韦尔诸多领域中的一小部分。而这两家版图大到没有办法定义行业的公司，都是超过百年的老字号，世界上每天大概有50%的人，都会接触这两家公司的产品。

在本案例中，我们将通过跟随美国制造业两家工业巨头3M和霍尼韦尔的成长与发展，探究其独占鳌头的秘密、多元与极致的创新能力，以及并购驱动下的业务重组及产品优化组合等经营模式，为中国医疗制造业的发展提供可借鉴的经验。

1. 3M和霍尼韦尔公司的发展历程

(1) 3M：不可思议的美国制造业巨头

普通人中，对3M最熟悉的可能是"工科男"。除了口罩，3M其实垄断了许多日常生活用品：汽车隔热膜、建筑玻璃隔热膜、护眼台灯、反光背心、反光贴、医用皮肤胶布、防毒面具、隔音耳塞、物理隔音耳罩、乳胶手套、海绵擦、洗碗百洁布、钢丝球、洗澡泡棉、水龙头单手按压过滤器、作业隐形胶带、旋风拖把、挤水拖把、黄色布条拖把、扫把、玻璃窗长杆擦、家里所有门窗密封条双面胶、双面泡棉胶、双面汽车胶、汽车燃油添加剂、汽车香水、双保险安全带、安全带缓冲延长绳、护目镜、普通绝缘电工胶带、高级电工胶带、各种防水砂布……

不要惊讶3M有如此丰富的产品线，因为深入基础材料和工业底层的它，是美国名副其实的制造业巨头。

口罩只是3M工业产品的"周边"。3M公司全称为Minnesota Mining and Manufacturing（明尼苏达矿务及制造业公司），凭借胶带发家的3M，实际业务非常广泛，是个典型的多元化公司，产品几乎覆盖了各个层面，口罩顶多算是其工业产品的配套小"周边"而已。

1902年，5名实业家在明尼苏达州的双港市创立了一家采矿公司，初期仅开采矿砂，不久改变模式制造砂纸。这就是3M的开始。1910年，3M公司将总部迁至明尼苏达州圣保罗市，随后开启了波澜壮阔的工业创新历程。

1914年,3M敏锐地抓住了第一次世界大战中对军事用车的大量需求,其生产的独家产品Three-M-ite的合成磨料,因为切割金属的性能优越被军队大量采购。1921年,世界上首张防水研磨砂纸Wetordry在3M诞生,它通过用水湿润切割物体避免了含铅粉尘扩散,完美解决了油漆的生产安全问题。这个创新产品——防水砂纸也让3M顺势扩张。

1922—1945年,3M彻底依靠胶带技术发家。其里程碑产品Scotch胶带的生产工艺复杂,形成了技术壁垒。经济大萧条时,不仅美国人民想尽办法用Scotch胶带来修补家里的东西,3M的胶带甚至被用在飞机、船只、坦克等武器上。第二次世界大战时期,Scotch胶带贡献了3M约50%的收入,3M不仅没有像其他公司一样裁员,反而将规模扩大3倍。

一个世纪以来,3M致力于拓展科技极限,在第二次世界大战后通过上市向多元化转型。3M目前在近200个国家销售约55 000种产品,涉及的领域包括材料、电器、建筑、能源、医疗和个人消费品等。

作为一家基础制造业公司,3M的产品和技术深深地融进人们的生活,世界上有50%的人每天直接或间接地接触到3M的产品,包括其最著名的口罩、便利贴、防水砂纸、遮蔽胶带等。3M涉及的行业和主要产品与服务如表8-1所示。

表8-1　3M涉及的行业和主要产品与服务

部门	主要产品/服务
工业制造(Industrial)	涉及汽车、船舶、飞机、特种汽车、家电、造纸和印刷等市场,包括汽车原始设备制造、涂层、胶带、无纺布、陶瓷、密封剂、研磨剂、黏合剂和特殊材料等。特色产品包括3M的发家产品Scotch胶带系列、Wetordry磨砂纸系列等
医疗保健(Health Care)	涉及市场广泛,用于提高人员、设施和系统的安全性和生产力。主要产品包括个人呼吸安全产品,坠落保护设备,手指、手掌、脸部和虹膜生物特征识别系统等。特色产品包括反光交通标识牌、水下氧气瓶等
安全和图形(Safety and Graphics)	涉及药品市场、食品市场和牙科市场。主要产品有医疗外科用品、皮肤健康和防感染用品、口感护理解决方案、食品安全测试产品等。特色产品包括PM 2.5过滤口罩、医用创可贴等
电力能源(Electronic and Energy)	涉及电气产品、电子产品和电信网络等市场。主要产品有液晶显示器、液晶电视、手机平板计算机等手持设备、汽车显示器、用于电子封装和互连的柔性电路、触摸系统产品等
消费品(Consumer)	主要面向消费者零售、办公室零售、药品零售等。产品包括办公用品、文具用品、家庭装修和护理材料、防护材料产品、个人安全产品和保健产品等

(2) 世界最具影响力的航空电子设备综合制造商

霍尼韦尔的历史可以追溯到1885年。一个名为艾伯特·布兹(Albert Butz)的发明家获得了熔炉调节器和报警器的专利,并在美国明尼阿波利斯成立了布兹电子温度调节器公司。之后,他成功研制出一种“风门挡板”的精巧装置,可以自动调节室内温度。

1893年,布兹的专利和企业被联合温度控制公司收购,后者随即更名为电热控制公司(EHR)。

1906年,年轻的工程师马克·霍尼韦尔创立了霍尼韦尔热技术公司,专营热水器。

到1912年,EHR扩大了产品生产线,并更名为明尼阿波利斯热调节器公司(MHR)。1927年,MHR公司和霍尼韦尔热技术公司合并,形成了明尼阿波利斯霍尼韦尔控制公司,成为最大的高质量原子钟制造商,随后完成了控制器领域中的几项收购,其中值得一提的是收购工业控制器和指示器领域的全球领导者布朗仪器公司，它是高温计的发明者。

1963年公司正式更名为霍尼韦尔国际公司，6年后，美国宇航员尼尔·阿姆斯特朗(Neil Armstrong)和巴兹·奥尔德林(Buzz Aldrin)登上月球，他们所使用的就是霍尼韦尔的仪器仪表。

值得一提的是，自1986年霍尼韦尔收购了Sperry航空航天公司，霍尼韦尔在航空航天工业的地位显著提高，迅速成为世界上最具影响力的航空电子设备综合制造商，为美国陆军、海军、宇航及民用工业等提供自动化与控制系统及服务。

如今，霍尼韦尔的市值已达1 256亿美元，年营业收入(营收)超400亿美元，在多元化格局逐渐稳定的情况下，整体很难有大的波动。

2. 3M与霍尼韦尔的多元而极致的秘密

(1) 3M与霍尼韦尔强大的营收能力

经历过一个世纪的“成长-多元化转型”，3M的体量已经十分庞大，营收和净利润都处于缓慢小幅增长的状态。Wind显示，3M在过去4年中每年的营收都在300亿美元之上，但2019年的营收增速已经从3.5%下降到1.92%。其整体盈利能力也十分强大，2019年净利润仍然达到45.7亿美元，虽然同比下降14.56%。3M 2016—2019年营收情况如表8-2所示。

表8-2 3M 2016—2019年营收情况

	2016年	2017年	2018年	2019年
营收/亿美元	301.09	316.57	327.65	321.36
同比	−0.55%	5.14%	3.50%	−1.92%
净利润/亿美元	50.5	48.58	53.49	45.7
同比	4.49%	−3.80%	10.11%	−14.56%
净利润率	16.77%	15.35%	16.33%	14.22%

3M整体的盈利能力仍然强于我国民营企业里的工业/制造业巨头。重工业中的三一重工和沙钢股份2018年的净利润率分别为11.29%和15.42%；但这两家企业的盈利能力并不稳定，波动较大。而我国最大的棉纺织生产商——魏桥纺织的盈利能力稍逊一筹，净利润率从2017年的11%降到2018年的3.9%，如表8-3所示。

表8-3 国内民营制造业企业近年净利润率

	2016年	2017年	2018年
三一重工	0.70%	5.81%	11.29%
魏桥纺织	6.97%	11.12%	3.91%
沙钢股份	5.72%	11.41%	15.42%

3M的业务主要分为5个板块，各业务线相对均衡，2018年，工业制造板块的营收占比最高，为35%；口罩所在的消费品板块的营收占比虽然最小，但也达到了14%，如图8-1所示。

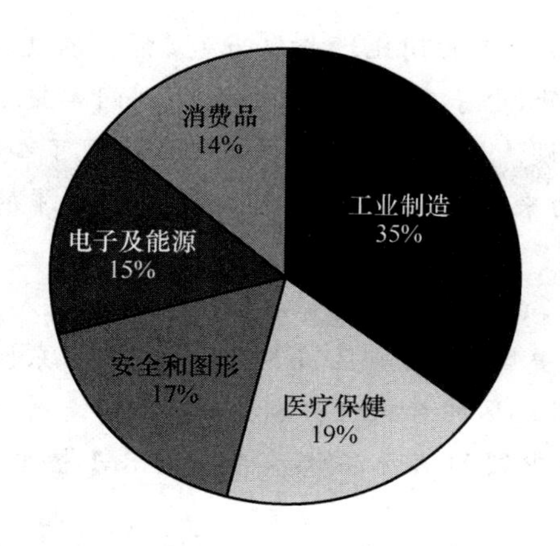

图 8-1 2018 年 3M 的 5 个业务板块及营收占比

3M 靠工业制造起家。2018 年，工业制造依旧在其总净利润中占比最大，达到 29.15%。电子及能源的净利润占比仅次于工业制造，达到 21.89%。安全和图形及医疗保健业务的净利润分别占据 18.32%和 19.16%。消费品部门贡献的净利润最少，不到 11%(图 8-2)。

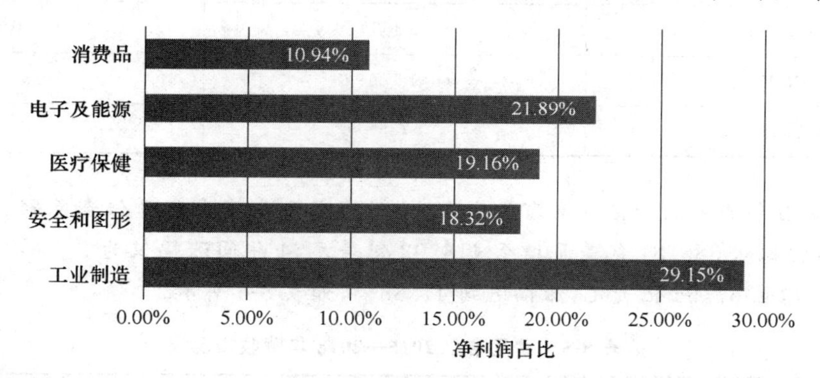

图 8-2 2018 年 3M 公司各业务板块利润占比

从利润率来看，电子及能源和医疗保健板块表现出色。2018 年年报显示，3M 公司平均营业利润率为 27.28%。电子及能源板块达到 37.60%，而医疗保健板块的营业利润率达到 29.90%，且对公司总利润的贡献仅次于最庞大的工业制造板块，如图 8-3 所示。

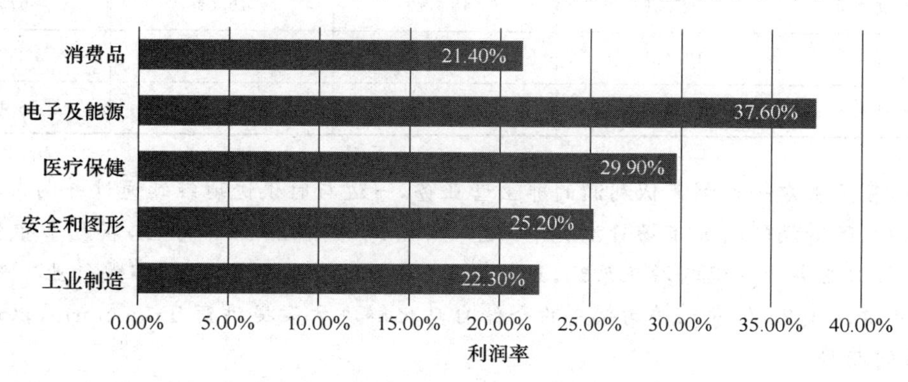

图 8-3 2018 年 3M 公司各业务板块利润率

3M 目前增长最快的业务板块为安全和图形，2018 年其营收同比增长 9.5%。而口罩所在的消费品业务板块,2018 年的营收同比增长仅为 1.4%。不仅不是增长最快的,消费品部门还是 3M 业务线中最不赚钱的,电子及能源业务板块的利润率接近其 1.7 倍。

下面不妨做个极端的假设。假设 3M 的口罩在中国实现了垄断,打败所有的竞争对手,彻底打击假货,并且扩大生产力来满足中国 14 亿人口对 N95 口罩的需求,那么这会为 3M 公司带来多少收益呢?

3M 的 2018 年年报显示,口罩所在的消费品板块贡献的收入只有 14%,也就是不到 1/5;而消费品的整体收入又是由美国、亚太地区、EMEA(欧洲、中东、非洲地区)和拉美/加拿大 4 个大区组成,中国所在的亚太地区的营收仅占 30%(表 8-4)。所以,假设 3M 在中国的营收占亚太的 1/3,粗略估算 3M 在中国的消费品收入占不到 3M 整体收入的 2%(30.9%×1/3×14%=1.4%)。

表 8-4　2018 年 3M 地区营收占比

地区	营收/百万美元	占比
美国	3 183	40.10%
亚太地区	2 453	30.90%
EMEA	1 577	19.80%
拉美/加拿大	735	9.20%

同样有着百年历史的千亿巨头霍尼韦尔,它的成长和发家也颇具传奇色彩。2015—2018 年,霍尼韦尔营收从 385.81 亿美元增至 418.02 亿美元,4 年间涨幅仅为 8.34%,净利润则从 47.68 亿美元增至 67.65 亿美元,涨幅达到 41.88%,如表 8-5 所示。

表 8-5　霍尼韦尔 2015—2018 年营收情况

	2015 年	2016 年	2017 年	2018 年
营收/亿美元	385.81	393.02	405.34	418.02
同比	-4.28%	1.87%	3.13%	3.13%
净利润/亿美元	47.68	48.09	16.55	67.65
同比	12.48%	0.86%	-68.59%	308.76%
净利润率	12.36%	12.24%	4.08%	16.18%

如今,霍尼韦尔一边剥离低利润的非主营业务,一边与时俱进地继续通过并购来扩展优化业务。比如,随着涡轮增压市场日渐饱和,进入价格战阶段,2018 年 6 月,霍尼韦尔宣布剥离旗下的非核心业务——涡轮增压系统,正式退出低利润附加值的汽车零部件行业。而同年 10 月,霍尼韦尔以 4.25 亿欧元并购领先的仓储自动化解决方案提供商 Transnorm,以迎合电子商务发展的趋势。

可以发现,小小"口罩"背后的 3M 和霍尼韦尔都是美国工业巨头,业务的侧重也不同,而促使它们在中国口罩市场中产生交集的一大原因就是,两家公司都将多元化做到了极致(图 8-4)。

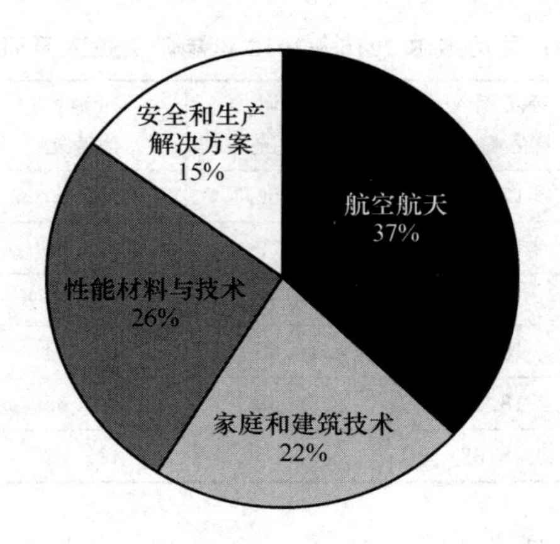

图 8-4　2018 年霍尼韦尔的 4 个业务板块及营收占比

同 3M 相似，霍尼韦尔四大业务板块的营收占比非常均衡。第一大主营业务航空航天的营收占比最多，但也只有 37%左右；安全和生产解决方案的营收占比最少，但仍然达到 15%；家庭和建筑技术、性能材料与技术的占比分别为 22%和 26%。

(2) 两家工业巨头为什么能把多元化业务做得如此成功?

① 没有边界的创新

研发能力强，每年拿 30%的净利润来做研发，是 3M 和霍尼韦尔最重要的增长因子。

3M 以胶带技术在第二次世界大战中发家，而第二次世界大战刺激了其黏合剂技术的进一步创新。美国政府为了战争需求而切断了天然橡胶的商业供给，迫使 3M 大力开发人工橡胶黏合剂，加快技术迭代。第二次世界大战期间 3M 共研发了多达 100 多种的黏合剂产品，为之后的产品创新奠定了技术基础。

3M 公司著名的“15%规则”。公司规定研发人员每个星期可以拿出 15%的工作时间用来研究自己感兴趣的东西，这在那个“人人都在工业流水线上拧螺丝钉”的时代简直难以置信；“不务正业”和“鼓励犯错”成了 3M 的文化标志。这种在管理上的创新，被后来的很多互联网公司效仿。比如谷歌，就把“15%规则”做了升级，允许工程师把 20%的工作时间用来做自己的项目。

对创新不设边界的还有霍尼韦尔，它对研发和创新的重视同样到了惊人的地步。在霍尼韦尔，办公区域可以轻松地进行分割或整合，跨团队、跨工种的研发和设计人员保持协作，开放地探讨问题，进行创新研究。虽然霍尼韦尔下属的航空航天、家庭和建筑技术、性能材料与技术和安全和生产解决方案四大业务集团看似差异很大，但是各个研发团队并不直接向研发方向所对应的业务集团汇报，而是直接汇报给科技事业部的领导。

早在 2005 年，3M 花在研发上的费用就高达 12.4 亿美元，这些研究费用大部分用在基础研究或者非直接实用性研究上。此外，3M 对创新的奖励力度也非常大，每年都会选出年度最佳创意，给出的奖金最高达 10 万美元。2009 年霍尼韦尔全球的 2 万多名研发工程师和科学家创造的专利数量已经排名全美第八位、全球第二十位。如今，两家公司在研发上的投入每年高达 18 亿美元左右，研发费用率(研发投入/营收)在 5%左右；18 亿美元，意味着每年它们要拿出超过 30%的净利润来做研发，这个投入是非常惊人的，如表 8-6 所示。

表 8-6　3M、霍尼韦尔 2016—2018 年年研发投入及研发费用率

年份	公司	研发投入/亿美元	净利润/亿美元	营收/亿美元	研发投入/净利润	研发投入/营收
2016	3M	17.40	50.50	301.09	34.46%	5.78%
	霍尼韦尔	18.64	48.09	393.02	38.76%	4.74%
2017	3M	18.70	48.58	316.57	38.49%	5.71%
	霍尼韦尔	18.35	16.55	405.34	110.88%	4.53%
2018	3M	18.21	53.49	327.65	34.04%	5.56%
	霍尼韦尔	18.09	67.65	418.02	25.74%	4.33%

② 并购驱动+私募股权投资

3M和霍尼韦尔在实现高端化转型和多元化的过程中，并购这一动能功不可没。它们通过业务重组加上横向并购来优化产品组合，提高营业利润率。

2001—2017 年，3M 通过累计收购 74 家公司来获取更多的核心技术，增强自己的产品线，追求更高利润的产品组合。除了巩固传统的工业产品，3M 进行了 15 项收购来丰富产品支线，增加不同产品线间的关联，主要集中在高利润的医疗保健板块和安全和图形板块。截至 2018 年，医疗保健以及安全和图形相关产品营业利润率分别达到 30%和 25%，成为仅次于工业制造的收入贡献板块。

此外，2005—2015 年，3M 收购了 6 个技术平台，以整合原有技术，开发新的高科技产品。例如，3M 在 2015 年以 10 亿美元收购了 Membrana，一家在生命科学、工业过滤微孔膜领域的领先供应商，这既可以帮助 3M 医疗保健部门加强在药物缓释、血液过滤、肾透析等方面产品的研发；还可以提升其他部门的产品，用于住宅用水过滤、商业食品服务、工业过滤等。

同霍尼韦尔一样，3M 通过精简业务，向高端化进阶。针对已有业务，3M 曾裁员 1 500 名美国中层经理（占总雇员的 1.7%），关闭了经营状况不佳的销售点。此外，3M 还在全球范围内对车牌转换、打印机墨盒、包装泡沫等收入不佳的业务进行了剥离。

霍尼韦尔的成长史就是一系列的并购、整合史。进入 21 世纪以来，霍尼韦尔也基于物联网技术进行 5 年投资规划，展开一系列的并购：从最开始收购移动条码扫描的核心技术和产品、手持终端业务，到后来收购了两家较大的打印机公司，再然后又收购了 Vocollect。针对仓储物流方向，霍尼韦尔不仅收购了一家软件公司 Movilizer（这家公司曾将 SAP 的企业管理系统变成移动化部署，并发展到云端），还宣布收购仓库处理执行系统公司 Intelligrated。这一系列的收购体现了霍尼韦尔"提高生产力"与"发展仓储物流"的决心。

值得一提的是，2016 年 2 月，霍尼韦尔公司曾以溢价 22%——高达 900 亿美元的价格，向美国联合技术公司发起收购。一旦合并，两家公司的总市值将达到 1 600 亿美元，成为覆盖航空电子系统、动力、材料、零部件等领域的巨无霸。但霍尼韦尔的美梦没有成真，由于联合技术公司以反垄断监管为由拒绝谈判，霍尼韦尔不得不放弃收购。

霍尼韦尔在并购的进程中，离不开私募股权投资的支持与协同。2013 年 4 月 27 日，霍尼韦尔同意以 3.4 亿美元收购由私募股权基金公司 Vector Capital 和中信资本（CITIC Capital Partners）控股的 RAE 系统公司。霍尼韦尔的此次收购发生在以上两家私募股权投资公司收购 RAE 之后的两年内，且价格是 2011 年私有化交易的 2.5 倍。这是上市市场窗口关闭后，私募股权投资公司转而通过向现金丰富的跨国公司销售股权而获利退出的另一个示范。2017

年，霍尼韦尔新 CEO 杜瑞哲上任后，把创投作为霍尼韦尔创新计划非常重要的组成部分，并于 5 月设立了全资子公司霍尼韦尔风险投资有限公司（以下简称“霍尼韦尔创投”）。霍尼韦尔创投初始基金规模约为 1 亿美元，总部在硅谷，致力于寻找和投资早期高增长科技公司。不过，该基金是一个长期计划，1 亿美元只是起点。在股权上，霍尼韦尔只会占被投企业少于 20%的股权，投资金额大概在数百万美元。在选择项目时，霍尼韦尔会希望项目和其长期战略目标一致，同时希望项目要有非常强的管理团队或强的风投机构。在投资中，霍尼韦尔希望能够找到和其技术互补的企业。据 2018 年 10 月 8 日消息，霍尼韦尔宣布公司已经签署协议，从私募基金公司 IK Investment Partners 手中以大约 4.25 亿欧元并购仓储自动化解决方案提供商 Transnorm。Transnorm 是传送解决方案领域的领先供应商，为电商和包裹递送客户提供快速而高效的产品运输服务。此次交易将加强霍尼韦尔在仓储自动化市场上的实力，目前受电子商务发展的推动，仓储自动化市场增速达到两位数。

③ 顺应时代的多元化策略

3M 和霍尼韦尔多元化的经营，使它们在美国第二次世界大战后经济转型的年代，在各种动荡的经济周期中得以平稳度过风险。随着美国经济结构的改变，3M 逐步摆脱了对工业产品的重度依赖，转而抓住了上升的消费行业、医疗行业，开发了便利贴、防护口罩等重要产品，顺利转型。反观 3M 曾经的竞争对手 Northon，一家同样靠黏合剂与砂纸起家的公司，在 20 世纪 40 年代，它与 3M 几乎同等规模，而到了 20 世纪 70 年代，已经远远落后于 3M。到 20 世纪 90 年代中期，业务萎缩的 Northo 最终被法国一家公司收购。与不断顺应时代推陈出新的 3M 相比，Northon 的问题是僵化在黏合剂业务，无法适应美国新的产业结构。

3. 中国口罩商为什么不能比肩 3M 和霍尼韦尔？

(1) 产品的特殊性

口罩本身属于“非刚需”的细分市场，而且整体利润不高，所以少有企业专门做口罩。2013 年之后雾霾得到广泛关注，国内的口罩需求走强，口罩类企业才逐渐多起来。2013 年之前，已注册的口罩企业仅有 500 多家，两年后，这个数字翻了一番，而如今已经有了 4 000 多家。但它们大多从医药行业、日用品行业甚至是服饰行业跨界而来，并不专业。国内口罩销量前十位的品牌中，国外品牌占据了六成，国内仅有绿盾、稳健医疗、阳普、朝美上榜。

(2) 中国的口罩缺品牌

3M 作为工业防护领域的龙头，一直拥有较强的品牌效应，多年以来积累了良好的口碑。国内的口罩除了缺少品牌积累外，在技术、营销、渠道上也与 3M 存在不小差距。这体现出中国在高端制造业方面的不足。

(3) 合格合规的国产口罩缺位

2016 年中国才推出首个民用《PM2.5 防护口罩》团体标准，中国消费者对口罩类产品的认知较为模糊，大部分民众可能也是因 2020 年年初的新冠肺炎疫情才认识 N95、KN95 口罩的。认知模糊导致口罩的质量参差不齐，市场乱象频出，拉低了人们对国内口罩品牌的信任度。当消费者心中没有明确标准时，价格成为选择的决定性因素，这也是制约口罩行业发展，国内市场不得不让利国外品牌的原因。

(4) 中国口罩品牌在营销和渠道建设上较为落后

很多口罩企业还停留在模仿大品牌产品、替别人加工赚取加工费、培育自有品牌的阶段。这种环境下，国内口罩市场上叫得出名的口罩品牌仍是国外品牌。国内传统的劳保、防护产品的销售渠道很特殊，此前基本上都是走劳保商店的小批发、小代理渠道。而在口罩短缺前，较为昂贵的防霾口罩、N95口罩基本上在药店、超市都可以买到，外资品牌已经非常牢固地掌握了这些线下渠道，并且每年都会有很大的品牌推广力度。国内中小品牌的分销体系很难与3M等匹敌。

(5) 中国创新人才不足

美国的创业者都是发明家，公司天生自带"创新"基因。而在中国，自带创新基因的企业家并不多，面对消费升级所带来的新需求和技术创富时代的到来，对创业者的素质要求将会越来越高。

证券时报. 为什么国产口罩比不过"美国制造"? 3M和霍尼韦尔凭什么? [EB/OL]. (2020.02.11)[2020.03.11]. https://www.sohu.com/a/372066626_115433.

案例2

私募争抢的字节跳动融资案

引言

从最初开辟首个基于算法分发的资讯类App"今日头条"到跨界打造"抖音短视频+火山小视频+西瓜视频"的三大短视频爆款，并将产品成功推广至海外，字节跳动的价值水涨船高，新一轮估值高达750亿美元。字节跳动的成功离不开它对移动互联网发展深刻的洞悉、对产业浪潮准确的把握，以及对技术的大力投入。

1. 字节跳动的创建历程

北京字节跳动科技有限公司成立于2012年，同年8月推出了一款基于数据挖掘的推荐引擎咨询产品——今日头条，于2016年6月推出了短视频产品——抖音。字节跳动已经建立了包括"今日头条、抖音短视频、西瓜视频、火山小视频、悟空问答、TopBuzz、TikTok、Faceu、图虫、懂车帝"在内的多产品矩阵。字节跳动也在积极进行国际化部署，其Top Buzz、TikTok、Hypstar等海外产品已覆盖75个语种，在40多个国家和地区排在应用商品总榜前列。

目前，字节系App的使用总时长，仅次于腾讯系App。资讯阅读类App中，"今日头条"在2018年12月的活跃用户达1.65亿人，仅次于腾讯新闻的月活跃用户数。短视频类排名前四位中，头条系拥有抖音短视频、西瓜视频、火山小视频三个，抖音在2018年12月的月活跃用户达2.30亿人，超过"快手"。字节跳动成为互联网巨头新秀。

凭借其打造的高流量渠道并借力信息流广告市场的飞速发展，"今日头条"在短时间内仅通过广告渠道便达到前所未有的收入规模。2014—2016年，字节跳动分别实现收入3亿元、15亿元、60亿元。根据《第一财经周刊》报道，字节跳动的广告收入为150亿元，2018年的目标收入500亿元，字节跳动成为互联网历史上收入增长最快的公司之一。

2. 境外投资方

(1) 海纳亚洲创投基金

海纳国际集团(SIG)是总部位于美国的大型金融服务公司，拥有超过10亿美元的自有投资资金，其中包括风险投资、私募股权投资、公开市场投资和股权衍生证券投资，其员工超过1 400人，在全球主要地区均设有分支机构。SIG致力于将其全球业务拓展到中国。SIG在中国的风险投资和私募股权投资活动通过海纳亚洲创投基金(SAI)进行。SAI是SIG的全资子公司。

(2) DST

DST是一个总部位于俄罗斯莫斯科的投资集团。公司是俄罗斯和东欧互联网市场的主要投资商，在该区拥有众多互联网公司并占领超过70%的互联网市场。

DST曾先后对Facebook进行了三轮投资，2009年5月，首次对Facebook投资2亿美元，2010年再度投资500万美元，2011年1月与高盛共同向Facebook投资5亿美元（其中DST投资5 000万美元，高盛此后将交易中的7 500万美元股权转售给DST）。

（3）红杉资本

红杉资本于1972年在美国硅谷成立。红杉资本始终致力于帮助创业者成就基业长青的伟大公司，为成员企业带来全球资源和历史经验。

红杉资本中国基金是在2005年9月由沈南鹏与红杉资本共同创办的。自创立以来，红杉资本中国基金投资了500余家企业，包括京东商城、阿里巴巴、蚂蚁金服、京东金融、今日头条、摩拜单车、饿了么、滴滴出行和爱奇艺等。

3. 寒冬中仍受追捧的字节跳动

2018年10月，在一级市场即将进入寒冬之际，头条开始了新一轮融资。其间有媒体爆料字节跳动本轮Pre-IPO融资已经结束，投前估值达到750亿美元。如此一来，字节跳动已经在一级市场上成为仅次于蚂蚁金服和Uber的第三大互联网公司。但即便估值偏高，字节跳动本轮融资的份额依然十分抢手。与此同时，字节跳动的老股交易市场也非常活跃。而就在这供不应求的市场中，老股的价格也在快速攀升。在此背景下，市场依然争相吹捧字节跳动，原因何在？

（1）互联网信息化时代的蓬勃发展

截至2012年12月底，我国网民规模达5.64亿，全年手机网民规模为4.20亿，网民中使用手机上网的用户占比由2011年年底的69.3%提升至74.5%。网民规模增长维持放缓态势，但使用手机的网民的比例持续提升，手机作为第一网络终端的地位更加稳固。同时，我国微博用户规模为3.09亿，较2011年年底增长了5 873万，用户逐渐移动化。

手机上网快速普及的意义，一方面在于推动了移动互联网领域持续不断的创新，为互联网从业者提供了广阔的创新空间，2012年出现了许多受到用户欢迎的移动应用，吸引越来越多的网民接入移动互联网；另一方面，手机上网的发展为网络接入、终端获取受到限制的人群和地区使用互联网提供了可能性，推动了互联网的进一步普及。随着智能终端价格继续走低，流量资费日益平民化，这些人群将逐步转化为智能手机用户，移动互联网市场有着巨大的发展潜力。

随着“互联网＋”概念的盛行，在越来越多的行业里出现了优质的互联网公司，这些互联网企业已经成为私募机构们投资的热点行业和关注类型。互联网技术形成的盈利点和中国互联网普及后形成的广阔市场，让投资家们看到了巨大的机会。

（2）务实浪漫的管理团队

“务实的浪漫主义，把想象变为现实。”这是张一鸣在字节跳动“七周年庆典”上演讲的主题内容。简单来说，字节跳动及其创作团队用初生牛犊不怕虎的勇气和不撞南墙不回头的倔强，大力出新，奇迹般地做出了如今的战绩。短视频业务的成功就能说明这一点，在2015年年初的年会上，团队讨论做不做短视频，当时地铁上都是腾讯微视的广告，微博的秒拍也在全力推广，到年底美拍、快手已经起来了，在短视频市场上并不算领头者，但在2016年年底，团队又重新讨论，觉得不能放弃，还是要大力尝试，不仅要做，还要做两款，不仅在国内做，还要在海外做，不仅要在海外做，还要做好并购，这会是一件给世界带来很多改变的事情。

4. 成为私募争抢的香饽饽

(1) 投资介入

2012年大年初七,"九九房"CEO张一鸣约谈SAI董事总经理,讲解他构想的产品原型,并成功让SAI进行了第一天使轮和A轮的投资。但是当时资本市场早期对头条并不看好。整个资讯市场,基本上已经被瓜分殆尽。网易、搜狐、腾讯、凤凰这些新闻客户端,几乎覆盖了全部用户。

2012年10月,张一鸣带着产品进行了一系列的路演,过程不是很顺利。当时团队判断2013年安卓手机的出货量会继续增加,所以SAI于2012年年底又追加投资100万美元的A+轮,并且提供了100万美元的过桥贷款。这一做法是想让头条有足够的时间长得更大一点,其数据更有说服力一点。

今天字节跳动占据中国互联网用户的总时长超过10%,SAI依然是头条最大的机构股东。

2013年3月,头条当时有了300万人的日活数据,并且一直在稳步增长。张一鸣联系到DST的Yuri,Yuri派人来测评产品,然后很快决定投资,并且给到一个双方都接受的估值。B轮就这样完成了。代表DST投资头条B轮的人是周受资,他当时看好头条的原因有三点,一是创始人的个人魅力与能力非常强大,二是公司经营方向及发展路径清晰明确,三是报表数据非常好看。

由于冷启动是推荐引擎的重大门槛,头条想要优化推荐就必须获得更多数据,2014年头条曾与新浪、360、小米和凤凰沟通融资事宜,期望通过获取这些公司更多的用户数据来帮助推荐完成冷启动。新浪在头条只有50人的时候没有投资,觉得投资头条不是个有前途的事。之后新浪经各方牵线搭桥,终于成为今日头条5亿美元的投资人,但当时新浪依然觉得VC要价太狠太贵,只拿了很少一部分股份。字节跳动的融资历程如表8-7所示。

表8-7 字节跳动的融资历程

时间	级别	估值	金额	投资方
2018-10	Pre-IPO	750亿美元	40亿美元	软银、KKR、春华资本、云锋基金、General Atlantic
2017-12	战略融	293亿美元	未披露	未披露
2017-08	E轮	220亿美元	20亿美元	General Atlantic
2016-12	D轮	110亿美元	10亿美元	红杉资本、建银国际
2014-06	C轮	5亿美元	1亿美元	红杉资本、新浪微博(新浪微创投)
2013-09	B轮	未披露	1 000万美元	DST、海纳亚洲创投基金
2012-07	A轮	未披露	100万美元	SAI
2012-03	天使轮	未披露	未知	晨兴资本、顺为资本、曹毅、刘峻、周子敬

(2) 井喷式发展

2018年8月,抖音日活量破2亿人,成为中国头部App之一。在张一鸣对字节跳动的整体规划中,2018年整个跳动系的日活量将达到6亿人,这是与BAT(百度、阿里、腾讯)同级的用户规模。Quest Mobile的报告显示,2018年秋季,就用户时长而言,第一梯队的腾讯占据中国用户上网总时长超过47.3%,阿里为10.4%,字节跳动达到9.7%。

相对于用户数据,时长数据尤为重要。Quest Mobile数据显示,2018年,短视频和即时通信两个细分行业的时长增量贡献了移动互联网用户使用整体时长增量的一半以上，2018年12月的短视频App总使用时长排名前五中，字节跳动系产品就有三个。

在App矩阵不断壮大的同时，字节跳动估值也水涨船高。2018年10月，36氪报道字节跳动已完成Pre-IPO融资，投前估值达到750亿美元，而在2018年5月媒体报道的版本中，字节跳动寻求的新一轮融资投前估值仅为350亿美元，字节跳动估值蹿升之快令人惊叹。

在字节跳动致力于做中国市场上属于自己的互联网公司的时候，和如今的BAT产生了巨大的竞争与摩擦。就日活用户上，字节跳动旗下的抖音和微信、QQ的竞争与摩擦也是屡见不鲜。但是在资本市场上，没有永远的对手，在最新一轮的融资过程中，代表阿里系的云锋基金也参与了本轮的领投。领投方软银、KKR、春华资本、General Atlantic（GA，泛大西洋资本）、阿里系等投资超过25亿美元，其他机构以优先股方式参投。

淘宝首页开设了抖音专区，而抖音也在产品中加入一键跳转淘宝的功能，甚至还悄然上线了线上店铺入口。字节跳动背后的电商野心不言而喻，而这点与淘宝不谋而合。"阿里非常看重抖音的带货能力以及可能的社交入口。"这样的战略发展目标也可以让人很容易地理解两者的资本联合之举了。

(3) 开放新一轮期权换购

在2019年4月初员工绩效及年终奖确定后，字节跳动将开放新一轮的期权换购计划。本次激励计划将允许部分员工将所获年终奖以每股44美元的价格兑换相应的期权，10股起换，个人的兑换上限不能超过自己2018年的年终奖总额。

本次的期权兑换资格比许多公司宽松了不少，只要在2018年度的绩效考核中大于等于M即可参与兑换。字节跳动内部的绩效考核一共有八级，从低到高分别为F、I、M－、M、M＋、E、E＋、O，M在评级中仅为中等，也就是说本次期权兑换的适用员工占极大比例。

同时字节跳动最近也在从离职员工和在职员工手里回购期权，离职员工的期权回购价格为税前26.29美元/股，在职员工的期权回购价格为税前32.86美元/股。不过，本次期权回购并非强制。回购离职员工、在职员工的期权一方面是增加内部流动性、调整公司期权池现有的份额，为这一轮新期权的发放留出足够的空间。另一方面，也可以将其解读为字节跳动正在做上市前的期权盘整。结合此次的年终奖换购，可以看出字节跳动正在利用多种手段提升手中的现金流。

值得一提的是，据部分知情人士透露，前述44美元的每股期权价值所对应的公司估值为660亿美元；而据2019年新入职员工的反馈，字节跳动offer中package里期权的每股价值则被定义为60美元，按照这个价格，字节跳动估值为900亿美元。

综合来看，如此的股权激励政策可以被理解为有以下三个意图：

- 将公司未来利益与员工自身利益捆绑；
- 最大限度地保证公司现金流，为冲击IPO提前准备弹药；
- 尽最大幅度地降低未来上市后股权稀释的程度。

结语

字节跳动在备受资本青睐的今天，正积极布局社交、电子商务、游戏、娱乐甚至搜索等领域，虽然每一场战役都注定艰难，每一个赛道都棋逢对手，不过要攀登顶峰就难免要翻越大山。正是因为要翻越大山，张一鸣认为2019年上市"这个事情比较大，要延迟满足感，再等一等"。目前字节跳动的主攻方向还是产品，以搜索业务为例，其就是瞄着第一名去做的，如果瞄着第二名就没有奔头了。

宇节跳动的成长历程背后有私募股权的支持，也有创始人自身的不懈努力。宇节跳动的成长速度和亮眼成绩是支撑它能够源源不断地得到资金支持的法宝，这使它成为私募股权投资持续争抢的香饽饽。

案例 3

简析拼多多的上市之路

引言

电商是近年来最火热的名词之一，无论是淘宝还是京东，其对人们生活的影响是巨大的。在电商发展如此火热的情况下，2015 年拼多多正式成立。拼多多成立之后得到红杉资本、高榕资本、腾讯投资、IDG 等众多私募基金的追捧，前后一共得到了 17.02 亿美元的投资。2018 年 7 月 26 日，仅仅成立三年的拼多多在美国上市，成为电商领域的佼佼者。

1. 拼多多的诞生

拼多多董事长黄峥 1980 年出生于浙江杭州，黄峥注意到以微信为代表的社交流量正发展迅猛。站在商业角度上，黄峥注意到微博、陌陌、快手等社交平台流量很大，但对应的商业没有发展起来，于是他瞄准社交电商领域。2015 年 4 月，拼好货正式上线。

拼好货主营水果，但由于模式新颖，很快遇到发货瓶颈，而且还遭遇水果腐烂、爆仓、无法退换货等危机。拼好货先后解决了仓库、物流等问题，短短几个月后，拼好货累计活跃用户突破千万人，日订单量超过百万单。此时，黄峥是拼好货的 CEO，也是游戏公司的董事，当拼好货在跌跌撞撞中快速发展的时候，游戏公司 CEO 提议将拼好货的拼单模式做成平台。黄峥经过一番纠结，与游戏公司 CEO 再三协商之后，抽调游戏公司最核心的 20 多名员工，将游戏公司之前赚的钱投到新项目拼多多上。至此，拼多多正式诞生。

2. 拼多多的成功之路

(1) 拼多多的成长路径

拼多多成立的第一年，用户数超过 1 亿，月成交额超 10 亿元，日均订单超过 100 万单。创立的第二年，付费用户超过 2 亿人，月成交量达 30 亿元。创立的第三年，拼多多就在美国上市了。

(2) 拼多多与拼好货合并

2016 年 9 月拼多多与拼好货合并。这次合并从酝酿到完成时间不长，主要还是两家公司创始人的决策也获得了两家公司投资方的支持。拼多多和拼好货一个缺商品，一个缺品质。合在一起更有利于双方，也能进一步集中力量，合并的目的是提升整体品质和服务水平。

两家公司披露的合并方案是，以 1：1 换股的形式完成，不涉及现金交易。管理上，拼好货 CEO 黄峥直接担任新公司的董事长和 CEO，合并后拼好货商品类目将更加丰富；而拼多多将获得快流通供应链体系的支撑，让水果生鲜品类的品质得到大幅提升。

拼好货和拼多多本质并不冲突，两个平台一个重供应链，一个重前端，反而有比较强的互补性。合并后，他们在产品形态上做了明确定位，拼好货变成拼多多的一个子频道，他们要走的是平台模式，未来主打拼多多品牌。其次，他们对人员进行了调整，所有的运营和产品全部并在了一起。此外，合并后，拼好货将拆分后端仓配业务，成为独立公司并进行独立融资。

(3) 拼多多的融资历程

拼多多从 2015 年开始一共历经 A、B、C、D 四大轮次融资，拼多多的详细融资过程如表 8-8

所示，拼多多接受了包括腾讯、高榕资本、红杉资本、IDG、光速中国等私募在内的共计约 17.02 亿美元的投资。拼多多的融资历程如表 8-8 所示。

表 8-8　拼多多的融资历程　　单位：百万美元

时间	轮次	金额	参与方
2015.06	A	8.67	母公司、高榕资本、IDG、Chak Man Wu
2015.11	B-1	33.34	母公司、高榕资本、光速中国、IDG、魔量资本
2016.01	B-2	4.38	腾讯
2016.03	B-3	23	高榕资本、Castle Peak
2016.06	B-4	50	Sun Vantage、FPCI Sino-French、Sky Royal Trading
2017.02	C-1	20	红杉资本
2017.02	C-2	93.69	腾讯、高榕资本、Sun Vantage、FPCI Sino-French
2017.06	C-3	100	腾讯
2018.03	D	1 368.67	腾讯、红杉资本、高榕资本
合计		1 701.75	

(4) 拼多多上市

① 拼多多上市前的发展状况

根据拼多多官方公开数据显示，其目前已拥有 3 亿用户和 100 万商家。拼多多全年交易总额(GMV)超过 1 000 亿元，App 端渗透率已超越京东，成为名副其实的电商领域“独角兽”。

从 GMV 来看，截至 2018 年 3 月 31 日的过去 12 个月，拼多多的 GMV 为 1 987 亿元，有 2.95 亿个活动买家，有超过 100 万个活跃商家。相比之下，GMV 突破 1 000 亿元，阿里用了 10 年，京东用了 6 年，而拼多多只用了不到 3 年。

拼多多支出主要来自在线商城业务和商品销售业务，由于平台商品的单价较低，拼多多的支出主要来自前者，它包括佣金支出(商家抽成)和商家广告投放支出。2017 年拼多多广告支出为 5.31 亿元，占总营收的 30%，2018 年第一季度广告支出飙升至 11.8 亿元，占总营收的 80%，超越商家抽成支出。而且，拼多多自营商品的营收十分小；假设对比 GMV 和营收，2017 年拼多多的 GMV 是 1 412 亿元，营收是 17.4 亿元，佣金比例为 1.23%。对比阿里、京东等成熟平台，拼多多目前处在扩大 GMV 规模的阶段，其佣金还有较大的上调空间，营收还有较大的上升空间。

② 拼多多上市后的股权分析

2018 年 7 月 26 日，拼多多在美国纳斯达克上市，股票代码 PDD，定价 19 美元。值得注意的是，拼多多 CEO 黄峥当日并未到位于美国纽约时代广场的纳斯达克现场敲钟，而是邀请一位消费者代为敲钟。同时，纳斯达克也破例将敲钟按钮由纽约送至上海，并由 6 位消费者于两地同时敲钟，这在中国企业历史上尚属首次。

招股书显示，拼多多共计发行 85 600 000 股美国存托股票(ADS)，融资 18.7 亿美元。此次 IPO 由瑞银、高盛和中金结合承销，富达基金、Capital、阿布扎比主权基金等主流机构参与认购；由于超募倍数较高，拼多多有权行使降价 20% 的权益，但拼多多 CEO 黄峥坚持以 19 美元定价。

上市后拼多多将实施“同股不同权”的 AB 股结构，即 A 类股票投票权为 1∶1，B 类股票投票权为 1∶10，B 类股票卖出时自动转为 A 类股票。黄峥所占股份比例为 46.8%，拥有

89.8%的投票权,腾讯所占股份比例为17.0%,投票权为3.3%;高榕占股份比例为9.3%,投票权为1.8%;红杉所占股份比例为6.8%,投票权为1.3%。

3. 拼多多的成功秘籍

(1) 消费分级——打造低线城市品牌

拼多多的核心竞争力在于低价:拼单意味着用户和订单大量且迅速涌入,而丰厚的订单使之可以直接与供货厂商(或国外厂商的国内总代理)合作对话,省掉诸多中间环节,价格优势由此体现。

对比拼多多和京东的用户分布发现,拼多多65%的用户来自三线及以下城市,而京东50%的用户来自一、二线城市。随着互联网的普及,拼多多通过低价策略瞄准新入网的低收入人群,实现野蛮式增长。此外,拼多多的用户中70.5%为女性,25～35岁年龄段的用户占比超过57%,这部分用户多为已婚女性,在碎片化的时间里她们完成了一次又一次的拼团。拼多多通过低价、爆款,成功地实现了弯道超车。

(2) 高榕资本的重视

高榕资本参与了拼多多A、B、C、D四轮融资,当大家都觉得电商领域已经改造完成的时候,高榕资本的张震对拼多多格外看好,究其原因,主要有以下几点。

黄峥与其技术团队的远见和执行力。首先,张震与黄峥认识将近十年的时间,对黄峥在此前的经历比较了解。其次,黄峥个人业务能力很强,他基于中国国情提出了自己的想法。第三,黄峥带着自己的技术团队,经历过多次成功的创业,他在经过深思熟虑之后选择了创立拼多多。

底层的力量。首先,通过手机在各种场景下进行消费已经成为中国消费者广泛的消费行为。其次,移动支付的普及以及遍布全国的物流基础设施让手机消费这件事越来越便捷。再次,广大非一、二线城市的居民在可支配收入上有所提升,他们对于品质更优、标准更清晰的产品和服务需求越来越大。最后,中国广大的小微企业期待能够与大量的消费者建立直接连接,以去掉更多的中间环节,实现降本增效。

公众机构。拼多多是一个平台型公司,也是一个由众多用户、商家、平台管理运营人员、平台基础设施服务商共同构成的社区。拼多多平台上的消费者是公众人群的重要组成部分,拼多多团队对于维护消费者利益付出了巨大的艰辛和努力。

(3) 广告营销

四轮融资为拼多多带来了资本,也让拼多多有了"挥霍"的资本。拼多多上市之后就迅速打入广告市场,在湖南卫视快乐大本营节目中打广告,在各大视频软件平台打广告。还推出了"拼多多歌曲",其广告营销的模式深入人心,迅速被广大群众所熟知。拼多多还先后邀请多位明星为其打广告,有了明星效应,拼多多的影响力进一步扩大。

4. 拼多多在发展中遇到的问题

(1) 增长与亏损齐飞

根据2019年3月13日发布的2018年第四季度及全年财报,拼多多2018年第四季度营收为56.5亿元人民币,高出华尔街约53亿元人民币的预期;较2017年第四季度增长379%,较第三季度环比增长68%;全年实现营收131.2亿元,同比增长652%。

但拼多多仍处于亏损状态。2018年净亏损为102.17亿元,同比2017年扩大1 845.69%。这主要是由IPO一次性计算员工股权激励导致的。由于员工增加、员工股权激励的支出,公司2018年第二季度管理费用为58亿元,而2017年同期仅有600万元。与第一季度相比,支出增长主要是由于云服务、呼叫中心和商户支持服务的成本上升。拼多多的毛利高达74.9%，研发和行政支出也不算高，最庞大的开支就是销售和市场费用了。比如，2018 年第四季度，营收 56.5 亿元，而在销售和市场费用上就支出了 60.2 亿元，同比增长 699%。2018 年全年收入为 131.2 亿元，结果销售费用就支出了 134.4 亿元，同比增长 900%。

(2) 拼多多假货问题

拼多多上的商品频繁被爆出质量问题，2019 年 3 月 29 日还被微博@央视新闻曝光了不法商贩的"黑金"利益链，点名"拼多多"平台店铺涉嫌制售假冒伪劣家电产品，还有不少网友爆出云南白药牙膏、椰子鞋等众多品牌都存在假冒伪劣产品。甚至还有一些包装与真实产品一样，但名字却略有差异的产品：大个核桃、旺好牛奶、老于妈、粤利粤等。2018 年 7 月，拼多多先是被"爸爸的选择"纸尿裤起诉，然后遭到创维品牌的正面回击，再到童话大王郑渊洁举报盗版图书，拼多多的假冒伪劣产品问题一直很严重。

5. 拼多多越拼越火?

拼多多的迅速发展得到多家规模庞大的私募基金的重视。创立仅一年，拼多多用户就破亿。在拼多多假货事件频出的情况下，为什么拼多多还越拼越火？其原因主要有以下三点。

(1) 便宜

这是最主要的原因，也是最吸引人的一点。拼多多的东西便宜是众人皆知的，而民众购买的又多是生活日用品，品牌对普通民众的影响不大，只要能够正常使用就行。

(2) 消费习惯

在拼多多爆出假货之前，有很多消费者已经在拼多多上进行了多次消费。对于拼多多上的商品的价格消费者是满意的，因为消费者已经填完了地址，绑定好了账号，所以一时还是会选择拼多多作为网购平台。

(3) 营销

拼多多和微信联手，利用微信朋友圈广告进行营销。拼多多靠这种方法吸引了很多用户。这种极具诱惑和煽动性的广告营销方式也为拼多多带来不少的收获。

结语

拼多多给人们生活带来便利的同时，也存在一系列假货、侵权等问题，给社会带来一定的困扰，从这一点来看，私募基金对拼多多的投资是否是正确的？私募基金在进行投资时应该如何衡量投资标的的社会责任与收益？

案例 4

社交电商云集为何频获资本青睐?

引言

继拼多多之后，社交电商云集在成立两年内以 GMV 227 亿元、年收入 130.15 亿元的成绩杀入电商第一梯队。2019 年 5 月 3 日，在获得两轮融资后云集在纳斯达克挂牌上市（股票代码：YJ），发行价为 11 美元，并以此价格发行 1 100 万股美国存托股票（ADS），募资 1.39 亿美元，并设有 15%的绿鞋机制。云集微店（现已更名为云集）于 2015 年 5 月上线，上线营业之初的云集由于激进的 App 推广方式被消费者大量投诉，并收到监管部门 958 万元的罚单。2016 年 2 月云集开始进行整改，经过整改合规之后，云集获得了更快的成长。直至目前，云集仍占领着巨大的社交电商市场份额。

1. 背景介绍

(1) 云集的成立

云集隶属于浙江集商优选电子商务有限公司，该公司是一家从事电子商务平台研发、运营的移动互联网公司。云集是该公司构建的移动网络购物平台，是一款在手机端开店的App，旨在打造全球精品超市。云集为“店主”提供美妆、母婴、健康食品等上万种正品货源，并提供海量商品文案、手把手培训、一键代发、专属客服等服务。2019年3月21日，云集正式向美国证券交易委员会提交招股书。同年5月3日，云集在美国纳斯达克上市，发行价为11美元，募集资金达1.39亿美元。敲钟之后，云集股价一路上扬。招股书显示，云集上市的融资资金将主要用于拓展公司业务运营，建设技术基础设施，以及提升平台的服务能力。

(2) 云集创始人介绍

云集的创始人兼CEO肖尚略为人低调，公开渠道上，与其相关的报道寥寥无几。一位早年和肖尚略共同创业的人士透露，肖尚略学历不高，但颇具商业头脑。从淘宝零售起家，2003年开启的“小也香水”的创业历程为其积累了丰富的电商经验与供应商资源。小也香水在近千万家淘宝电商中做到头部位置，秘籍在于肖尚略很好地利用了QQ群。小也香水的用户关系和产品反馈主要通过QQ群来进行，高峰时期，小也香水的QQ群多达数百个，每个群都有一两千人，这种半封闭的社群体系给了肖尚略极大的启发，如何引爆社群的潜力，成了肖尚略在这一阶段不断思考的问题。

2. 案例介绍

(1) 云集的崛起

创立云集之前，肖尚略在电商领域打拼已久。2003年淘宝刚刚起步时，肖尚略在淘宝上开了一家名叫“小也店”的香水店。在其成功运营下，到了2012年的时候，小也香水以12%的市场份额成为淘宝香水类目的行业第一。然而2013—2014年，小也香水的发展到了瓶颈期。肖尚略发现，在品牌直营的冲击下，中小卖家尽管很努力地去做，依然只有10%～20%的增长。与此同时，在线下6 000多万个导购员中，有1/3的人下岗，2/3的人上班期间工作量不够饱和；5 000万个宝妈的时间碎片化严重，在职场并不受重视。于是淘宝中小卖家、线下导购员、宝妈，这三类人构成了此后云集抓取的目标用户。2015年，肖尚略创立了云集，把云集定位为一家由社交驱动的精品会员电商，为会员提供美妆个护、手机数码、母婴玩具、水果生鲜等全品类精选商品。用户只需要交三百多块钱，就能在平台上开店成为店主。货源由平台提供，店主不需要花钱囤货，不负责发货，只管在朋友圈、微信群里做宣传，就能拿到分成。而且，店主怎么发推广，平台都会在群里提供统一的文案、配图，实时更新，不用更改一个字，直接复制粘贴就行。靠着这种低门槛、轻投入、低风险的模式，云集迅速吸引了大批用户，很多早期做微商的人纷纷转投云集。

短短三年，云集从默默无闻到杀入中国电商第一梯队。招股书显示，云集平台2016年、2017年与2018年的买家数量分别为250万人、1 690万人与2 320万人；而其付费会员，从2016年的90万人，增长到2017年的290万人，在2018年更是达到了740万人。同时，云集用户的复购率高达93.6%。

对应的收入更是惊人。招股书显示，从2016年到2018年，云集的总收入分别为12.84亿元、64.44亿元、130.15亿元。“坦率地说，云集的成长速度远超出我们的预期。”作为云集主要的早期投资人，钟鼎创投合伙人孙艳华坦言。“云集是强管控、采销的模式，它从开始主要卖化妆品到商品线不断延伸，模式不断更迭，在这种情况下，云集要持续把商品送抵用户端，还要持续帮用户挑选好的商品，这其实对公司提出的挑战是很大的。”就这样，当绝大多数人都认为中国电商已经没有创业机会的时候，云集悄然崛起了。

(2) 模式争议：VC 将信将疑

在云集狂奔的时候，其模式却一直备受争议。在很长一段时间，云集被贴上“微商”的标签，其模式一度被外界质疑为传销，甚至 VC 圈也分成两派——支持者认可其前瞻性，反对者斥之为传销。2015 年的资本市场的环境并不好，不少 VC 机构对云集模式将信将疑。“我和老肖一起在北京‘挨家挨户’地拜访投资人，由东往西，从东三环到望京到海淀，非常辛苦。”泰合资本管理合伙人胡文钦回忆。那时候，胡文钦需要一次又一次地向 VC 机构解释云集的商业模式。在他看来，云集核心的一个点是 S2S(Supply Chain to Social)，具体来说有以下三方面。

第一，前端极强的社交流量组织能力，消费者在平台上有温度地交流、分享可以促进购买，这一层社交温度也使云集区别于传统电商，这带来了创新的流量组织形态。

第二，后端扎实的供应链基本功，严选 SKU(最小存货单位)，高效地提升流通效率，降低媒介成本，去掉了产业链的低效环节，云集在成立之初就非常重视供应链，依赖创始团队十几年的电商经验，在很多品类上，云集的供应链能力领先于行业。

最后，对标 Costco 的精选会员制模型连接两端，Costco 精选思想的本身也是供需的匹配机制与分发机制，这能极大地降低售价、提升由货到人的效率，而会员制给消费者一揽子解决方案，带来更强的用户黏性。

为什么选择会员制？“我们在研究 Costco 时就看见，会员制会是未来重要的趋势，体现为高留存、高复购、高转化、高产出”。胡文钦说，云集的会员制在中国电商行业具有原创性，云集从 2015 年融资时就已经把会员制作为发展方向向资本市场传达。渐渐地，云集模式得到了部分 VC 机构的认可。

(3) 云集获 2.28 亿人民币的 A 轮融资

社交电商平台云集微店在北京宣布完成 2.28 亿元 A 轮融资。本轮融资由凯欣资本领投，钟鼎创投跟投，泰合资本担任独家财务顾问。领投方凯欣资本此前投资过丽人丽妆、秀域科技、宝尊电商等公司。云集微店的新一轮融资将用于进一步优化供应链和强化内部团队建设。“社交电商是一个以口碑为导向的零售领域，只有那些大家用过了，还都说好的商品，才会最终留存下来。”肖尚略说道。2015 年云集上线时，其月销售额在 60 万元左右。截至 2016 年 11 月，月销售额达到 3 亿元，实现了近 500 倍的增长，并且已经实现了盈利，截至 2016 年云集微店已与多家品牌商或一级代理商建立了供销渠道，并为店主提供货源、物流、客服、营销、IT 支持、培训等服务，店主只需完成销售环节即可，签约店主达到 80 万人。从 2015 年 5 月到 2016 年 12 月共 18 个月的时间，云集微店取得了如此骄人的成绩的一个很重要的原因就是零售遇到了共享经济。

(4) 云集获 1.2 亿美元 B 轮融资

2018 年 4 月 23 日，云集宣布完成 1.2 亿美金 B 轮融资。本轮融资由鼎晖投资领投，华兴新经济基金等继续跟投，泰合资本担任本轮独家财务顾问。肖尚略当日通过社交媒体表示，融资将用于进一步整合上游供应链，完善 AI 大数据基础设施以及提升各区域物流仓储能力，为更多社交电商领域中的小微创业群体赋能，以期创造更大的社会价值。云集表示，平台在 2017 年先后与高露洁、欧莱雅、强生、LG、美迪惠尔、玛丽黛佳、番茄派、伊利、安佳、圣牧、百草味、Swisse、飞利浦、九阳、水星家纺、科沃斯、宝娜斯、莹特丽、珀莱雅、上美集团等数十家国内外一线品牌签订了战略合作协议。

鼎晖投资合伙人应伟认为，中国社会商品零售总额每年都在以10%～12%的速度增长，其中电商新零售占比在2018年会到20%左右。与之相对，传统零售的占比却在不断下降，传统电商增速也在进一步下滑。在这一背景下，鼎晖投资主要关注电商领域中的"新物种"，特别是能让消费者得到更好用户体验的新电商平台。应伟介绍，鼎晖投资在完成了云集的尽职调查后觉得，那些在商业街失去机会和竞争力的普通导购员，通过云集这样的平台获得了新的职业机会，云集模式让投资方感到耳目一新。鼎晖投资看重云集的供应链优势。在他们看来，云集采取精选SKU的形式，动态在售SKU控制在5 000个以内，单个SKU做得很深，基于前端社会化流量可以短时间内快速消化，同时基于单款商品大的采购量又可以驱动供应商获得更好的采购价格和采购条款。同时，云集深度参与上游品牌的各个环节，从品牌定位到产品设计、推广传播、销售运营等，不少创新品牌也借助云集前端的社会化传播使品牌能在短时间内快速提高曝光度和认知度。

(5) 云集进军纳斯达克

北京时间2019年5月3日，云集在美国纳斯达克正式挂牌上市。作为中国领先的以社交驱动的精品会员电商平台，云集在自己的四周年庆来临之际，登陆美国纳斯达克，不仅向全球展现了中国电商行业创新发展的新成果，更为中国新零售行业的发展提供了思路。云集也成为继拼多多之后，新电商领域跑出的又一匹黑马。

云集在首次公开募股后将采用双股权结构，分为A类普通股和B类普通股。该公司将在首次公开募股中发行A类普通股，云集董事会主席兼CEO肖尚略将持有全部的B类普通股。在股权结构方面，肖尚略为第一大股东，持有949 960 000股B类普通股，占总股本的43.5%，以及投票权的88.5%；云集CTO郝焕持有50 720 000股A类普通股，占总股本的2.3%，以及投票权的0.5%。钟鼎创投持有280 600 000股普通股，占总股本的13.7%；IPO后其持股数量不变，占总股本的12.9%，以及投票权的2.6%。CPYD新加坡有限公司持有215 800 000股普通股，占总股本的10.5%；IPO后其持股数量不变，占总股本的9.9%，以及投票权的2.0%。Fasturn Overseas Limited持有149 200 000股普通股，占总股本的7.3%；IPO后其持股数量不变，占总股本的6.8%，以及投票权的1.4%。Trustbridge Partners IV, L.P IPO后持股数量不变，占总股本的5.1%，以及投票权的1.0%。Acceleration S Limited IPO后持股数量不变，占总股本的5.1%，以及投票权的1.0%。

3. 案例分析

(1) 云集成功上市留给VC的启示

识别云集，最大的挑战是要克服"偏见"。成立不足四年，云集成功IPO，再一次创造了中国电商传奇。"投资人往往会不自觉地以自身的消费习惯为喜好来判断项目的价值，这是一件很危险的事。"钟鼎创投合伙人孙艳华说，投资人大多生活在一线城市，是中高端消费人群，时间紧张，但其实这并不是所有人的消费习惯。云集跟拼多多当初在VC圈的遭遇有些类似。长期生活在"高端氛围"里的人，一度认为拼多多就是个卖便宜货的平台，然后蹭了腾讯的流量，没有特别之处，最后错过了这个百亿巨头。在投资云集之前，孙艳华在调研的过程中曾碰到一位来自三线城市的女士，"她朋友圈全部都是卖货的，对她而言，刷朋友圈就是逛街，这对我触动很大"。孙艳华感慨，如果不能放弃投资人偏见的话，云集是很难被看见的，因为投资人离这样的消费习惯太远了。

(2) 会员社交力量的觉醒

云集的会员 95%都是女性,86%都是宝妈群体。这些人当中不乏细分领域的专家、达人等,但她们脱离职场,陷于家务琐事,时间被严重碎片化,个人价值也被弱化。成为云集会员后,她们通过分享重新链接社会资源,收入得到改善,同时重拾个人价值。

正像云集名字所传达的"像云一样从各处汇集"那样,云集将待业宝妈、中小卖家汇聚在互联网的云平台之上,提供供应链和物流体系的云服务。简单来说,就是产品、品牌、仓储、物流都由云集来把控,将小微企业创业的重资产转移到云集平台,而会员主要负责销售和引流。从这个意义上讲,云集就是一个"云端集市"。会员和终端消费者在这个集市上交易,但所有的产品、仓储、运输都托管在云端。长期与代购、微商、宝妈等接触,肖尚略明白,要让这群人的价值最大化,不是去利用他们的关系网络变现,而是提供真正的好产品,为他们建立的信任网络做背书。很多时候,销售靠的是一张嘴和关系网络,是熟人关系背后的信任,一旦信任崩盘,一切不复存在。只有持续提供好的产品,才能将这群销售、导购和会员培养成真正持久的"关键节点"。

作为一家精品会员电商平台,云集从品牌初创开始,就从供应链着手,强化主流品牌、创新品牌和自有品牌组成的供应链版图,始终着眼于用户体验,致力于通过"精选"策略,为会员提供超高性价比的全品类精选商品。云集平台上的商品种类繁多,涵盖美妆个护、手机数码、母婴玩具、水果生鲜等。通过帮助亿万消费者以"批发价"买到品质可靠的商品,云集推动了零售电商消费的新业态、新模式,实现了助力行业消费升级的目标。通过"精选"供应链策略以及极具社交属性的"爆款"营销策略,聚焦商品的极致性价比。云集社交推荐＋高标供应链的模式,能让"个体商业力量"更好地为消费升级的家庭提供物美价廉的产品,消费者的需求得到极大地满足。

(3) 社交电商模式分析

与传统电商不同,社交电商带有去中心化的特征,平台作用有所弱化。其往往借助微博、微信等社交平台去执行传播与销售行为,目标用户群基本是朋友或亲属关系,如此关系网络下的用户黏性较好,互动性很强,以拼多多的拼购和云集的分销为典型,但拼多多提供的商品和服务,多来自中小卖家,云集更接近亚马逊、天猫、京东。云集的这种模式被称为 S2B2C 模式,尽管是借鉴阿里的经验,云集却把这种模式运用得很熟练。该模式通过 S(供应端平台)赋能给小 B(店主),由小 B 完成对 C(客户)的低成本实时互动,再利用 S 对设计、生产和运输等协同能力,完成对客户的定制化服务。

① 社交电商发展的背景

移动互联网的发展与智能手机的普及为社交电商的产生奠定了技术基础与物理条件,而微商等营销平台的出现又促进了社交电商这一新型商业模式的快速发展。社交电商利用社交化平台,将社会关系学中以"人脉关系"为纽带的软性资本转化为可见的经济资本,并借助互联网流量迅速发展壮大。

② 社交电商的典型模式

经过几年的发展,社交电商逐步形成了以拼多多、小红书、爱库存、云集、贝店、环球捕手等为主的企业集群。就具体商业推广模式而言,社交电商逐渐形成了以下三种典型经营模式。

典型模式一:拼团型

拼团模式以拼多多为代表,用户通过发起和朋友、家人、邻居等的拼团,以更低的价格,拼团购买商品,是一种典型的 C2B 社交电商。拼多多激励用户以微信为媒介邀请好友参与拼团从而得到商品价格的优惠,以这种方式邀请到的客户往往有相似的用户画像,用户细分精确,旨在凝聚更多人的力量,用更低的价格买到更好的商品。拼多多 2018 年 7 月上市后开始转型，布局品牌商品，用户忠诚度显著提升，抓住“人”的核心需求，丰富 SKU，与手机淘宝用户高度重合，随着“品牌馆”的上线，与京东的重合用户规模同比增加了 4 倍，鲶鱼效应明显。

拼多多的拼团模式促使各大综合电商平台布局拼购业务，例如，京东拼购小程序吸引大量用户，苏宁构建拼购矩阵。京东与苏宁开展拼购业务的形式有所不同，京东 App 中拼购入口较深，业务布局以拼购小程序为主；苏宁则三管齐下，App 开设“苏宁拼购”窗口，开发独立拼购 App，布局拼购小程序。

作为拼团典型的拼多多，不仅能够快速吸引用户形成可观的用户规模，而且凭借其平台自身强大的大数据等技术可以对用户进行深入研究，因此具有较高的用户黏性。

典型模式二：社区型

以用户生产营销内容为依托的小红书，允许用户上传纯文字长笔记、图文笔记以及视频笔记，沉淀社区与口碑，经调研得知，视频笔记的评论数量远超过纯文字长笔记和图文笔记的评论数量。

之后，小红书引入大量明星入驻，明星入驻对于双方来说是双赢的事情，明星所在的经纪公司会帮助小红书平台做明星的运营工作。在内容运营方面，明星会带来效果显著的粉丝经济，吸引粉丝观看后购买，影响着消费者的购物习惯，带动销量，因此流量生产力较大，用户使用黏性显著提高。

总之，通过内容营销，小红书运用社区＋电商的模式，将女性在时尚与美丽方面的需要进行精准解读，并进行个性化内容推荐，实现了精准营销，产生了良好的市场效果。

典型模式三：分销型

作为轻创业平台，云集微店推荐式购物的分享型经济模式将消费者转变为经营者，通过社会化零售平台解放百万个体的商业力量。云集微店有着突出的特色：一是整合了国内外品牌资源。它与众多的供货厂商签订了合作协议，保证正品货源，最大限度地让利于客户。二是整合物流资源。在上海、香港、广州、杭州等地建立了保税仓库，与全球先进的电商物流公司亚马逊及国内物流巨头顺丰速运建立了战略合作关系，并建立了一站式物流运营管理系统。三是整合了移动互联网资源，它整合了微信号、朋友圈、公众号、京东支付、微信支付，使移动资源能够更好地为电商服务。云集微店通过云端将优质商品货源共享给个人创业者，通过售前售后客户服务，销售技能培训，商品海量图文等多种支持，给广大的消费者群体提供了新的创业机会。

结语

作为中国会员电商的先行者及引领者，云集成功地从社交电商领域切割出了会员电商新赛道。云集以会员制消费，严格把控供应链的极致精选模式，打造出一套“云集经验”，率先开创了与淘宝的 C2C、京东的 B2C 截然不同的“S2B2C”模式，并且抓住了社交红利，借助了裂变分享和智能推荐。正是云集这种敢于创新、敢于挑战新模式的精神，使它获得了资本的青睐，最终走向成功。

案例 5

ICO：传统股权融资方式的颠覆者？

引言

区块链货币已经进入了大众视野，2017 年区块链货币创造了一个又一个神话，比特币价格从 2009 年的几美分上涨到 2017 年的 2 万美元，其他区块链货币也是水涨船高，以太币价格暴涨了 1 000 倍,并且伴随着区块链货币去中心化的概念,新的融资方式——ICO 终于诞生,ICO 的全称为 Initial Coin Offering,即数字货币首次公开众筹。与 IPO 有点相似,但是前者不需要第三方监管机构的监管,是一种非公开的私募融资,但是投资者变现非常快,可以直接在数字货币交易所转让股权。截至 2017 年 7 月 6 日,ICO 融资金额已达 7.76 亿美元。而目前最成功的 ICO 项目是以太坊,收益率为 689 倍。

据国家互联网金融安全技术专家委员会发布的《2017 上半年国内 ICO 发展情况报告》显示,2017 年上半年我国已经完成 65 个 ICO 项目,累计融资规模达 63 523.64 个比特币和 852 753.36个以太坊,加上其他虚拟货币,共折合人民币 26.16 亿元;另据 Coin Desk 统计,国内 2017 年前 7 个月 ICO 融资额为 3.27 亿美元,VC 融资额为 2.95 亿美元。而 2017 年前 11 个月,VC 融资额为 18.8 亿美元,而 ICO 融资额却高达 41.8 亿美元。

1. 基本概念介绍

(1) 区块链的含义

清华大学五道口金融学院互联网金融实验室在《2014—2016 全球比特币发展研究报告》中阐述道,区块链是比特币的底层技术和基础架构,本质上是一个去中心化的数据库,同时作为比特币的底层技术,区块链是一串使用密码学方法相关联产生的数据块,每一个数据块中包含一次比特币网络交易的信息,用于验证其信息的有效性(防伪)和生成下一个区块。它是分布式数据存储、点对点传输(去中心化)、共识机制、加密算法等计算机技术的新型应用模式。这里面分布式数据存储的意思是指,计算机将需要用巨大计算能力才能解决的问题分散存储于多个独立的机器设备上,然后把这些部分分配给许多计算机进行处理,最后把这些计算结果综合起来得到最终的结果。所谓共识机制是指区块链系统中实现不同节点之间建立信任、获取权益的数学算法。在此技术基础上形成的数字货币就是区块链货币,如比特币。

(2) 区块链货币的特点

点对点交易,去中心化。以支付宝为例,消费者在淘宝购物时先将货款打给支付宝,然后支付宝在消费者收到货后,再将货款打给商家。而类似比特币这样的区块链货币,可以通过一个带密钥的加密钱包,实现买卖双方点对点交易。

不可篡改性。交易的一方一旦违约,那么凡是使用这种数字货币的人都会知道(去中心化的数据库),他的违约记录将永远保留。违约成本如此之高,使第三方监管/中介机构完全没有存在的必要。

有限性。区块链货币的数量是有限的,它是按照一定的算法进行运算的,一般前期需要的算力比较低,越到后期"挖矿(让计算机按照某种算法去计算,之后得到的奖励就是区块链货币)"的成本越高,直到最后运算结束。区块链货币的供应也到此为止。

2. ICO 融资:"以币换币"

2013 年年底,以太坊的创始人萌生了以太币的想法,让用户用比特币换取以太币,然后在以太坊的区块链平台上使用以太币。在 2014 年 8 月,以太坊直接向用户募集比特币,最终募集比特币 3 万余个,价值超 1 800 万美元,以太坊市值也达到了 10 亿美元。类似以太坊这样"以币换币"的融资形式在这之后就被称为 ICO。

ICO 融资时,项目方一般会先建立一个网站,发布一个"ICO 白皮书",介绍自己发行的虚拟币项目,投资者以私募的方式将以太币或者比特币交给项目开发者来得到有关项目的代币,项目筹资者获得这些比较有价值的原始币(以太币或比特币)后,通过在市场上出售这些原始币来获得真正的资金,进行项目的开发和运作。

这些项目代币一般会登陆数字货币交易所进行二级市场交易,由于一、二级市场流动性溢价,那些通过私募来获得代币的投资者会在代币登陆交易所后一夜暴富,ICO 火爆的时候,上市的第一天可以带来 10 倍的收益。之后随着企业履行承诺,产品成型或者有技术突破,项目进展顺利,持有代币的投资者会按照事先约定的条款获得收益,这时候代币的价值又会有所提升(类似于股票)。

3. 案例介绍

(1) Telegram Open Network 项目

① 募集情况

Telegram Open Network 是 Telegram 公司发起的一个底层链 ICO 项目,该项目于 2018 年年初开始 ICO,目前已经完成第一轮和第二轮融资,合计募集 17 亿美元,成为历史上第二大额度的 ICO 项目(第一大为 EOS)。领投机构为软银集团、Benchmark 等国际知名风投和中国香港私募基金汇友资本。

② 项目背景

Telegram 是类似微信的社交软件,是几乎所有 ICO 项目都会使用的官方交流平台,因为其良好的用户体验和对用户信息的完美加密,因此其在短时间内吸引了无数的使用者。截至目前,Telegram 已拥有超过 2 亿注册用户,而这些用户都将可能成为 Telegram Open Network(以下简称"TON")生态系统的潜在用户,天然的商业优势使该项目的估值远高于其他底层链项目。

③ 项目内容

TON 的 ICO 发行的加密货币的名称为"Gram",可使用该货币实现聊天工具的支付等功能。TON 上市时间为 2019 年第一季度,基本上与系统落成同时。Telegram 的白皮书中叙述了对 TON 的规划。TON 将发展为适用于任何类型的第三方服务的平台,并提供去中心化的应用程序和智能合约——一个方便智能设备使用的界面。TON Payments 则会成为小额支付的管道和平台,并确保交易的安全性。我们可以简单地将 TON 理解为微信的模仿品,不仅仅用于交流,而且还包括支付系统、文档传输功能等,并且还能开发类似跳一跳的小程序。

④ 项目优点

首先是惊人的交易吞吐量。经典的区块链,如比特币和以太坊,由于使用单一链条结构,受到区块大小的限制,所以每秒可承载的交易吞吐量大约在 10～100 笔左右。TON 采用了独特的动态分片技术,在高负载条件下能自动拆分区块链,以支撑更多的交易。官方宣称,TON 的吞吐量可达每秒百万笔交易。

其次是极快的确认速度。对于比特币来说,如果某个区块后已经增长了六个区块,一般可以认为这个区块得到了确认。考虑到比特币平均每 10 分钟增长一个新区块,确认一个比特币交易通常需要一个小时。TON 通过引入一条主链来背书,把交易确认时间缩短到增长一个新区块,即 5 秒。

再次是优异的可扩展性。与以太坊类似,运行 TON 的节点也是图灵完备的虚拟机,这使区块链应用开发者可以自由定制智能合约等区块链程序。但与以太坊不同,TON 最多支持

2^{32}种不同的工作链，每种工作链都可以定义其专属的协议，这样TON网络所能支持的服务将充满无限可能。

最后是节能环保。比特币等区块链网络使用工作证明（Proof-of-Work）的机制创建新区块。工作证明的方法包含大量重复无意义的哈希计算，造成了能源的巨大浪费。TON则使用股份证明（Proof-of-Stake）的方法，大约有100～1 000个节点参与新区块的创建，奖励根据股份所占比例进行分配。由于节点间不是竞争关系，所有的计算都用于维护运营TON网络，因此TON网络的能耗相对较小。

⑤ 未来展望

巩固其加密特性。Telegram主要因为其信息保护及内容加密而出名，然而当前使用传统的密码学技术成本较高，每月系统维护所花费的资金就高达100万美元，在应用了区块链技术后，这部分费用将会大幅减少，区块链技术在该项目的应用场景较好。

增加用户黏性。Telegram作为一个较为成熟的社交软件，项目方在用户数量及技术方面有着绝对的优势，但是在用户变现上依然存在较大的难度。当前使用Telegram的用户大多数都是因为有投资需求，和微信、Whats App这类的刚需型社交软件相比，Telegram的用户黏性要弱很多，Telegram Open Network的出现，正是增加Telegram用户黏性的一种方式。通过建立基于TON代币的区块链生态系统，让Telegram的使用者能够享受更多种类的服务，将用户与生态系统绑定起来，平台的用户黏性也将得以加强，对项目的长期发展有着不可估量的作用。

存在政策风险。由于TON加密的特性，且不仅可以传递信息，还有支付系统，这将存在着洗钱的嫌疑。因此很有可能被政府强制监管，甚至叫停。

（2）32teeth智能牙刷

① 募集情况

2018年3月25日，云南锗业的原高管郑洪带来的一款“边刷牙边挖矿的智能牙刷”上线京东众筹，截至2018年4月21日，筹到近30万元，超出目标金额10万元。

② 项目内容

32teeth是一款智能牙刷，它内嵌巴氏刷牙法标准，采用九轴传感器和人脸识别技术，能够有效记录用户的刷牙动作，精准识别牙面的清洁程度，并将用户的刷牙动作数据化，实现有效的监测和评估。32teeth App上有详细的巴氏刷牙法指导视频，用户可以按照教学视频学习正确的刷牙方法。而且牙刷自身还带有强大的智能提醒功能。刷牙时，当每个牙面达到了巴氏刷牙法的标准，牙刷主机会轻轻震动，提示用户该刷下一个牙面了。刷牙后App上还会显示刷牙详情，详细到每个牙面的干净程度，并通过清洁指数、正姿指数、认真指数三大指数来把关。

同时32teeth又融合了区块链技术。用户在刷牙的同时能获得专属矿池的数字资产——爱牙币，牙齿刷得越干净，奖励就越大。同时，用户还可以在公共矿池中完成指定的刷牙任务，获取算力值，继续得到奖励。32teeth将根据算力总量的实际情况向公矿中定期投放爱牙币，供用户持续挖掘。爱牙币可以兑换牙膏、牙刷、牙线、流量卡等商品以及洗牙等服务，兑换的范畴也在不断扩大，未来将覆盖生活的方方面面。

4. ICO融资与私募股权融资比较

通过上述两个案例，笔者认为ICO融资对传统的私募股权融资或者VC融资来说，是颇覆性的,会带来很大冲击。

(1) 流动性

传统的私募股权融资因其退出机制备受诟病。我们都知道,传统私募股权融资比较理想的退出方式一共有两种,一个是上市IPO,另一个是并购重组。这两种方式的实施至少需要一年以上,并且一个项目往往要经历几轮融资,不断需要新的投入,而旧的投资只能和企业同生共死,不太可能在短期内退出,承担着很大的风险。而ICO不同,它有代币。它是去中心化的,并不需要登记结算中心,是点对点的交易;它的不可篡改性使违约成本非常高,因此也不需要第三方中介进行交易的监管;在此基础上形成的交易成本也非常低,它并不是做市商,也不用再另开一个资金账户来进行操作,所有都通过数字货币钱包实现一键支付、一键转账,可以说其本质就是一个信息平台;而且它可以在全球流通,没有外汇等门槛限制。因此ICO项目在短期内就能在二级市场变现。又加上本身一、二级市场就有溢价,因此在财富的刺激下,更加促进了ICO项目的发行。

(2) 融资币种多样化、融资形式不限

ICO融资可以是已经具有很高价值的原始币,如比特币、以太币,也可以是美元、人民币、欧元、英镑、韩元等,币种不限。传统的私募股权融资,也只能是股权,最多加上些债权。在投资战略上又分战略投资和财务投资。然而ICO的融资,或者说它的代币,既可以是股权凭证,又可以是债权凭证,还能是产品、项目收益权凭证,等等。这就满足了不同人的需求,扩大了投资者范围,并且如果是产品融资,那么便能充分扩展消费者,增加用户黏性。

(3) ICO风险更大

ICO融资光凭一本白皮书就能融来巨额资金,项目的一切都停留在纸上。而传统的私募股权融资项目的融资方有一定的实体存在,或者说已经运行过一段时间了,具有产生现金流的能力。所以ICO融资的风险是非常大的,我们不说项目能否在将来获利,单单说融资之后资金的去向也是个大问题。

虽然目前,不同的国家对数字货币有不同的规定,有不同的监管措施,但是它去中心化,实现点对点交易的特点,一定会在未来改变着互联网,改变着世界。

案例 6

PE助力企业海外并购

引言

通过中海油失意优尼科,海尔退出对美泰克的收购,TCL和阿尔卡特劳燕分飞,明基断奶西门子,华为和中兴等因“安全问题”收购业务搁浅,中国移动收购Millicom失败等一系列案例,我们得到的结论是,近年来中国企业的海外并购之旅并不顺利,总是伴随着政策壁垒、投资失败的阴影,中国企业在海外收购成功率仅为33%,有67%都是不成功的,即使之前能成功收购海外企业的,在此后的相互磨合过程中也多多少少会受到阻碍或者歧视,甚至双方分道扬镳。

与此同时,我们也看到,2004年联想联合全球三大私募股权投资公司——得克萨斯太平洋集团(TPG)、泛大西洋集团(GA)及美国新桥投资集团(Newbridge Capital)成功收购IBM

个人计算机业务，至今融合很好，没有不良反应的迹象；2008年9月，中联重科联合弘毅、高盛及曼达林等PE基金，成功并购意大利CIFA公司，成为全球最大的混凝土机械制造企业。这是偶然的胜利，还是一种必然的发展趋势？实体企业与私募股权基金的结合真能够扭转中国企业在走出国门时屡屡失败的命运吗？

目前是国际经济的变盘期，大笔外储与国际资源价格的走低，为中国企业提供了一次走向世界的机会。很多境内企业跃跃欲试准备走出国门大显身手，汽车企业拟直接收购国外的品牌与技术，金融机构酝酿在华尔街水深火热之时重新为投资银行正名，而资源公司的参股更是如火如荼，已经有中铝、五矿等央企在参股谈判的关键时期。中国企业走出国门参与市场博弈，如果只凭"抄底"的冲动是很难成功的。在经济危机的影响下，发达国家的一些企业面临破产、低价出售，吸引了中国企业家的眼球。面临众多选择，如何在充分了解当地政治、经济、法律、文化、行业及企业自身的情况下，能够有充实的资金成功竞购一个优质企业？到底有没有能力管理好被收购的企业，如何整合和提升被收购的企业？这些都是摆在欲走出国门、抄底收购的中国企业家们面前的难题。然而，PE能够帮助企业一一解决这些难题。私募基金的管理者已经变成全世界最懂得产业、最能够同最好的技术投资者和管理者融合起来的金融家。私募股权融资推动企业的收购兼并、产业重组，最后将企业发展为跨国公司，私募股权融资就是整个收购兼并和市值时代的主导力量。

1. 联想收购IBM个人计算机业务

(1) 收购动因

与IBM相比，联想是一家地地道道的个人计算机(PC)产品公司。在联想的产业构架上，90%以上的盈利来源于PC相关产品的销售。为了增强自身的抗风险能力，联想曾经打算选择转向IT服务这一战略，即从产品性的公司蜕变为以服务带动产品销售的公司，并逐步形成IBM那种由咨询方案软体带动PC硬件的IT服务模式。由此，联想在2001—2002年实施了数起较大规模的并购行动，但如此迅速的扩张并没有达到预期成果。经过战略反思后，联想选择了战略收缩。联想在2003年出售全部IT服务和IT咨询业务，PC业务再次成为联想的重中之重，而IT服务则沦为C类业务。从PC到多元化、IT服务，再回归专注于PC，联想走了一条战略迂回的道路。依照现实情况分析，联想并购IBM的个人计算机业务部门，没有违背联想从多元化回归"专注"的战略重构，而且在PC业务上更是加大了"专注"力度。

柳传志一直抱有"办一个长期的、有规模的、高技术企业，领衔中国PC市场"的信念。加之联想在国内PC市场的占有率达到27%，已进入发展的天花板阶段，联想在国内市场受到挤压，拓展海外市场的国际化路径是其突围的必然选择。收购IBM的个人计算机业务是联想国际战略的重要一步。起初，联想改头换面，2003年4月在全球范围内启用"Lenovo"标志，用这个品牌向欧洲和美国市场销售个人计算机。而IBM个人计算机业务是联想真正走向世界的一个不错的平台，收购IBM的个人计算机业务为联想提供了开拓全球市场的契机。

作为行业领头羊，IBM的优势在于，其IT服务业务具有盈利构架，以2001年第一财季为例，IBM服务咨询的费用与相配套的硬件服务器盈利相加，几乎逼近总收入的80%。虽然IBM的个人计算机业务拥有全球最强的研发力量与品牌号召力，但由于高昂的运营成本，这项业务常年处于巨大亏损状态。对于一直亏损的个人计算机业务，IBM早已萌生退意，从而可以将资源集中到一些附加值更高的产品线上，如大型计算机和全球服务业务。

(2) 并购过程

并购并不是一朝一夕就能谈成的事情。2003 年 11 月，联想由四五个人组成了一个谈判队伍，由冯雪征带队飞往美国，与 IBM 进行了第一次接触。

从 2003 年 11 月到 2004 年 5 月被看作联想和 IBM 谈判的第一个阶段，联想谈判小组的主要工作是了解对方情况、提出有关收购的商业方案。在联想内部，收购所涉及的部门包括行政、供应链、研发、IT、专利、人力资源、财务等，各部门均派出了专门小组全程跟踪谈判过程。每个小组由 3～4 名员工组成，总人数逼近 100 人。在内部团队之外，联想还聘请了诸多专业公司协助谈判，麦肯锡担任战略顾问，高盛担任并购顾问，安永、普华永道作为财务顾问，奥美公司作为公关顾问。

2004 年 12 月 6 日，长达 13 个月的谈判最终进入冲刺阶段。当天早晨，联想向香港联交所递交了有关收购 IBM 个人计算机业务的申请，联想宣布停牌。

2004 年 12 月 8 日，联想宣布联想集团以 12.5 亿美元收购 IBM 个人计算机事业部，此次收购包括 IBM 个人计算机事业部所有业务。更为重要的是，IBM 相关研发团队及技术也将全部归联想所有。IBM 拥有的“Think”商标，将归联想集团协议使用。联想在五年内有权根据有关协议使用 IBM 品牌，并完全获得“Think”商标和相关技术。同时，联想方面拿出初步的商业方案，包括收购范围、收购价格、支付方式、合作方式，根据收购交易条款，联想支付 IBM 的交易代价为 12.5 亿美元，其中包括约 6.5 亿美元现金，及以 2004 年 12 月交易宣布前最后一个交易日的股票收市价计算的价值 6 亿美元的联想股份。交易完成后，IBM 拥有联想 18.9% 的股权。此外，联想承担来自 IBM 约 5 亿美元的净负债。2005 年 1 月 27 日，此次收购的最终协议获联想股东批准通过。

2005 年 5 月 1 日，联想正式宣布完成收购 IBM 全球 PC 业务，任命杨元庆接替柳传志担任联想集团董事局主席，柳传志担任非执行董事。前 IBM 高级副总裁兼 IBM 个人系统事业部总经理斯蒂芬·沃德(Stephen Ward)出任联想 CEO 及董事会董事。通过收购 IBM 计算机业务，联想一跃成为全球第三大 PC 生产商。

联想 PC 的合并年收入将达约 130 亿美元，年销售 PC 约为 1 400 万台。IBM 与联想结成独特的营销与服务联盟，联想的 PC 通过 IBM 遍布世界的分销网络进行销售。新联想将成为 IBM 首选的个人计算机供应商，而 IBM 也将继续为中小型企业客户提供各种端到端的集成 IT 解决方案。IBM 亦将成为新联想的首选维修与质保服务以及融资服务供应商。

(3) 并购中的私募

① 私募的介入

2005 年 3 月 31 日，收购正在如火如荼地进行中。联想宣布已与全球三大私募股权投资公司得克萨斯太平洋集团，泛大西洋集团及美国新桥投资集团达成协议，三家公司向联想集团提供 3.5 亿美元的战略投资，以帮助联想收购 IBM 全球 PC 业务。其中得克萨斯太平洋集团投资 2 亿美元、泛大西洋集团投资 1 亿美元，美国新桥投资集团投资 5 000 万美元。三大投资公司的投资占收购总额的 28%，实付收购现金的 53.8%。

三大投资公司在协助科技公司成功实现长期战略方面拥有非常丰富的经验。在此次战略投资的 3.5 亿美元中，约 1.5 亿美元用作收购资金，余下约 2 亿美元用于联想的日常运营。这一战略性交易为联想提供了另一种融资渠道。

根据投资协议,联想集团要向得克萨斯太平洋集团、泛大西洋集团、美国新桥投资集团发行共273万股非上市A类累积可换股优先股,每股发行价为1 000港元,以及可用作认购237 417 474股联想股份的非上市认股权证。

在这些优先股全面转换以及假设收购IBM个人计算机业务完成向IBM发行相关股份之后,得克萨斯太平洋集团、泛大西洋集团和美国新桥投资集团将共获得联想扩大后总发行股份的10.2%左右。假设所有认股权证全面行使,上述投资者将拥有约12.4%的股权。IBM将在收购交割及这项投资完成后获得约6.5亿美元的现金,以及以2004年12月交易宣布当天前一个交易日的股票收市价获得联想集团价值6亿美元的普通股。

在这项投资完成以及收购交割后,假设优先股经全面转换,IBM将拥有联想集团13.4%的股权。IBM在联想拥有的表决权没有任何改变。IBM全球融资服务部(IGF)将成为联想的租赁、融资服务的首选供应商,在全球IT服务方面排名第一并拥有强大企业客户渠道的IBM全球服务部(IGS)将成为联想保修、维修服务的首选提供商。

② 介入结果

国际私募股权基金介入创建了多赢的局面。三家投资公司实力雄厚,在高科技领域有很多成功的并购案例,尽管它们很难对联想整合IBM PC业务提供技术上的帮助,其总计3.5亿美元的投资所对应的投票权也不足以影响联想的重大决策,但对联想而言,私募股权基金的介入为新联想提供了多方面的资源,推动了联想整合的进程。首先,三家投资机构进入后,联想董事会再次做出调整,三家投资者各派一名董事进驻联想。据内部人士透露,三家公司派驻的董事与联想的中国高管在压缩成本等重要问题上的意见一致,不支持原IBM PC高管所坚持的高投入高产出政策。也就是说,联想通过引进战略投资者强化了对公司战略方向的控制。

其次,从股权比例来看,如果三家投资者不准备长期投资联想,也不会对联想的股权结构产生太大影响。

最后,引进战略投资者的资金可能还有另外一层考虑,即联想管理层已经做好了最充分、最坏的打算:即使IBM的PC业务营业额急速下降,联想也有足够的资金,不会出现现金流断裂的状况。

2. 中联重科收购意大利CIFA公司

(1) 收购动因

意大利CIFA公司是一家成立于1928年的家族企业,主要从事设计、生产并销售预拌混凝土的搅拌、运输和输送设备,包括混凝土搅拌站、运输车和混凝土泵等。几经辗转,意大利CIFA现由几家基金机构占有80%以上的股份,而余下股份则由这些基金管理层持有。当下,这几家基金面临解散所以变卖股权是理所当然的。

CIFA主营业务与中联重科相同,在欧洲市场份额排在第三位。CIFA产品主要销往欧洲、非洲和中东等地区。按照CIFA提供的2007年市场份额数据,它的混凝土搅拌车和混凝土泵送机械车在意大利分别拥有80%和70%的市场份额,在西欧有23%和20%的市场份额,在东欧有15%和20%的市场份额,另外在中东市场也有10%和8%的市场份额。根据波士顿咨询公司(BCG)的报告,2006年CIFA在欧洲混凝土泵送机械市场占有22.2%的份额,与Schwing公司的市场份额相近,Putzmeister公司以33.3%的份额位居第一。按照国内会计政策对CIFA 2007年的财务数据进行调整,其营业收入为3.04亿欧元,利润为3 195万欧元,净利润为1 715万欧元。2008年1～4月CIFA的EBITDA(息、税、折旧及摊销前利润)增长19%,实现利润2 000万欧元左右。收购除了为中联重科带来销售规模的提升外,更为重要的是将为中联重科带来技术水平的提升、国际销售网络的完善以及对上游议价能力的提升:①CIFA将为中联重科带来更具优势的技术和制造工艺;②CIFA在全球范围内拥有较完善的销售网络且同中联的销售网络几乎不重叠,通过对销售网络的整合,中联重科能实现国内外市场份额的共同提升;③公司收购CIFA后,合并的采购规模可以增加与供应商谈判和议价的能力。

(2) 并购过程

事实上,中联重科与CIFA早就有接触。2001年中联重科引进了这家公司的部分装备,2003年中联重科甚至也曾提出过收购意图。但当时控制CIFA的两个家族"一个赞成,一个反对",所以未果。

在2007年下半年,了解到CIFA有意出售,中联重科就开始了第一次海外并购的准备工作。2008年1月,中联重科聘请全球某顶尖投行作为财务顾问,参加CIFA的第一轮投标。与此同时,竞争对手三一集团也投下标书。两者是中国仅有的两个潜在买家,另有三四家海外非工程机械行业企业参与并购,多为投资型企业。

2008年3月中旬,中联重科已拿到国家发展改革委有关海外收购的批文,而此时,三一集团正向湖南省发展改革委提出申请。湖南省相关部门出面协调,两家长沙企业,也是两家中国企业到海外竞争,势必抬高收购价格,导致恶性竞争,不如有一方主动放弃,成全对方。2008年3月29日晚,三一集团主动弃标,将机会让给中联重科。这样,中联重科成为试图并购CIFA的企业中唯一一家全球工程机械行业企业。此次收购,价格或高达数十亿元,中联重科将利用自有资金和银行贷款解决资金需求。同时,中联重科将携手其股东联想旗下的弘毅投资联合收购,这样既分担资金压力,又可以借鉴联想丰富的海外拓展经验。

在2008年1月正式进入并购谈判程序之后,中联重科终于在9月底完成对CIFA的全面并购。9月28日,中联重科联合弘毅投资、高盛、曼达林基金与CIFA在长沙正式签署收购交割协议,正式完成了对CIFA股份的全额收购。世界三大混凝土机械巨头之一,2007年销售额达3亿欧元的CIFA公司,被中联重科纳入旗下,这也标志着全球最大规模的混凝土机械制造企业的诞生。此次收购价格高达5.11亿欧元,2.71亿欧元由以上各投资方注入,余下的2.4亿欧元则通过发行债券筹集。中联重科占其60%的股权,其他共同投资方将收购余下的股权。此外,在交易完成3年后,中联重科可从共同投资方手中收购其余40%的股权。共同投资方出资1.084亿欧元拥有CIFA 40%的股权,其中弘毅、高盛和曼达林的持股比例分别为18.04%,12.92%和9.04%。同时,收购方承担CIFA原有2.4亿欧元的债务,与意大利联合圣保罗银行牵头的银团重新签订债务的贷款协议。

(3) 并购中的私募

此次重大跨国并购案看点有二:首先,并购交易规模高达2.71亿欧元(2.4亿欧元的债券筹资未计算在内),是迄今为止中国企业在意大利涉及金额最高的并购交易,对于中国企业国际化具有重大示范意义;其次,并购由弘毅、高盛、曼达林等PE基金参与完成,这使中联重科成为继联想之后,又一家借助PE展开海外并购的中国企业。

根据中联重科并购报告披露,截至2008年6月30日CIFA的总资产为3.36亿欧元、净资产为 0.76 亿欧元、负债约 2.60 亿欧元；而中联重科 2007 年净利润约为 1.28 亿欧元，2008 年第一季度净利润约为 0.34 亿欧元。以中联重科的收入水平与资金实力完成对 CIFA 的并购，这难免会对其未来发展带来一定风险。作为中联重科的背后推手，弘毅、高盛及曼达林等 PE 基金此番起到了不可忽视的作用，其提供的 1.084 亿欧元并购资金占到了交易总额的 40%；同时，借助 1.301 亿欧元的银行贷款，中联重科仅出资 0.325 亿欧元，便完成了 2.71 亿欧元的并购，杠杆倍数达到 8.33 倍，如图 8-5 所示。

在企业并购的过程中，交易价格的谈判、交易条款的谈判很重要，会直接影响交易的达成。但对并购而言，整合更为重要。如何确保并购后能够实现有效整合？如何规避跨国并购中不同企业文化和商业环境的冲突导致的风险？针对这一问题，中联重科在此次并购中，做了一个具有决定性意义的安排，那就是邀请弘毅投资作为共同投资方一起来收购 CIFA。中联重科邀请弘毅投资作为共同投资方参与本次并购是因为一方面弘毅投资不仅可作为财务投资者，提供财务方面的支持，而且可凭借与中联重科的关联关系和长期良好的合作关系，对中联重科未来与 CIFA 的整合提供全面支持；另一方面弘毅投资作为具有国际视野的中国本土基金之一，又邀请具有全球投资管理经验的高盛以及中意合资的曼达林基金合作，作为共同投资方加入中联重科的本次交易中，这样就组成了既熟悉中国国情，又具有国际视野的投资组合，形成了“文化缓冲地带”，从而在中联重科与 CIFA 融合前期有效地缓解文化和理念的冲突，保证重组整合能够顺利进行。

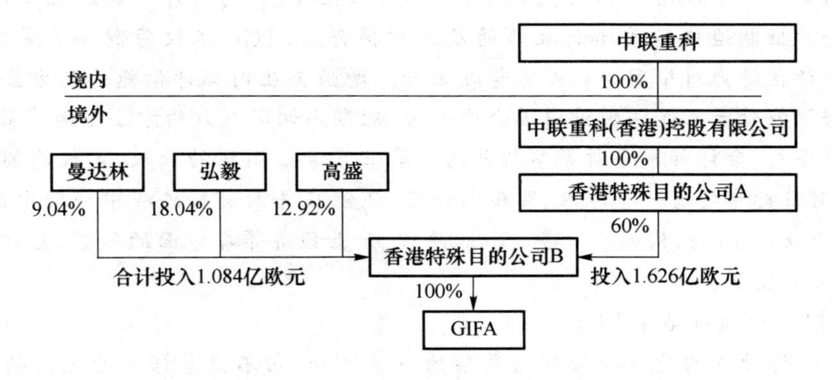

图 8-5　中联重科并购 CIFA 交易结构

由于弘毅和曼达林、高盛做的都是 PE 投资，因此彼此理解，沟通很顺畅。曼达林是一家中意合资基金，其三大出资人分别是国家开发银行，中国进出口银行以及意大利第二大银行联合圣保罗银行。曼达林的几位创始合伙人在意大利和欧洲有超过 25 年的金融从业经验。事实上，他们早在 2007 年下半年就了解到 CIFA 的大股东要出售其股份。而直到 2008 年 1 月卖方才正式发出邀请投标的程序函以及 CIFA 的初步情况介绍。曼达林在意大利的团队也为增进双方的沟通出了不少力。例如，曼达林对出售方意大利投资基金 Magenta 就很了解。曼达林了解到对方希望能够尽快出售资产，“如果我们能够尽快完成并购，他们有可能给予我们一定的折扣”。同样，整个并购交易的架构也很重要。一个好的架构既能保证资金从国内顺利投入欧洲，同时又能确保盈利和红利顺畅派回国内，同时税务筹划也能得以优化。为此，曼达林提出了将欧洲控股公司放在卢森堡的方案。

弘毅又邀请了高盛参与。虽然弘毅的团队基本上都是海归，但中联重科并购 CIFA 是其参与的首单跨国并购。而高盛不仅提供投行服务,而且有相当丰富的国际并购经验。

中联重科的并购交易引入了弘毅、曼达林和高盛三家基金作为战略投资者,既募集了部分收购所需资金,又分散了风险,更借助了私募基金对海外市场的了解和跨国并购的经验,使收购交易得以顺利进行。此次收购提出了实体企业与私募基金强强联合的全新海外扩张模式,为中国企业顺利走出国门提供了一个成功的范例。

3. 案例总结

跨国并购是一个很热门的话题。从最初的中铝收购力拓宣布失败,到中石化宣布以72.4亿美元收购瑞士Addax石油公司全部股份的天价并购案,海外并购成为2008年中国企业发展的一个主旋律。结合前面案例的介绍与分析,可以总结跨国并购与PE合作的几点优势。

(1) 目标企业的选择和评估

所谓"千里之行,始于足下",海外并购的准备阶段是至关重要的,尤其是对目标企业的选择和评估,对企业并购的成败和今后发展起着决定性的作用。

在对目标企业的选择和评估过程中,企业自身的风险评估能力也起着举足轻重的作用。中国企业时常会错误判断海外市场所表现出来的政治、劳工和环境风险。许多企业因为过于谨慎而错失良机,有些企业则因海外并购而遭受不必要的后果。为了避免此类问题,中国企业必须建立更加有效的风险评估系统。尤其是在决策过程中,需要充分分析海外并购是否能满足企业的并购目的及其利弊。例如,中海油并购优尼科,因被美国政府认定为有损于美国国家利益而告终,就是一个风险评估失误的案例。另外,在TCL的海外并购过程中,出乎意料的是,当地工会的抵制迫使其关闭新收购的欧洲亏损企业,TCL不仅费财而且费时、费力。因此,提高风险评估能力对中国企业而言势在必行。增强企业内部评估能力的方法有培训公司专职人员、聘请海外专家等。但对中国企业而言,短期内切实有效的方法是邀请第三方专家团队,如律师事务所、会计师事务所等参与并购。第三方专业团队的加入,不仅能够使中国企业在并购早期对目标市场有一个深入、客观的评定,还能在并购进行过程中帮助中国企业处理、应对风险。专业的PE机构拥有财务、金融、法律、产业经济等各方面的专家,应该就是中国企业最佳的第三方团队。

(2) 构建"文化缓冲地带"

众所周知,海外并购是一项长期而复杂的投资活动,它不仅包括企业之间的产权交易行为,还会受到市场投资环境、政府干预程度、法律规制等多重因素的相互作用和影响。因此,如何最大限度地降低投资风险,使海外并购为企业的长期发展带来最大效益,便成为广大中国投资者最为关注的话题之一。一直以来,在总结中国企业海外并购失败的原因时,很多分析师都会提到,国外的文化、法律法规、会计税务制度、商业惯例以及工会制度等方面都与中国存在差异,这让中国企业进行海外并购时吃了大亏。而在这些方面,与PE的合作就显得尤为重要。大多数PE都有海外背景,他们了解跨国公司的治理结构,对企业的营运发展有着深入的研究,能帮助中国企业更好地规避海外并购的风险。贝恩投资顾问(中国)有限公司董事总经理黄晶生在接受采访时说:"随着中国经济不断和世界经济融合,中国企业进行海外并购将成为一个大趋势。在并购的过程中,我们还是希望它们考虑把PE作为它们走出国门的一个合作伙伴,因为这样的话能够避免犯比较低级的错误。"

(3) 提供并购资金,分担风险

现金流就是生命,这是华尔街的铁律。越来越多的中国企业走出去完成跨国并购,当人们在交易达成的一刻激动不已的时候,很少会想到未来企业完全可能会在财务方面被压得喘不过气来。而有了 PE 的帮助,能缩小企业在现金流方面的缺口,也有更多的资金来完成收购后的整合。在这方面,做得比较成功的应该算是联想收购 IBM 的个人计算机部门。在收购之时,全球三大私募股权投资公司为联想集团提供了 3.5 亿美元的战略投资,以供联想收购 IBM 全球 PC 业务之用。对于收购方来说,他们不必一次掏出大量的现金,对企业的现金流也不会产生较大的影响。

(4) 提高并购谈判的成功概率

中国有些企业目前在国际上的知名度不高,一旦有 PE 加入,组成了联合投资人,可给这些企业更多讨价还价的资本。另外,一些外资 PE 在全球都有分支机构,获取信息的通道也要比中国企业灵活很多,这也让中国企业在竞价的时候会更为理性。据媒体报道,在高盛的支持下,中联重科对 CIFA 收购的报价要低于竞争对手很多。

参考文献

[1] 基金从业资格考试研究中心. 私募股权投资基金基础知识[M]. 北京：中国发展出版社，2016.

[2] 中国证券投资基金业协会. 证券投资基金[M]. 2 版. 北京：高等教育出版社，2017.

[3] 克劳迪娅·纪斯伯格，迈克尔·普拉尔，鲍文·怀特. 私募股权案例[M]. 北京：清华大学出版社，2018.

[4] 李晓峰. 中国私募股权投资案例教程[M]. 北京：清华大学出版社，2010.

[5] 欧阳良宜. 私募股权投资管理[M]. 北京：北京大学出版社，2013.

[6] 潘启龙. 私募股权投资实务与案例[M]. 北京：经济科学出版社，2016.

[7] 上海证券、基金评级中心研究报告，2018.

[8] 高蔚卿，王晓光. 私募股权基金：制度解析与业务实践[M]. 北京：中国法制出版社，2017.

[9] 张馨予. 私募股权基金的价值评估研究[D]. 北京：首都经济贸易大学，2017.

[10] 姚颖. 私募股权投资中的企业估值方法研究[D]. 南京：南京大学，2013.

[11] 蒋雨杉. 私募股权投资退出机制与企业价值评估技术应用研究[D]. 大连：东北财经大学，2013.

[12] 李玲. 中国私募股权投资退出渠道研究[D]. 郑州：河南大学，2015.

[13] 王磊. 我国私募股权投资基金退出途径研究[D]. 北京：对外经济贸易大学，2017.

[14] 朱伟英. 私募股权投资基金退出方式的选择研究[D]. 厦门：厦门大学，2018.

[15] 方志玲. 私募股权投资基金退出方式选择的研究[D]. 昆明：云南财经大学，2019.

[16] 王新伟. 私募股权投资基金退出渠道研究[D]. 武汉：华中科技大学，2017.

[17] 向坤. 云集何以获得资本市场青睐？[N]. 重庆商报，2019-05-10(12).

[18] 陈重阳，黄前阳. 社交零售平台的发展状况分析——以云集微店平台为例[J]. 智库时代，2019(10)：178-179.

[19] 沈立宏. 云集打造“双育”模式助力农村电商扶贫[J]. 农村工作通讯，2019(2)：52-53.

[20] 梅岭. “云集微店”：消费者眼中的社交电商[J]. 中国质量万里行，2017(8)：11-13.

[21] 路运锋、汪来喜、朱东华. 私募股权投资基金委托代理关系分析[J]. 南方金融，2010(9).

[22] 鲍伦树. 我国私募基金的委托代理问题研究[D]. 上海：华东师范大学，2007.

[23] 殷永利. 私募股权基金的双重委托代理问题研究[D]. 成都：西南财经大学，2012 .

[24] 李金峰. 双重委托代理结构下的私募股权投资者利益之契约保护[D]. 成都：四川省社会科学院，2018.

[25] 马超.我国私募股权基金的委托代理问题研究[D].天津:天津财经大学,2010.
[26] 张杰.后危机时代我国私募股权基金发展问题研究[D].天津:天津财经大学,2011.
[27] 张磊、贾晋平.私募基金双重委托代理风险治理机制研究[J].现代物业,2009(11).
[28] 杨丽.私募股权投资的委托代理风险控制研究[D].福州:福州大学,2014.
[29] 刘诣博.中国私募股权投资退出机制研究[D].北京:首都经济贸易大学,2013.
[30] 苏生,陈玉罡,向静.私募股权基金理论与实务[M].北京:清华大学出版社,2010.
[31] 李建锋.私募股权投资中企业估值方法研究[D].天津:天津商业大学,2012.
[32] 朱顺泉.私募股权投资理论与应用[M].北京:清华大学出版社,2016.